NEELY TUCKER

Unter der Sonne Afrikas

Der Kampf um das Leben meines Kindes

Buch

Alles beginnt 1998 im Hochland von Zentral-Zimbabwe: Unter der erbarmungslos brennenden Sonne Afrikas liegt im spärlichen Schatten einer Akazie ein neugeborenes Mädchen. Die Nabelschnur ist noch nicht abgetrennt. Auf ihr tummeln sich Tausende von Ameisen. Eine Frau aus dem nahe gelegenen Dorf findet das ausgesetzte Kind und bringt es ins Waisenhaus nach Harare. Mit gerade einmal zwei Kilo Gewicht und einer gefährlichen Lungenentzündung geben die Ärzte dem kleinen Wesen kaum Überlebenschancen. Zumal das Kind aus dem Epizentrum der AIDS-Epidemie im südlichen Afrika kommt. Doch als der amerikanische Auslandskorrespondent Neely Tucker und seine Frau das Mädchen Chipo sehen, nimmt für drei Menschen das Schicksal eine entscheidende Wendung. Neely Tucker, der neben seiner Korrespondententätigkeit im Hararer Waisenhaus Sozialdienst leistet, besucht regelmäßig die Kinder in der Säuglingsabteilung. Dabei nimmt er auch die kleine Chipo auf den Arm. Da greift Chipos winzige Hand nach seinem Finger – und lässt ihn – bis heute - nicht mehr los. Neely und seine Frau Vita verlieben sich auf der Stelle in das Mädchen, dessen Name »Chipo« auf Deutsch »Geschenk« heißt. Sie kämpfen um sein Überleben, und erreichen nach einer unglaublichen Odyssee durch Bürokratie und Völkerrecht die Adoption des Kindes. Heute lebt die glückliche Familie in den USA.

Autorin

Neely Tucker, Journalist der Washington Post, wurde in Lexington, Mississippi geboren. Er hat als Auslandskorrespondent in mehr als fünfzig Ländern auf der ganzen Welt gearbeitet und war dabei sehr häufig in Kriegs- und Krisengebieten (Afrika, Europa, Mittlerer Osten, frühere Sowjetunion) eingesetzt. Neely Tucker lebt mit seiner Frau Vita und seiner Tochter Chipo in Washington, D.C.

Neely Tucker

Unter der Sonne Afrikas

Der Kampf um das
Leben meines Kindes

Aus dem Englischen
von Tanja Handels

blanvalet

Die Originalausgabe erschien 2004 unter dem Titel
»Love in the Driest Season«
bei Crown Publishers, New York.

Umwelthinweis:
Alle bedruckten Materialien dieses Taschenbuches
sind chlorfrei und umweltschonend.

1. Auflage
Taschenbuchausgabe Februar 2007 bei Blanvalet,
einem Unternehmen der Verlagsgruppe
Random House GmbH, München.

Umschlaggestaltung: Design Team München
Umschlagfotos: getty-images/Thorsten Milse und Neely Tucker
Fotos im Innenteil: Neely Tucker
LW · Herstellung: H N
Satz: Buch-Werkstatt GmbH, Bad Aibling
Druck und Einband: GGP Media GmbH, Pößneck
Printed in Germany
ISBN 978-3-442-36527-2

www.blanvalet-verlag.de

Für Chipo, die weiterlebt.

Und im Gedenken an
Tatenda Jeselant, Godfrey Muparutsa, Shingirai Nyamayaro, Munashe Tsekete, Memory Chinyanga, Joe Bhebhe, Frasia Chateuka, Ashley Mhlanga, Caroline Razo, Collins Murehwa, Clara Mlambo, Sandra Mahohoma, Rejoice Neshuro, Nyasha Dziva, Abigail Mazviona, Tadiwanashe Mtero, Sarah Chiwasa, Mable Kachembere, Ibrahim Hodzic, Margaret Wanjiru Kangi Mungai
sowie Robert und Ferai,
die nicht mehr am Leben sind.

Nichts lebt ewig, nur die Liebe,
die deinen Namen trägt.
Cassandra Wilson, Solomon Sang

Dort in den Waisenhäusern
ist etwas mit mir geschehen.
James Nachtwey, Inferno

Prolog

Gegen Mittag fanden die Ameisen das kleine Mädchen. Man hatte es am Tag seiner Geburt zum Sterben zurückgelassen und es mitten ins hohe braune Gras gelegt, das das Hochland von Simbabwe in der Trockenzeit ganz bedeckt, wenn die Sonne tage- und wochenlang erbarmungslos brennt und der Regen nur noch ein Gerücht ist, das erst viele Monate später wieder Wirklichkeit werden wird. Das kleine Mädchen war im spärlichen Schatten einer Akazie ausgesetzt worden – so lautete die einzige Angabe zum Tathergang, die die Polizei je verlauten ließ. Es gab keinerlei Hinweis darauf, wann genau es dort hingelegt worden war, geschweige denn warum, wie oder von wem. Es war einfach eines Tages aufgetaucht, wie Moses im Schilf.

Sein ganzer Körper war von getrocknetem Blut und Plazentaresten verklebt. Die Nabelschnur war noch nicht abgetrennt und hing als blutiger Stumpf vom Nabel herunter. Ein buntes Stück Stoff, wie man es in einem Laden für Meterware finden kann, war ihm notdürftig um den Rumpf gewickelt worden.

Dutzende Kilometer von der asphaltierten Hauptstraße und fast anderthalb Kilometer von der nächsten Siedlung aus strohgedeckten Lehmhütten entfernt, lag es zwischen den fast mannshohen Grashalmen verborgen. Über ihm erhob sich eine Gruppe struppiger Akazien. Im ersten Tageslicht, als der Morgen dämmerte und die Sonne noch nicht über den Horizont gestiegen war, war dies ein schattiger, abgeschiedener Ort.

Doch dann kamen von allen Seiten die Ameisen.

Sie machten sich über das Blut und die Plazentareste her. Dutzende, vielleicht auch Hunderte, stürzten sich auf den fleischigen Stumpf der Nabelschnur. Sie begannen, das rechte Ohr anzufressen.

Das kleine Mädchen schrie.

Am Himmel stand die Sonne.

Stunden vergingen.

Um diese Jahreszeit streicht oft ein Wind durch das hohe Gras, mit einem ganz typischen Flüstern, einem federleichten Unterton, der das umliegende Land erfüllt und zwischen den Bäumen hindurchdringt. Ein paar Leute aus dem Dorf, die die Fußpfade entlanggingen, glaubten zwar, durch das leise Rascheln hindurch das Weinen eines Kindes zu hören, doch niemand blieb stehen. Die Geister der Ahnen verwenden viele unterschiedliche Zeichen, um mit den Lebenden in Kontakt zu treten, und die geisterhafte, körperlose Stimme eines Kindes im Rauschen des Windes vermittelte ein unheilvolles Gefühl dunkler Vorahnung. Die Frauen setzten ihren Weg zu dem Gemischtwarenladen fort, der sich ein paar Kilometer weiter in einem Betonbau befand. Dort kauften sie Zucker, Salz und Stoffe. Auch die Männer gingen dorthin, um die dicken, braunen Plastikkannen mit dem traditionellen Bier zu erstehen, das zwar säuerlich roch und

Körner enthielt, die zwischen den Zähnen stecken blieben, aber eine leichte Benommenheit erzeugte, die dem Nachmittag die Schärfe nahm.

Später am Tag, als die Sonne langsam im Westen unterging, blieb eine Frau namens Constance auf dem Pfad stehen. Sie lauschte in das Rauschen des Windes. Dann ging sie hinein in das Gras, schob es mit den Händen auseinander, blieb stehen und lauschte noch einmal. Sie näherte sich der Gruppe von Akazienbäumen. Was sie dort sah, ließ sie entsetzt zurückweichen; dann drehte sie sich auf dem Absatz um und rannte zurück ins Dorf. Sie suchte Herbert, den Dorfältesten, und zog ihn am Arm zu den Bäumen zurück.

Er durchquerte das Gras, griff zwischen den Halmen hindurch und hob den wimmernden Säugling auf. Dann schickte er einen jungen Mann los, um Hilfe zu holen.

»Sie war furchtbar dreckig, die Kleine, alles voller Staub, das ganze Gesicht. Und die Ameisen krochen ihr über den Kopf und fraßen tatsächlich an ihrem Ohr«, erzählte er später. »Sie hat geschrien und geschrien. Eh-eh! Die ganze Zeit hat sie geschrien. Ich habe die Ameisen von ihr runtergepflückt, und wir haben versucht, sie vom Staub zu befreien, aber wir haben sie nicht richtig sauber bekommen.«

Zur Zeit der Aids-Epidemie im südlichen Afrika trieb das Kind, das mein Leben verändern sollte, ziellos auf der Welle der verheerendsten Krankheit dahin, die die Menschheit seit der Pest heimgesucht hat, und es klammerte sich an Herbert, als hätte es gerade einen Schiffbruch überlebt. Es war eines von schätzungsweise zehn Millionen Waisenkindern in Afrika, deren Leben im ausgehenden zwanzigsten Jahrhundert durch Aids einschneidend verändert, teilweise sogar zerstört wurde. In dem Winter, als Herbert das Kind im schwindenden Sonnenlicht des späten Nachmittags hochhob, war Simbabwe zum Brennpunkt einer weltweiten Krise geworden. Man vermutete, dass von vier Simbabwern im Alter von 25 bis 44 Jahren mindestens einer HIV-positiv war und das Land deshalb, zusammen mit dem benachbarten Botswana, den weltweit höchsten Prozentsatz an Infizierten hatte. Schätzungen der Regierung und verschiedener Einrichtungen der Vereinten Nationen zufolge starben wöchentlich 500 Menschen an der Krankheit: Ein Todesfall alle 20 Minuten, 24 Stunden täglich, an sieben Tagen der Woche. Die Zeitungen quollen über von Todesanzeigen für junge Menschen, die nach einer kurzen, einer langen oder einer plötzlichen Krankheit verstorben waren. Die Leichenhalle in Harare, der Hauptstadt Simbabwes, blieb auch die Nacht hindurch geöffnet.

Und es gab immer mehr Tote.

Niemand wusste genau, wie viele es waren, denn nur die wenigsten Sterbenden wussten oder gaben zu, dass sie erkrankt waren. Die meisten hatten nicht einmal einen Test gemacht. Die Zahl der Todesfälle lag bei fast 600 000, seit die Krankheit Anfang der Achtzigerjahre erstmals erkannt worden war. Die durchschnittliche Lebensdauer in Simbabwe sank drastisch, von 65 auf 38 Jahre, und machte das Land damit zu einem von fünf Ländern weltweit, in denen die Lebenserwartung unter 40 Jahren lag.

Zehntausende junger Eltern starben und ließen eine entsprechende Flut von Waisen zurück. 1994 waren es vielleicht 200 000. Vier Jahre später waren es bei einer

Bevölkerungsdichte von elf Millionen 543 000 Kinder, die entweder die Mutter oder beide Eltern verloren hatten. Die Großfamilie, das traditionelle soziale Netz Afrikas, war mit dieser Masse an Waisen überfordert. In Simbabwe versuchten Onkel und Tanten, Großeltern, Cousins und Cousinen in erstaunlich hoher Zahl zu helfen, doch es waren einfach zu viele junge Eltern gestorben. Im Winter 1998 brach die Anzahl der ausgesetzten Kinder alle Rekorde, sowohl in der Region als auch in ganz Afrika. In Lusaka, der Hauptstadt des benachbarten Sambia, wurde die Zahl der Straßenkinder 1991 auf 35 000 geschätzt. 1998 waren es bereits über 75 000, und es wurden kontinuierlich mehr. In einer entlegenen Provinz Simbabwes hielt Herbert eines von Dutzenden von Kindern im Arm, die innerhalb von sechs Monaten allein in dieser Gegend in Mülltonnen oder Abwassergräben geworfen oder auf freiem Feld zurückgelassen worden waren.

Das Ausmaß der Todesfälle und das tiefe Elend, das sie nach sich zogen, überstieg alles Vorstellbare, selbst für jemanden wie mich, der seit beinahe zehn Jahren von den verheerendsten Krisenschauplätzen weltweit berichtete. Bevor ich zur WASHINGTON POST kam, war ich Auslandskorrespondent für die DETROIT FREE PRESS, die mich 1993 zunächst als Reporter nach Osteuropa entsandte und dann 1997 in die subsaharische Region, mit Wohnsitz in Simbabwe, in der Hauptstadt Harare. Sieben Jahre lang bereiste ich über 50 Länder und Gebiete – Bosnien und Sierra Leone, den Kongo und den Irak, Ruanda und Nagorno-Karabach, den Südlibanon und den Gazastreifen, eine stetige Aneinanderreihung mehr oder weniger bekannter Kriege, Unruhen und Rebellionen. Je größer die Zahl der Toten wurde, desto mehr versuchte ich, den physischen, mentalen und emotionalen Tribut zu ignorieren, den diese Arbeit zunehmend von mir forderte. Typhus, Lebensmittelvergiftungen und verschiedene Virusinfektionen hinterließen ihre Spuren in meinem Körper; mein Haar wurde vollkommen weiß. Durch den ständigen Strom der Gewalt war meine natürliche Fähigkeit zum Mitgefühl so abgestumpft, dass ich von allen denkbaren Gräueln berichten konnte und selbst kaum mehr etwas dabei empfand. Schlaf war für mich entweder selige Leere oder ein langer Korridor voll verstörender Albträume. Eines Morgens wachte ich auf und stellte fest, dass ich meinen Glauben verloren hatte, als hätte ich ihn wie einen Koffer an einem entlegenen Flughafen stehen lassen.

Während meiner seltenen Aufenthalte daheim in Harare begannen meine Frau Vita und ich, ehrenamtlich im Chinyaradzo Children's Home zu arbeiten, einem Waisenhaus in einem heruntergekommenen Industriegebiet am südlichen Stadtrand. Wir konnten selbst keine Kinder bekommen – eine ganz eigentümliche Form der Leere –, deshalb rührte uns das Schicksal von Kindern, die keine Eltern mehr hatten. Wir taten, was wir konnten, und das war nicht besonders viel. In einem Zeitraum von 24 Monaten starben im Chinyaradzo 35 Säuglinge. Tatenda. Godfrey. Ferai. Robert. Caroline. Clara. Ein kleines Mädchen mit dem wunderschönen Namen Rejoice, der Freude bedeutet. Sie welkten und starben wie Blumen auf dem Feld. Es ist nicht leicht auszudrücken, wie schmerzlich so etwas sein kann. Als Auslandskorrespondent habe ich Tod und menschliche Grausamkeit in allen denkbaren

Formen erlebt. Aber ich habe nie gelernt zu beschreiben, wie es ist, tote Kinder im Traum zu sehen.

Und so begannen wir in den letzten Jahren des Jahrtausends, während Simbabwe auf den politischen und wirtschaftlichen Kollaps zusteuerte, einen Großteil unserer Zeit und unserer finanziellen Mittel in das Waisenhaus zu investieren und der Verzweiflung, die die Nation überrollte, durch persönliches Engagement zu begegnen. Im Bemühen, die Sterblichkeitsrate zu verringern, gelang es Vita schließlich, 7 000 US-Dollar Fördermittel von der amerikanischen Botschaft zu erwirken, was in Simbabwe einem Vermögen gleichkam. Wir ließen die Küche und das Wickelzimmer neu ausstatten, kauften Unmengen von Material zur Verbesserung der Hygiene und stellten den besten Kinderkardiologen des Landes an, um das Betreuungspersonal weiterzubilden, doch das alles war nicht viel mehr als ein Tropfen auf den heißen Stein. Simbabwe ließ sich Kleidung, Nahrung, Unterbringung, Behandlung und Ausbildung für jedes einzelne Waisenkind umgerechnet zwölf US-Cent pro Tag kosten – eine lächerlich geringe Summe angesichts der schrecklichen Folgen von Unterernährung, Durchfallerkrankungen, Dehydrierung und Aids.

In dieser fürchterlichen Zeit lag das kleine Mädchen, das Constance und Herbert gefunden hatten, verloren zwischen den vielen anderen im Waisenhaus. Noch am Tag seiner Ankunft dort war es krank geworden. Sein kleiner Bauch war gebläht und aufgedunsen, Arme und Beine wirkten verkümmert. Es bekam eine Lungenentzündung und konnte die Milch nicht bei sich behalten. Es hatte noch nie gelächelt. Es verlor an Gewicht, bis es schließlich nur noch knapp zwei Kilo wog.

Und dennoch nahm es immer weiter ab.

Höchstens zwei oder drei Mal im Leben gibt es Augenblicke, in denen sich plötzlich alles ändert und man sich im Sog von Ereignissen wiederfindet, die sich der eigenen Kontrolle entziehen. So kam es, dass ich eines Tages, in einem Waisenhaus mitten im Epizentrum der weltweiten Aids-Krise, in einem Land, das ausländische Journalisten und damit auch mich bald darauf zu Staatsfeinden erklären sollte, das kleine Mädchen auf den Arm nahm. Es sah mich mit sorgenvollem Blick an, gab ein Wimmern von sich, und dann schloss es seine linke Hand um meinen kleinen Finger.

Kaum 96 Stunden später sollte dieses kleine Mädchen meiner Frau und mir alles bedeuten, denn für den Rest unseres Lebens wurde es unser einziges Kind.

Kapitel 1

Leute wie wir

Der Beamte wirkte alles andere als glücklich, und ich begriff schnell, dass ich die Quelle seines Missfallens war. Richard Tambadini war Leiter der Grenzkontrollbehörde von Simbabwe. Im Mai 1997 saß er in einem trostlosen Büroraum im Innern eines düsteren Regierungsgebäudes, das den Namen Liquenda House trug, und sah meine Papiere durch. Er wirkte bedächtig, drückte sich äußerst gewählt aus und brachte mir so viel Verachtung entgegen, dass er kaum aufblickte.

»Sie haben Ihre Besitztümer hergeschickt, bevor Sie selbst hier waren«, sagte er und klang dabei, als würde er eine Anklageschrift verlesen. »Sie gehen davon aus, dass Sie eine Arbeitserlaubnis von uns erhalten. Sie glauben, das kleine schwarze Simbabwe wartet nur auf große weiße Amerikaner wie Sie.«

Er hielt inne und warf einen Blick aus dem Fenster, hinaus auf das Stadtzentrum von Harare. Unten auf der Straße war die Alarmanlage eines Autos losgegangen, und das ununterbrochene Hupen erhob sich über den Verkehrslärm des späten Vormittags.

Ich rutschte unbehaglich auf meinem harten Stuhl herum. Die Sache wurde langsam unangenehm. Ein paar Wochen zuvor hatten Vita und ich unseren bisherigen Wohnsitz in Warschau aufgelöst. Die Kisten mit unseren Habseligkeiten sollten mit dem Lastwagen nach Gdansk gebracht werden und dort auf ein Schiff warten, das sie über die Ostsee bis nach Amsterdam transportieren würde. Dort sollten sie auf ein weiteres Frachtschiff verladen werden, das die gesamte europäische und westafrikanische Küste entlangfahren, die südliche Spitze von Kapstadt umrunden und schließlich in den südafrikanischen Hafen von Durban einlaufen würde. Dort wiederum mussten sie in einen Zugwagon verladen und nach Simbabwe gebracht werden. Das Speditionsunternehmen hatte uns informiert, das alles werde im günstigsten Fall acht Wochen dauern, vielleicht aber auch drei oder vier Monate. Mein Vorgänger in Harare hatte mir versichert, dass die simbabwische Regierung mir bis dahin längst eine Arbeitserlaubnis als Auslandskorrespondent ausgestellt haben würde.

Aber die Kisten hatten ihr Ziel schon nach drei Wochen erreicht.

Und so war ich jetzt in Harare und versuchte Tambadini davon zu überzeugen, dass diese unerwartete Lieferung keineswegs als Ausdruck amerikanischer Überheblichkeit zu werten war.

»Mr Tambadini«, begann ich, verzweifelt bemüht, die Situation ein wenig aufzulockern. »Ich bin nur 1,74 Meter groß, und bisher hat noch niemand zu mir gesagt, ich würde mich verhalten wie ein großer ...«

»Wir haben uns eben erst kennen gelernt, Mr Tucker, und trotzdem kenne ich Ihresgleichen nur allzu gut«, unterbrach er mich und betrachtete dabei seine Fingernägel. »Sie kommen aus Amerika, einem Land, das die Schwarzen verachtet. Sie sind ein reicher Mann. Sie kommen hierher, sehen das arme kleine Simbabwe, wo sich selbst die Regierung aus Schwarzen zusammensetzt, und da haben Sie einfach angenommen, dass wir Sie brauchen. Sie glauben, wir müssten so dankbar sein, Sie in unserer Mitte zu haben, dass unsere Gesetze für Sie nicht gelten. So verhalten sich Weiße nun einmal in Afrika.« Sein Ton drückte eisige Verachtung aus. »Aber wir haben ein System für Leute wie Sie entwickelt. Unser Zoll behält Ihre Besitztümer in Verwahrung, bis Sie die offizielle Aufenthaltsgenehmigung haben, gegen eine Gebühr von hundert US-Dollar pro Tag. Falls wir uns entschließen, Ihrem Antrag zuzustimmen – und das kann Monate dauern –, bezahlen Sie und dürfen Ihr Hab und Gut in Empfang nehmen. Bezahlen, Mr Tucker, werden Sie allerdings nur für Ihre Arroganz.«

Er hielt mir einen Vortrag, und ich hatte den Eindruck, als machte er so etwas nicht zum ersten Mal. Dennoch beunruhigte es mich. Ich fand es irritierend, dass er das ganz normale Chaos im Rahmen eines Ferntransports mit aller Gewalt als vorsätzlichen rassistischen Akt auslegen wollte. In jeder anderen Situation hätte mich die Behauptung, ich sei ein reicher Mann, bestimmt amüsiert. Aber der Gedanke, meinen Vorgesetzten mitteilen zu müssen, dass sie ein Bußgeld von mehreren tausend Dollar zahlen müssten, war mir nicht sonderlich angenehm. Also holte ich tief Luft und kroch zu Kreuze.

»Sir, falls meine Arbeitgeber oder ich selbst von falschen Voraussetzungen ausgegangen sind, tut mir das unsagbar Leid. Aber es ist nicht so, wie Sie es dargestellt haben. Meine Zeitung, die DETROIT FREE PRESS, ist seit siebzehn Jahren hier im Land tätig, länger als jedes andere amerikanische Medienunternehmen. Wir sind seit der Unabhängigkeit in Simbabwe, seit die schwarzen Simbabwer in ihrem eigenen Land die Macht übernommen haben. Als nach dem Ende der Apartheid alle anderen amerikanischen Zeitungen nach Südafrika gegangen sind, ist meine Zeitung hier geblieben, in einem Land, dessen Bevölkerung zu neunundneunzig Prozent schwarz ist. Die Stadt, für die ich als Reporter arbeite, ist die amerikanische Metropole mit dem größten Anteil an Schwarzen. Fünfundsiebzig Prozent aller Einwohner dort sind schwarz. Der Herausgeber meiner Zeitung, der mich hergeschickt hat, ist Afroamerikaner. Die Dame, die draußen auf dem Gang wartet, die Schwarze mit den Dreadlocks und dem blauen Kleid, ist meine Frau. Wenn meine Zeitung, mein Vorgänger hier oder ich selbst es für nötig erachtet hätten, meine Arbeitserlaubnis schon vor Monaten zu beantragen, dann hätten wir das getan. Es ist sehr bedauerlich, dass unsere Sachen so schnell hier eingetroffen sind, aber ich versichere Ihnen, es ist nicht aus den Gründen geschehen, die Sie anführen.«

Tambadini schaute aus dem Fenster. »Mag sein«, sagte er und bedeutete mir dann mit einer Handbewegung, ich könne gehen. Zwei Tage später wurde mir die Arbeitserlaubnis ausgestellt. Doch in den folgenden Jahren sollte ich mich noch oft an diese kleine Begebenheit erinnern, als das erste Aufblinken einer Warnlampe, bevor ich noch wusste, dass ich überhaupt eine Warnung nötig haben würde.

So mit Rassismus konfrontiert zu werden wie an diesem Morgen war keine neue Erfahrung für mich, sondern vielmehr eine ermüdende Wiederholung. Rassenfragen hatten mein Leben immer schon geprägt. Als Kind wusste ich zwar noch nichts von Tambadinis Heimatland, einem kleinen Staat im Südosten Afrikas, der damals noch Rhodesien hieß, aber meine eigene Heimat in den Südstaaten der USA steckte tief in einem ganz ähnlichen Rassenkonflikt. In den Sechzigerjahren, als die Schwarzen in Simbabwe um die Unabhängigkeit von einer weißen Kolonialmacht kämpften, kämpften die Schwarzen im Süden der USA ebenfalls um ihre Rechte. Und auch die Reaktionen der weißen Rhodesier und der weißen Südstaatenbewohner ähnelten einander auf erstaunliche Weise, vor allem in meinem Heimatstaat Mississippi. Wer auf so etwas achtete, konnte in den beiden Konflikten eine Zeit lang dasselbe Muster erkennen.

Ein oder zwei Jahre, bevor der rhodesische Premierminister Ian Smith 1965 erklärte, die Weißen würden in Rhodesien noch tausend Jahre lang regieren, hatte George Wallace in seiner Antrittsrede als Gouverneur von Alabama lauthals verkündet: »Ich ziehe eine Linie in den Staub, und ich sage ... Rassentrennung heute, Rassentrennung morgen, Rassentrennung für alle Zeiten!« Martin Luther King veröffentlichte seinen berühmten »Brief aus dem Gefängnis von Birmingham« im selben Jahr, als in Simbabwe der Lehrer und Nationalist Robert Mugabe verhaftet wurde. Während Smith die Sondereinheit der Selous Scouts einsetzte, um die Schwarzen zu terrorisieren, verbrannte der Ku-Klux-Klan in ganz Mississippi seine Kreuze. Eines Nachts fanden in 64 der 82 Verwaltungsbezirke gleichzeitig Kreuzverbrennungen statt, um zu beweisen, dass der Klan die Macht im Staat besaß. Ein gewisser Byron De La Beckwith schoss Medgar Evers in den Rücken; ganze Banden junger weißer Männer verprügelten Demonstranten, Aktivisten und die Freedom Riders. Zu den berüchtigtsten Ereignissen dieser Zeit gehört der Vorfall, bei dem Klan-Mitglieder in der Nähe von Philadelphia in Mississippi drei Bürgerrechtler töteten – oder, wie man dort gesagt hätte, »zwei Juden und einen Nigger«.

Während Rhodesien von den Vereinten Nationen mit Sanktionen belegt und weltweit zum Außenseiter erklärt wurde, war das übrige Amerika entsetzt über die Zustände in Mississippi. Es ist kein Zufall, dass Nina Simones berühmtes Lied *Mississippi Goddam* heißt, Anne Moodys Buch *Coming of Age in Mississippi* und ein sehr viel später entstandener Film *Mississippi Burning*. Wir im ländlichen weißen Mississippi schienen wild entschlossen, das symbolische Herz der Finsternis des amerikanischen Südens zu werden.

In diese Zeit der Rassentrennung und der Verzweiflung wurde ich hineingeboren, in Holmes County, dem ärmsten Verwaltungsbezirk mit dem höchsten Bevölkerungsanteil an Schwarzen im ärmsten Staat mit dem höchsten Bevölkerungsanteil an Schwarzen von ganz Amerika. Das Gebiet erstreckte sich über die niedrigen Hügelketten im Landesinneren und das fruchtbare Land um das Flussdelta. Von vier Gesichtern, die man dort sah, waren drei schwarz, und die ganze Gegend wirkte so verarmt und trostlos, dass man den Eindruck bekommen konnte, das einzig Reiche dort wäre der Boden. Zwischen den morastigen Bächen standen Kiefern und riesige Eichen, dann fiel das Land plötzlich steil ab, einen mit Kudzu bewachsenen Hang hinunter, der den Namen Valley Hill trug und für die nächsten mindestens 150 Kilometer die letzte Anhöhe war. Die flachen Felder um das Delta reichten weit in die Ferne, eine riesige Ebene aus schwarzer Erde und stehenden Gewässern, die sich bis hin zum Damm und dem breiten, bräunlichen Fluss erstreckte, dem ewig dahinfließenden Vater aller Flüsse, von dem der Staat seinen Namen hat. An schiefergrauen Novembernachmittagen, wenn ein ständiger Nieselregen auf die abgeernteten Baumwollfelder, die Wohnanhänger am Straßenrand, die schläfrigen, hölzernen Kirchenbauten, die Gräber der Gläubigen, die Scheunen mit ihren Blechdächern und die Gewehrschuppen niederging, schien es, als würde dieser Ort einem bis ins Mark kriechen, um sich dort abzulagern und für immer erhalten zu bleiben.

Wir lebten in Lexington, einer Gemeinde mit etwa 2000 Einwohnern, die später ein Vorort der etwa 130 Kilometer östlich gelegenen Stadt Starkville wurde, und züchteten dort Schafe und Kühe. Mein Vater Duane stand am Anfang einer Karriere als stellvertretender Bezirksverwalter des Cooperative Extension Service, einer staatlichen Behörde, die die Farmer bei Problemen mit Ackerbau und Viehzucht unterstützte. Meine Mutter Elizabeth, die immer nur Betty gerufen wurde, spielte Klavier und Orgel in der örtlichen Baptistengemeinde. Mein älterer Bruder Duane Jr., den alle Shane nannten, und ich begleiteten meinen Vater manchmal, wenn er mit seinem Pick-up von einer Farm zur nächsten fuhr. Bog er von der schmalen, asphaltierten Hauptstraße in eine der Schotterstraßen ein, wirbelten dichte Wolken aus rotbraunem Staub hinter uns her.

Nachts lag ich in unserem kleinen Farmhaus zusammengerollt unter der Decke und wartete, bis ich das Pfeifen des abfahrenden Zuges hörte. Dann schlich ich mich nach draußen und sah im Mondlicht zu, wie der Zug an unserem Haus vorbeifuhr. Ich stand im Vorgarten, die Füße feucht vom Tau, schaute zwischen den Eichen und den Kiefern hindurch zu den Sternen hinauf und spürte, wie der Boden vibrierte, wenn der Zug vorbeifuhr. In solchen Momenten liebte ich diesen Ort von ganzem Herzen. Die rauschenden Bäume und der flüsternde Wind sprachen eine ganz eigene Sprache, und die Nacht war warm, wunderschön und geheimnisvoll.

An den langen Sommertagen, den endlosen Sommerabenden und verregneten Winternachmittagen, wenn es nichts zu tun gab und man nirgends hingehen konnte, verlor ich mich in Büchern und Geschichten und malte mir eine Welt jenseits unserer verschlafenen, ländlichen Idylle aus. Ich blätterte die Seiten um, unser Haus verschwand, und an seiner Stelle erstand aus dem Nichts eine neue Welt. Noch bevor ich 13 war, hatte ich *Die Schatzinsel*, *Die Abenteuer des Huckleberry Finn*, sämtliche Hardy-Boys-Bände und das Alte Testament gelesen – Letzteres, wenn ich mich in der Kirche langweilte, was bei kleinen Jungen ja häufig vorkommt –, außerdem *Herr der Ringe* und ein paar andere Bücher, die meinen Horizont damals weit überstiegen, unter anderem von Ernest Hemingway und *Papillon*, die Erinnerungen des Henri Charrière, eines französischen Gefangenen, dem es gelungen war, von der Teufelsinsel zu fliehen.

Diese Welten erschienen mir genauso real und wichtig wie die Geschehnisse in unserer kleinen Stadt – und vor allem sehr viel aufregender. Oft sehnte ich mich danach, nicht mehr nur zuzusehen, wie der Zug an unserem Haus vorbeifuhr, sondern einfach auf den nächsten Güterzug aufzuspringen, von hier zu verschwinden und an die Orte zu reisen, von denen ich gelesen hatte. Dann setzte ich mich an die Schienen und fragte mich, welche dieser Welten wohl die eigentliche Märchenwelt war. Bis auf ein paar Großtanten waren sämtliche Mitglieder meiner Familie seit mindestens 150 Jahren Farmer im ländlichen Mississippi gewesen.

Doch ein Zeitalter neigte sich seinem Ende zu, und die *Geschlossene Gesellschaft* des Magnolienstaates, wie der Titel eines wichtigen Buches von James W. Silver lautete, öffnete sich zunehmend der Außenwelt. Die Kalenderblätter fielen, die Zeit verging, und in den späten Siebzigerjahren begann der brutale Rassismus in den Südstaaten allmählich abzuflauen. Die Rassenkonflikte, die das Land in Aufruhr versetzten, spielten sich jetzt in den Großstädten im Norden ab. Die Bürgerkriegskampagnen gerieten in Vergessenheit, die Rassentrennung in den Südstaaten wurde offiziell aufgehoben, und in den Kleinstädten von Mississippi ließen sich schwarze und weiße Teenager auf etwas ein, das sich ihre Vorfahren nie hätten träumen lassen: Sie wuchsen gemeinsam auf. Das war schwierig und merkwürdig und mitunter auch absonderlich.

Das absurdeste Beispiel fand sich auf dem College-Footballfeld, dem allsamstäglichen Wallfahrtsort der Südstaaten. In den Siebzigerjahren wurde die Rassentrennung auch im Footballteam der University of Mississippi aufgehoben. Das College führte jedoch weiterhin voller Stolz den Spitznamen *Ole Miss* – so nannten die Sklaven in der Zeit vor dem Bürgerkrieg die Frau des Plantagenbesitzers, im Unterschied zur Tochter des Hauses, die als *Young Miss* bezeichnet wurde. Das Footballteam nannte sich *Rebels*, nach der Südstaatenarmee.

Man hatte sich in den Dreißigerjahren für diesen Namen entschieden, weil der zweite Namensfavorit der Studenten, *Ole Massas* – so sprachen die Sklaven den Plantagenbesitzer an –, zu einer Art Zungenbrecher geführt hätte: die *Ole Miss Ole Massas*.

Fast ein halbes Jahrhundert danach sah ein Footballmatch in Oxford, Mississippi, folgendermaßen aus: Ein schwarzer Nachkomme der Sklaven, auf dessen Helm *Ole Miss* stand, erzielte einen Touchdown für die Rebels. Die Collegekapelle, die sich nur aus Weißen zusammensetzte, spielte daraufhin *Dixie*, das Schlachtlied der Südstaatenarmee. 30 000 weiße Fans schwenkten die rotblaue Konföderationsfahne, derer sich auch der Ku-Klux-Klan gern bediente. Und niemand schien zu merken, dass hier akuter Handlungsbedarf bestand.

Auch außerhalb des Spielfelds gab es mitunter recht merkwürdige Vorkommnisse. In meiner Familie und meinem unmittelbaren Umfeld machte man sich nichts aus der *Ole Miss* – wir waren Fans der Mississippi State, bei deren Spielen eine sehr viel weniger exklusive Atmosphäre herrschte und man nach einem Touchdown mit Kuhglocken läutete. Trotzdem kratzten meine Eltern während meiner ersten Schuljahre unermüdlich Geld zusammen, um mich auf eine jener *Privatschulen* zu schicken, die nur Weiße aufnahmen und erst nach der Aufhebung der Rassentrennung gegründet worden waren, als letzte Amtshandlung der White Citizens' Councils. Die Ironie lag vor allem in der Musik, die bei unseren Schulbällen gespielt wurde: Earth, Wind & Fire, Kool and the Gang, Rick James, die Gap Band. Der mit Abstand beliebteste Komiker war Richard Pryor. Wenn ich freitagabends auf das Footballfeld lief, hatte ich unter meinem Helm ein Tuch um den Kopf geschlungen, genau wie J. C. Watts, der Star-Quarterback aus Oklahoma. Außerdem trug ich Schweißbänder mit der Nummer 22, die ich meinem großen Helden, dem Mississippi-State-Wingback Danny Knight, abgeschwatzt hatte. Watts und Knight waren Schwarze, sie waren meine Idole, und doch hätte keiner von beiden mich je spielen sehen können: Der einzige Schwarze, der unser Schulgelände betreten durfte, war der Hausmeister.

Nachmittags, nach der Schule, arbeitete ich im Market Basket, einem Lebensmittelladen, wo ich Regale einräumte und Waren verpackte. An einem dieser Nachmittage geschah etwas, das mir endgültig die Augen öffnete und meiner Laufbahn als junger Mann, der gedankenlos mit rassistischen Ausdrücken um sich wirft, ein Ende setzte. Ich räumte die Regale zusammen mit einem Jungen namens Theron Lawrence ein, der auf die staatliche High School ging. Theron war ein Schwarzer, etwas älter als ich und sehr viel cooler, als ich jemals sein konnte. Eines Nachmittags beschlossen wir, uns eine Cola zu holen, uns an der Stechuhr abzumelden und uns eine der viertelstündigen Pausen zu gönnen, die uns zustanden. Es stellte sich heraus, dass wir beide am Wochenende zuvor den Film *Alien* gesehen hatten. Wir verhielten uns wie alle Jungs im Teenageralter, alberten herum, lachten und erzählten uns gegenseitig noch einmal die gruseligsten Stellen, bis ich schließlich zu der Stelle kam, an der der Schauspieler Yaphet Kotto die Kreatur niederschlägt.

»Mann, hat der Nigger dem vielleicht eine reingehauen«, rief ich kichernd.

Theron hörte auf zu lachen.

Ich war selbst entsetzt. Man durfte das *N-Wort* nur

unter Weißen benutzen, und eigentlich wusste ich das. Theron sah eine Weile zu Boden, dann warf er einen Blick auf die Uhr. »Die Pause ist gleich rum«, sagte er. Dann stand er auf und verschwand.

Während ich dort auf meinem Stuhl saß, mit meiner blauen Schürze und belämmerter Miene, begriff ich wohl zum ersten Mal, dass das Wort, das ich benutzt hatte, nichts über Theron aussagte und auch nichts über den Schauspieler, ja, nicht einmal über Schwarze im Allgemeinen. Es sagte allerdings unglaublich viel über mich aus, und das gefiel mir überhaupt nicht, denn ich mochte Theron. Ich betrachtete ihn als Freund. Und es machte mir Spaß, für Mary Banks, die Verkäuferin im Laden, Lebensmittel zu verpacken. Sie war lustig, warmherzig und herzlich, wie Südstaatenfrauen eben sind. Sie sagte »Schätzchen« und »Herzchen« zu mir. Aber sie war auch schwarz. »Schwarz« stand für unzählige Dinge, die nur in einem Paralleluniversum zu meiner eigenen Welt existierten und die ich allesamt weder gut noch bewundernswert finden durfte.

Als ich schließlich die Abenteuerbücher beiseite legte und anfing, Bücher von William Faulkner, Richard Wright, Eudora Welty und Willie Morris zu lesen, in denen es um meine Heimat ging, bekam ich langsam ein Gefühl dafür, wo ich mich befand. Es wurde zu einer der grundlegenden Lektionen meines persönlichen und beruflichen Lebens: Ich war im rassistischsten Staat von ganz Amerika aufgewachsen, und meine gesamte Kindheit hindurch hatte ich das Widernatürliche für normal gehalten. Es ist alles andere als schön, so etwas über sich selbst und den Ort, an dem man groß geworden ist, zu erfahren.

Während Mississippi sich veränderte, veränderte ich mich also ebenfalls, in einer Weise, die ich oft nicht recht benennen konnte. Die Lethargie der Kleinstadt, die religiöse Scheinheiligkeit, die Rassentrennung und die Konflikte, die daraus entstanden, die lähmende Armut – das war mein Zuhause, und es belastete mich ungemein. Ich fing an, spätabends mit meinem ramponierten Auto durch die Gegend zu fahren, über die kleinen Landstraßen, die Schotterpisten und wieder zurück durch die Hauptstraße mit ihren verrammelten Läden. Aber das änderte nichts, es war nur eine weitere Stunde vergangen, und ich fragte mich, ob ich wohl jemals anderswo sein und etwas anderes tun würde.

Doch manchmal meint es das Schicksal gut, und so hatte ich das Glück, bei einem College-Baseballmatch Willie Morris, den berühmten Schriftsteller aus Mississippi, kennen zu lernen. Er war der erste Mensch, den ich kannte, der vom Schreiben lebte, und er hatte sich weit über die Grenzen des Staates hinaus einen Namen gemacht. Für mich klang das wie das Ziel aller Träume, und ich erzählte ihm, ich wolle ebenfalls schreiben und reisen. Mit Hilfe eines Professors namens Tommy Miller verschaffte er mir eine Stelle beim OXFORD EAGLE, der kleinsten Tageszeitung in Mississippi mit einer Auflage von 2 500 Exemplaren. Ich berichtete über High-School-Sportveranstaltungen, Morde, Fälle von Kindesmissbrauch, Stadtratsversammlungen, Fabrikschließungen, Kommunalwahlen und ein Todesurteil. Die Recherchen bei einem Mord oder Selbstmord in der Kleinstadt Water Valley betrieb ich mit so viel Elan, dass Lloyd Defer, der Sheriff von Yalobusha County, sich schließlich den Hut aus der Stirn schob und mich mit den Worten unterbrach: »Sag mal, Jungchen, warum spielst du hier eigentlich den Leichenfledderer?«

Wenn ich nicht gerade arbeitete, besuchte ich Vorlesungen an der *Ole Miss,* wo ich ein Stipendium hatte. Dort gab es das beste Anglistikseminar im ganzen Staat, und so war es schließlich gleichgültig, wie ich über die Symbolik dachte; ein College außerhalb der Staatsgrenzen konnte ich mir beim besten Willen nicht leisten. Bei der Abschlussfeier wurde ich zum vielversprechendsten Journalistikstudenten der Universität gekürt. Meine Reportagen im EAGLE gewannen alle regionalen Preise, für die sie in Frage kamen. Ich erhielt Jobangebote von einem guten Dutzend Zeitungen.

Die Wahl fiel mir nicht schwer: Ich entschied mich für die Zeitung, die mich am weitesten von zu Hause fortbringen würde. Das war die FLORIDA TODAY, eine kleine Tageszeitung an der Ostküste von Florida. In meiner neuen Stellung arbeitete ich unermüdlich, sieben Tage die Woche. Innerhalb von nur drei Jahren wechselte ich zum Gannett-Nachrichtendienst, zum MIAMI HERALD und schließlich zur DETROIT FREE PRESS. Wenn ich nicht gerade Interviews führte, fuhr ich Motorrad, machte Bergwanderungen im Westen oder tanzte bis vier Uhr morgens in diversen Klubs. Ich ließ mir die Haare wachsen, bis ich sie zum Pferdeschwanz binden konnte, trug einen Ohrring, ließ mir ein paar Tattoos machen und kaufte mir neue Klamotten. Mein Südstaatenakzent wurde immer schwächer. Ich hatte Mississippi hinter mir gelassen; jetzt trat ich das Gaspedal durch, und wohin ich auch fuhr, ich tat es mit 200 Stundenkilometern.

Kapitel 2

Let's stay together

Doch jeder Fluchtplan hat seine Schwachstelle, und meine war so klischeehaft und fast schon langweilig, dass ich sie beim besten Willen nicht kommen sah. Ich verliebte mich in das Mädchen von nebenan.

Es geschah, als ich in einem Loft im Zentrum von Detroit wohnte, in einem alten Lagerhaus mit sechs Stockwerken. Im ersten Stock befand sich ein griechisches Lokal, im zweiten eine kleine Disco, und in den vier Stockwerken darüber lagen unrenovierte Loft-Wohnungen. Eine Zeit lang wohnte ein lautstarker Student neben mir im fünften Stock. Als er schließlich auszog, hängte ich einen Zettel ans schwarze Brett in der Redaktion der DETROIT FREE PRESS, dass eine Wohnung ganz in der Nähe des Büros zu haben sei.

Ein paar Tage lang meldete sich niemand. Dann fragte mich eine Mitarbeiterin aus der Redaktionsbibliothek, die ich flüchtig kannte, ob sie sich die Wohnung in der Mittagspause anschauen könne. »Ich will bloß sehen, ob sie besser ist als meine jetzige«, erklärte Vita Gasaway.

Sie war verwitwet, aufgeschlossen und humorvoll, eine 1,58 Meter große Schwarze, die ein gewisses Motown-Flair verströmte, selbst wenn sie nur die Straße entlangging. Sie hatte lange Dreadlocks, ein offenes, ansteckendes Lachen und war stolz auf ihre dunkle Haut. Außerdem war sie elf Jahre älter als ich und im Detroit der Sechzigerjahre aufgewachsen, zu einer Zeit, als ein paar musikalische schwarze Teenager die Popmusikszene revolutionierten. Fast jeden Samstag konnte man im Fox Theater an der Woodward Avenue die Motown-Revue besuchen und Stevie Wonder, die Supremes, Smokey Robinson, die Temptations, die Four Tops und vor allem Marvin Gaye erleben. Viele Jahre danach fand Vita es anfangs ein wenig merkwürdig, Tür an Tür mit einem jungen Weißen aus Mississippi zu leben. Wir waren zwei Jahre lang befreundet, bevor wir auf die Idee kamen, eine Beziehung zu beginnen. Sie arbeitete fast noch mehr als ich: tagsüber als Anwaltsassistentin, abends in der Bibliothek der FREE PRESS. An einem späten Samstagabend im Sommer, als es viel zu heiß zum Schlafen war, setzte ich mich mit einem alten Stuhl auf die Feuerleiter vor meinem Fenster und sah Vita an ihrem Fenster sitzen und ebenfalls die Nachtluft genießen. Sie hatte keine Feuerleiter vor ihrem Loft und konnte deshalb nicht draußen sitzen.

Ich winkte, um sie auf mich aufmerksam zu machen. »Das soll jetzt keine Anmache sein«, sagte ich. »Aber hast du Lust auf einen Schluck Wein? Hier draußen ist es kühler.«

»Was will eine Frau mehr?«, erwiderte sie. »Ein kühles Lüftchen und ein Glas Wein.«

Sie kam rüber, und ich half ihr durch das riesige, breite Fenster nach draußen auf die Feuerleiter. Auf den Parkplätzen und den Straßen unter uns waren unzählige

Menschen unterwegs, die aus den Klubs und den Bars kamen. Ein paar Blocks weiter kletterten die Lichter des Renaissance Center sechzig oder siebzig Stockwerke in die Höhe, und gleich dahinter erstreckte sich der Detroit River. Vom anderen Ufer her blinzelten die Lichter von Windsor zu uns herüber.

»Gar nicht schlecht«, stellte Vita fest, und ich wurde wieder lockerer und lehnte mich ans Geländer.

So wurde eine feste Beziehung daraus. Im Sommer stellten wir zwei alte Stühle nach draußen, brieten Hamburger auf einem winzigen Grill, tranken Wein und beobachteten die Leute unten auf der Straße. Im bitterkalten Winter von Michigan liehen wir uns an den Sonntagnachmittagen Videos aus, und bei schlechten Dialogen pfiffen wir und warfen mit Popcorn. Manchmal nahmen wir das Motorrad und fuhren für den Nachmittag nach Ann Arbor. Ein paar Blocks von unserem Haus entfernt befand sich das Bo-Macs, ein Jazzkeller, wo ich Stammgast war. Am Freitagabend kam Vita oft dorthin, in einem umwerfenden roten Kleid; die langen Dreadlocks fielen ihr über die Schultern, und sie sagte auf so unnachahmliche Weise: »Hallo, Baby!«, dass ich kaum noch wusste, wo ich war.

Sie erzählte mir von ihrer Familie, die ursprünglich ebenfalls aus den Südstaaten stammte. Ihr Vater, Phil Griffin, war im südlichen Alabama aufgewachsen, in einem winzigen Ort namens Enterprise. Für einen Schwarzen waren die so genannten »Aufstiegsmöglichkeiten« damals noch äußerst begrenzt, und als die Wirtschaftskrise einsetzte, machte Phil, der zu dieser Zeit schon Mitte zwanzig war, es wie viele andere Schwarze aus ländlichen Gegenden und wanderte in die nördlich gelegenen Städte ab. Mit seiner Frau und anfangs drei Kindern – es sollten bald noch mehr werden – zog er nach Cincinnati, dann nach River Rouge, einem Vorort von Detroit, und schließlich nach Detroit selbst. Er arbeitete als Autolackierer, zu einer Zeit, als weltweit jedes zweite Automobil in Detroit gefertigt wurde, und mit jeder Gehaltserhöhung zog er mit seiner Familie in ein neues Haus. Seine Frau, Ida Helen, nähte zunächst Lederbezüge für Autositze und später dann Sofabezüge aus weicheren Materialien. Am Freitagabend aßen sie panierten Fisch, spielten Karten mit Freunden, und im Garten hatten sie ein kleines Gemüsebeet.

In Vitas Kindheit fuhr die Familie jeden Sommer die kurvige Strecke Richtung Süden, um Verwandte zu besuchen. Sobald sie die Mason-Dixon-Grenze zwischen Maryland und Pennsylvania passiert hatten, hielt ihr Vater manchmal an, wenn er eine schwarze Sträflingskolonne sah. Er schenkte dem Anführer Zigaretten und bat ihn, sie unter den Häftlingen zu verteilen. Seine Kinder drängte er dazu, die Männer, die dort den Hammer schwangen, anzulächeln, ihnen zuzuwinken und ihnen so wenigstens eine kleine Freundlichkeit zu erweisen. Dann erzählte er ihnen von den Ungerechtigkeiten, denen viele dieser Männer ihre Sträflingskleidung verdankten. Hatten sie dann aber die Grenze von Mississippi erreicht, war es vorbei mit dem Austausch von Höflichkeiten am Straßenrand. Phil Griffin weigerte sich standhaft, im Magnolienstaat auch nur für kurze Zeit anzuhalten.

»Wir mussten in Memphis aufs Klo gehen und es uns dann die ganze Strecke durch Mississippi verkneifen«, erinnerte sich Vita. »Dort war es so schlimm, dass man als schwarze Familie aus Detroit allen Ernstes froh war, nach Alabama zu kommen.«

Während ich so neben ihr saß, wurde mir klar, dass sie sich vor genau den Menschen gefürchtet hatte, mit denen ich aufgewachsen war, die ich geliebt hatte. Das war ein unangenehmes Gefühl, doch schließlich kamen wir zu der stillen Übereinkunft, dass die Vergangenheit keinen Einfluss auf die Zukunft zu haben brauchte. Unsere Beziehung entwickelte sich so wie bei den meisten anderen Paaren auch, nach und nach, durch Trennungen und Versöhnungen hindurch. Natürlich gab es Leute, die versuchten, mir das Leben schwer zu machen, weil ich mit einer Schwarzen zusammen war: Ob ich vielleicht einen Südstaatenschaden hätte? Was ich damit eigentlich beweisen wolle? Anfangs störte mich das sehr, aber mit der Zeit achtete ich nicht mehr darauf. Ich wusste, dass die meisten Menschen dazu neigten, mich in eine Schublade zu stecken, sobald sie hörten, dass ich aus Mississippi stammte. Der Satz, den ich auf Abendeinladungen in aller Welt am häufigsten gehört habe, lautet: »Sie sehen ja gar nicht so aus … verhalten sich gar nicht so … klingen gar nicht so, als kämen Sie aus Mississippi.« Selbst in Beirut schienen die Leute zu erwarten, dass ich barfuß im Overall durch die Gegend laufen und *Dixie* vor mich hin pfeifen würde …

Solche Verallgemeinerungen führen zwangsläufig zu Missverständnissen, denn wenn man nicht aus den Südstaaten stammt, nimmt man meist an, dass die Kulturen von Weißen und Schwarzen dort einander diametral entgegengesetzt sind. Das ist aber gar nicht der Fall. Die Umstände waren mehr als drei Jahrhunderte lang völlig widernatürlich, es gab Gewalt und sehr viel Durcheinander, aber der Alltag von Weißen und Schwarzen war und ist gar nicht so unterschiedlich. Meines Erachtens gibt es sogar klare kulturelle Überschneidungen zwischen Weißen und Schwarzen aus dem ländlichen Süden, von den Gerichten, die sie essen, bis zu ihren Berufen – sie sind alle Farmer –, dem Land, das sie bestellen, und den Gewässern, in denen sie angeln, ja, sogar bis zu einer zwischenmenschlichen Wärme, die man so in anderen Teilen des Landes einfach nicht findet. Als Beweisstück A für diese Theorie möchte ich Bill Clinton anführen, einen Jungen aus einer Kleinstadt in Arkansas, der von schwarzen Komikern und sogar von Toni Morrison liebevoll – und manchmal auch höhnisch – als »erster schwarzer Präsident der USA« bezeichnet wurde. Er wurde sogar als Ehrenmitglied in die Arkansas Black Hall of Fame aufgenommen.

Bevor ich nach Detroit zog, hatte ich über solche Dinge nie nachgedacht. Aber je länger Vita und ich zusammen waren, desto klarer wurde mir, dass ich in vielerlei Hinsicht mehr mit ihr und den übrigen schwarzen Angehörigen der Arbeiterklasse in Detroit gemeinsam hatte als mit anderen weißen Bewohnern von Michigan. Die traditionelle afroamerikanische Küche beispielsweise, die man in Detroit als *Soul Food* bezeichnet – Grünkohl, Schwarzaugenbohnen, Maisbrot, Baby Back Ribs und gebratenes Huhn –, entspricht genau der Küche, mit der ich aufgewachsen bin. Als meine Großmutter zum letzten Mal für mich kochte, gab es Schweinerippchen mit Grünkohl, und als ich zum ersten Mal bei Vitas Mutter zum Abendessen war, gebratenen Wels mit Grünkohl. Es gab Ähnlichkeiten im Humor und auch hinsichtlich Sprachtempo und -rhythmus: gedehnter, weniger direkt und überschwänglicher als das abgehackte Englisch, das ich von vielen meiner weißen Mitbürger hörte. In beiden Fällen war das Baptistentum die verbreitete Religion, wie immer man auch dazu stehen mochte. Und mir fiel auf, dass Schwarze – vor allem ältere – einander oft im Vorbeigehen zunickten, sich grüßten oder irgendein anderes Zeichen der Freundlichkeit von sich gaben, genau wie die weißen Farmer im Süden. Weiße aus nördlicheren Städten hätten das nie getan. Als ich noch zur Schule ging, arbeitete ich am Sonntagvormittag bei unserem kleinen städtischen Radiosender und bediente das Mischpult für die schwarzen Gospelchöre, die das Rundfunkstudio mit großartiger Live-Musik füllten. Wenn ich jetzt Vita in die Third New Hope Baptist Church in Detroit zum Gottesdienst begleitete, war ich dort zwar fast der einzige Weiße, fühlte mich aber längst nicht so fehl am Platz, wie es scheinen mochte. Ich kannte ja praktisch alle Lieder und Arrangements und auch den Stil der Predigten.

Als wir zum ersten Mal miteinander ausgingen, war Vita entzückt darüber, dass ich ihr die Autotür aufhielt, ihr im Restaurant den Stuhl zurechtrückte und ihr in den Mantel half. Für mich war das nichts Ungewöhnliches, einfach nur ein paar Höflichkeiten alter Südstaatenschule; doch für sie war es ein Ausdruck von Respekt, der ihr gefiel.

Das alles hieß aber keineswegs, dass ich begriff, was da zwischen uns passierte. Ich musste mehr als 7000 Kilometer weit wegreisen, um zu begreifen, dass das Mädchen von nebenan die Frau für mich war.

Die FREE PRESS bot mir die Stelle des Europakorrespondenten an, und ich zog nach Warschau. Während ich durch Europa, Russland und den Nahen Osten reiste, von einem Ort und einem Krisengebiet zum nächsten, empfand ich ein ständiges Gefühl von Einsamkeit, das mir zeigte, wie sehr ich meine beste Freundin und Nachbarin vermisste. Sie war in vieler Hinsicht die große Liebe meines Lebens geworden.

Als ich im glühend heißen Sommer 1993 mehrere Wochen in Sarajewo festsaß – der Bosnienkrieg befand sich auf dem Höhepunkt, und die Stadt wurde belagert –, rannte ich während einer Feuerpause hinüber ins Büro von Associated Press. An der Tür zog ich meine kugelsichere Weste aus und griff, verschwitzt, wie ich war, zum Satellitentelefon. Ich erwischte Vita im Büro. »Nenn mir den romantischsten Ort, der dir einfällt«, sagte ich.

»Was, jetzt? Ich bin mitten in einer Besprechung.«

»Schatz, dieses Gespräch kostet mich achtzehn Dollar in der Minute. Es wäre also nicht schlecht, wenn du's mir jetzt gleich sagen könntest.«

»Na ja … warte mal … gut, die griechischen Inseln.«

»Wann kannst du mich da treffen?«

»Meinst du das etwa ernst?«

»Ich kann auch jemand anders anrufen, wenn du keine Zeit hast. Wie hieß noch gleich diese Frau? Du weißt schon, die, die am anderen Ende des Flurs wohnt …«

»Im September«, fiel sie mir lachend ins Wort. »Nach dem Labour Day.«

»Großartig. Aber du weißt ja, ich bin kein Millionär. Du wirst wohl zweiter Klasse fliegen müssen.«

»Zweiter Klasse? Du meinst doch nicht etwa Economy? Also, meine anderen Verehrer aus dem Ausland schicken mir immer Erste-Klasse-Tickets. Und Champagner.«

»Wie hieß die Frau noch gleich, die vom anderen Ende …?«

Wir trafen uns Mitte September am Flughafen in Athen und fuhren mit dem Schiff weiter nach Santorin, wo in der Nebensaison kaum ein Mensch war. Wir fanden ein Hotel direkt auf einer der berühmten Klippen der Insel. Tagsüber genossen wir die Sonne, abends aßen wir frischen Fisch und vergaßen den Rest der Welt.

Eines Abends, kurz vor der Abreise, machten wir nach dem Essen eine Spritztour mit dem Mofa, das wir gemietet hatten. Vita saß hinter mir. Es war schon spät, und wir fuhren durch menschenleere Straßen. Der Mond brach durch die Wolken, und sein bleiches Licht ergoss sich über die Klippen. Ich hielt auf einem Schotterstreifen am Straßenrand. Weit unter uns lag das Meer.

»Ich glaube«, flüsterte mir Vita von hinten ins Ohr, »ich könnte mein ganzes Leben lang hier bleiben.«

Im September des folgenden Jahres heirateten wir in unserem Haus in Polen.

Meine Angehörigen blieben der Trauung fern; sie waren mit unserer Ehe nicht einverstanden, und das ist noch milde ausgedrückt. Vitas Vater war bereits tot und ihre Mutter zu alt, um eine so weite Reise zu machen. Ihre Geschwister begnügten sich damit, Glückwünsche zu schicken. Für Vita war es die zweite Hochzeit, deshalb nahm es niemand so richtig ernst. »Was will sie denn bloß mit diesem kleinen Weißen?«, fragte Vitas Mutter Ida Helen ihre jüngste Tochter Kathie. »Wahrscheinlich fühlt sie sich einfach nur einsam.«

»Mama«, erwiderte Kathie mit einem Seufzer.

»Schwarze ziehen normalerweise nicht nach Polen, nur weil sie sich einsam fühlen.«

Wir feierten unsere Hochzeit mit einem rauschenden Fest in unserem Garten in der Pilicka-Straße in Warschau. Auf den Einladungen stand der Refrain aus dem Song *Let's stay together* der Soullegende Al Green, und 28 Gäste aus acht verschiedenen Ländern und vier Kontinenten sangen, tanzten und improvisierten, sodass es sich anhörte wie bei einem der Belle-Isle-Straßenfeste in Detroit. Die Stimmung erreichte ihren Höhepunkt, als Patricia Wicks, Vitas beste Freundin seit Kindertagen, dem nicht mehr ganz nüchternen polnischen Hochzeitsfotografen zeigen wollte, wie man zu *Shoop* tanzte.

Es machte mir nicht viel aus, dass meine Familie unsere Hochzeit boykottierte. Im Grunde gab es nur noch wenige Dinge, die mir überhaupt etwas ausmachten. Seit ich aus Mississippi fortgegangen war, hatte ich eine gewisse Härte entwickelt, wollte die Dinge so nehmen, wie sie wirklich waren, und mich den bitteren Seiten des Lebens stellen. Ich ging von der Hypothese aus, dass gerade an den ärmsten und brutalsten Orten der Welt eine höhere Wahrheit zu finden sein musste, eine unverbildete Ehrlichkeit, die es anderswo nicht gab. An solchen Orten besaß das Leben eine Spannung, die offenbarte, wie die Welt wirklich war, nicht, wie man sie sich wünschte. Für mich war das ein Ausdruck von Wahrheit und Ehrlichkeit, und genau darüber wollte ich schreiben.

Entsprechend fand ich mich rasch in der Welt der Auslandskorrespondenten und reisenden Reporter zurecht. Zum ersten Mal, seit ich erwachsen war, hatte ich das Gefühl, dort zu sein, wo ich hingehörte. Ich liebte die Arbeit, die Reisen, die Herausforderungen, die Freunde in allen möglichen Ländern rund um den Globus, ich liebte es, immer wieder ins Flugzeug zu steigen und über die fesselndsten internationalen Ereignisse des Tages zu schreiben. Und am Ende jeder Reise wartete Vita, meine beste Freundin, meine Frau, meine Vertraute. Wir gingen aus und tanzten, bis die Klubs schlossen, trafen uns mit Freunden zum Champagnerfrühstück, das bis in den frühen Abend dauerte. Und als Nancy Laughlin, die Leiterin der Auslandsredaktion der FREE PRESS, mich eines Abends im Winter zu Hause in Warschau anrief und mich fragte, ob ich für die Zeitung den Posten des Afrikakorrespondenten übernehmen wolle, sagte ich ohne Zögern zu. Für mich war es eine Aufgabe, die mir größte journalistische Entfaltungsmöglichkeiten bot, und Vita war begeistert von der Idee, im Land ihrer Vorfahren zu leben. Also ließen wir all unsere Habseligkeiten, die wir in Detroit eingelagert hatten, mit dem Schiff nach Simbabwe transportieren.

Wir hatten nicht vor, jemals in die USA zurückzukehren.

Kapitel 3

Das kleine Mädchen

Ein alter Landrover rumpelte über die rötliche Schotterstraße und kam dann langsam zum Stehen. Zwei Polizeibeamte stiegen aus. Es hatte ein paar Stunden gedauert, bis der junge Mann, den Herbert nach Hilfe losgeschickt hatte, die nächste Polizeistation erreicht hatte. In den ländlichen Gegenden von Simbabwe, in denen es nur wenige Dörfer und kaum asphaltierte Straßen gibt, kam ein solches Unterfangen eher einem Marathon als einem Kurzstreckenlauf gleich.

Die ersten paar Kilometer hatte er sich von einem Bäckerwagen mitnehmen lassen, dann war er ausgestiegen, als der Wagen an einer Kreuzung in die andere Richtung weiterfuhr. Er war einige Kilometer gelaufen und hatte sich noch einmal mitnehmen lassen, bis er schließlich zu einer staubigen Ansammlung einstöckiger Betonbauten kam. Er ging an einer Metzgerei und an der Bierhalle vorbei, überquerte ein offenes Feld und betrat die kleine Polizeistation.

Dort sagte er dem Beamten, dass ein neugeborenes Baby gefunden worden sei.

Der Beamte seufzte; so etwas hörte er nicht zum ersten Mal. Dann rief er die Polizeiwache in der nächstgrößeren Stadt an und bat, einen Wagen zu schicken. Da die Stadt etwa 32 Kilometer unasphaltierte Straßen entfernt lag, dauerte es eine Weile, bis das Auto kam.

Doch schließlich trafen die Polizeibeamten ein, und der junge Mann lief ihnen voraus. Herbert war erleichtert. Dem Kind ging es sehr schlecht. Die Frauen hatten es zwar gewiegt und weitgehend beruhigt, aber es brauchte so schnell wie möglich ärztliche Hilfe. Einer der beiden Polizisten brachte die Kleine in ein etwa acht Kilometer entferntes Krankenhaus, wo sie über Nacht bleiben sollte. Der andere blieb und stellte Fragen. Es war eine Straftat, Kinder auszusetzen, und ein strenger Kläger hätte außerdem versuchten Mord anführen können. War jemand im Dorf schwanger gewesen? War irgendein junges Mädchen unvermittelt aufgebrochen, um Verwandte zu besuchen? Nein, versicherten die Frauen, und Herbert bestätigte ihre Aussagen.

Der Beamte schritt die Fußpfade ab und suchte nach irgendetwas, einem Zettel oder auch einem Kleidungsstück, das als Spur hätte dienen können. Doch er fand nichts. Dann fuhr er zu seinem Kollegen ins Krankenhaus, um das Personal dort zu befragen. Hatte es kürzlich eine Entbindung gegeben? Erinnerte man sich an eine Frau, die wegen einer Schwangerschaft zur Gesundheitsberatung gekommen war? Nein. Ein paar Wochen später kam er wieder und stellte dieselben Fragen noch einmal, um vielleicht einen Widerspruch aufzudecken, doch er erhielt dieselben Antworten. Drei Monate später erklärte er den Fall für abgeschlossen. Allein in seinem Bezirk waren in den vorangegangenen Monaten über zwei Dutzend Säuglinge unter ungeklärten Umständen ausgesetzt worden.

»Am Abend ist noch keine Spur von den Kindern, und am nächsten Morgen sind sie plötzlich da«, berichtete er später. »Manche findet man am Straßenrand, andere in der Kanalisation oder in den Abwassergräben. Meistens sind sie schon tot, wenn die Leute uns darauf hinweisen. Ich glaube ja, dass die Mütter sie aussetzen, weil die Väter gestorben sind, aber das ist nur so eine Theorie. Wer kann schon genau sagen, wo sie herkommen?«

Eine solche Flut von Findelkindern hatte es noch nie gegeben, seit die Shona vor 900 Jahren *dzimba dzimbabwe* errichtet hatten, die mächtige, steinerne Festung in der südlichen Ebene, die zum Symbol der nationalen Identität werden sollte. Es hatte immer wieder vereinzelte Fälle gegeben, Kinder, die in den Wäldern ausgesetzt und den wilden Tieren überlassen worden waren. Nach dem Ende der Kolonialherrschaft hatte die Regierung für solche Fälle ein Gesetz zum Kindsmord, den Infanticide Act, verabschiedet; doch nur während des endlosen Unabhängigkeitskrieges hatte es überhaupt etwas annähernd Vergleichbares gegeben.

Mitte der Siebzigerjahre, als der Krieg sich auf dem Höhepunkt befand, attackierten die rhodesischen Truppen Dörfer, die im Verdacht standen, Rebellen zu beherbergen. Es wurde ununterbrochen geschossen, und die Dorfbewohner wurden überallhin zerstreut. Eltern kamen ums Leben, wurden im Kreuzfeuer voneinander getrennt und verloren im Chaos ihre Kinder. Doch die meisten dieser Kinder hatten weitere Familienangehörige, die sich um sie kümmern konnten. Und für die, die keine Familie mehr hatten, gab es das Chinyaradzo Children's Home in Harare.

Stella Mesikano hatte während des Krieges in diesem Waisenhaus gearbeitet und war später Heimleiterin geworden. 1980 hatte sie begonnen, auf Millimeterpapier Balkendiagramme zu zeichnen, um die Anzahl der Kinder festzuhalten, die ins Chinyaradzo gebracht wurden. Jedes Jahr war in einer anderen Farbe dargestellt. Der Balken für das Jahr 1980, als die Unabhängigkeit verkündet und der seit 14 Jahren währende Konflikt beendet wurde, war schwarz und zeigte, dass 40 Kinder aufgenommen worden waren. Das folgende Jahr war in Rosa dargestellt, und die Anzahl der Kinder war auf 23 gesunken. Dabei blieb es für die nächsten zehn Jahre; mitunter sank die Zahl sogar noch weiter. Doch 1991 schnellte sie plötzlich auf 35 hoch, und 1994 waren es bereits 56 Kinder. Das Waisenhaus hatte Kapazitäten für die Versorgung von insgesamt 58 Kindern, hatte aber innerhalb von vier Jahren allein 159 Kinder neu aufgenommen. Andere Waisenhäuser und Kinderheime mussten einspringen, um dieser Überzahl beizukommen. Und als die Diagramme das Blatt zu sprengen drohten, verlor Stella Mesikano die Lust, detaillierte Statistiken für eine Regierung zu führen, die sich ohnehin nicht dafür interessierte.

In den späten Neunzigerjahren tat sich die Regierung um Robert Mugabe schwer damit, die Aids-Katastrophe in ihrem vollen Ausmaß anzuerkennen, und zeigte sich unfähig oder auch unwillig, die Maßnahmen zur Versorgung ihrer hilflosesten Schützlinge zu verstärken. Der Staat stellte jedem Waisenkind nur fünf Simbabwe-Dollars für Nahrung, Kleidung, Ausbildung und Versorgung zur Verfügung – ein Betrag, der damals etwa 30 US-Cents entsprach und in den folgenden Monaten um mehr als 60 Prozent sinken sollte. Damit sollte ein Drittel der Gesamtkosten des Waisenhauses abgedeckt sein. Die Regierung rief andere Organisationen sowie private Spender dazu auf, für die verbleibenden zwei Drittel aufzukommen. Für die Verwaltung des Chinyaradzo und die Beschaffung der Geldmittel war offiziell die Child Protection Society (CPS) zuständig. Doch als die Flut von Waisenkindern hereinbrach, die schon bald als eine der größten der Menschheitsgeschichte klassifiziert werden sollte, lag diese Einrichtung fast völlig brach. »Die Organisation führt derzeit nur wenige Nachforschungen durch und unternimmt nicht viel zugunsten der Kinder«, berichtete eine interne Studie. »Die CPS unterliegt einer gewissen Stagnation ... schon seit einigen Jahren gibt es keine offizielle Leitung mehr.«

Da die Waisenkinder nicht weniger wurden, zusätzliche Gelder aber ausblieben, musste Stella Mesikano sich selbst um die Beschaffung finanzieller Mittel bemühen. Sie erhielt Unterstützung vom örtlichen Rotary-Klub sowie von einer Hand voll westlicher Hilfsorganisationen, vor allem von der kanadischen Zweigstelle von World Vision, einer christlichen Wohltätigkeitsorganisation mit Sitz in den USA, und vom Qantas Cabin Crew Team, einer freiwilligen Hilfsorganisation der australischen Fluggesellschaft Qantas.

Das Waisenhaus wirkte modern und sauber, weil Stella Mesikano und ihre Mitarbeiter großen Einsatz zeigten. Aber mit 30 Cent am Tag konnte man trotzdem nicht viel tun. Fliegen krabbelten über die Kinder, das Essen und das Geschirr. Die interne Krankenstation musste aus Mangel an Medikamenten schließen. Alte Waschtücher dienten, zu Dreiecken gefaltet, als Windeln. Zu essen gab es Brei aus Maismehl und klumpigen Porridge. Die meisten der 15 bis 20 Säuglinge auf der Station litten unter chronischem Durchfall. Weil die wenigsten Betreuerinnen in Hygienemaßnahmen geschult waren und ihnen außerdem die entsprechende Ausrüstung fehlte, war es nicht möglich, die Windeln ordentlich zu desinfizieren, bevor sie einem anderen Kind angezogen wurden, und so verbreiteten sich Bakterien und Krankheiten unbemerkt von Kind zu Kind.

Im Januar 1998 wurde ein neugeborenes Mädchen, Memory Chinyanga, aus dem Waisenhaus ins Krankenhaus gebracht. Es ging ihr nicht gut, obwohl die Betreuerinnen aus dem Waisenhaus keine konkrete Krankheit angeben konnten. Sie starb wenige Tage später. Als Todesursache wurde Dehydrierung angegeben. Nach der üblichen Vorgehensweise sah man sie im Waisenhaus nicht wieder. Ihre Leiche wurde in die überfüllte städtische Leichenhalle gebracht, wo sie schließlich in ein weißes Tuch gehüllt und in einen Holzsarg gelegt wurde. Ein Laster fuhr sie zu einem Armenfriedhof außerhalb der Stadt. Dort wurde ihr Körper in den rötlichen Boden gesenkt, und Gefängnishäftlinge schaufelten Erde auf den Sarg, bis ihn schließlich ein runder Erdhügel bedeckte.

Ein paar Tage nach Memorys Tod musste ein Kind ein paar Bettchen weiter ebenfalls ins Krankenhaus. Die Kleine hieß Tatenda Jeselant – ihr Vorname bedeutete »Wir danken Gott«. Sie hatte chronischen Durchfall und erbrach sich ununterbrochen. Zwei Tage später war sie tot. Eine Woche später riefen die Betreuerinnen einen Wagen, der den kleinen Godfrey Muparutsa ins

Krankenhaus bringen sollte. Er war noch keine zwei Jahre alt und kehrte nicht mehr zurück. Die Ärzte sagten, er sei an Lungenentzündung gestorben, ein recht vager Begriff, der jede Form von Lungeninfektion umfasste und sogar heißen konnte, dass sich Flüssigkeit in den Lungen befand. War ein Virus die Ursache gewesen oder Bakterien? Keiner wusste es. Es wurden auch keine Obduktionen durchgeführt, und niemand forschte nach, wie es möglich war, dass in einem staatlichen Waisenhaus innerhalb von vier Wochen drei Kinder sterben konnten. Es gab keine Schlagzeilen, keine personellen Konsequenzen und keine Änderungen in der Vorgehensweise. Durch Aids waren solche Vorkommnisse ganz alltäglich geworden.

Es wurde Februar, und die Sozialarbeiter brachten ein Baby namens Shingirai Nyamayaro ins Waisenhaus. Sie war ausgesetzt worden, ihre Herkunft unbekannt. Sie bekam Durchfall, und da das Waisenhaus sich keine elektrolythaltigen Mittel oder Medikamente gegen Durchfallerkrankungen leisten konnte, war nichts dagegen zu tun. Sie dehydrierte und starb nach einem kurzen Krankenhausaufenthalt. Dann wurde Munashe Tsekete krank. Sein Atem ging rasselnd. Er hustete viel. Man brachte ihn ins Krankenhaus, und dort hörte er ganz auf zu atmen. Innerhalb von acht Wochen waren im Chinyaradzo fünf Säuglinge und Kleinkinder gestorben. Munashes offizielle Todesursache lautete »Probleme mit der Atmung«.

Joe Bhebbe, ein weiterer Säugling, starb wenige Wochen später. Ein Monat verging und mit ihm die kurzen Lebensspannen von Frasia Chateuka, die an Lungenentzündung starb, und Ashley Mhlanga, die »nicht mehr atmen konnte«.

Eines frühen Abends in der Trockenzeit von 1998, nur wenige Wochen, bevor wir das Waisenhaus zum ersten Mal besuchten, fuhr ein Laster vor. Es wurde bereits dunkel, als der Sozialarbeiter hereinkam und nach Mrs Mesikano rief. Im Arm hielt er das Baby, das Constance gefunden hatte. Das Krankenhaus auf dem Land hatte nicht genügend Kapazitäten, um es dort zu behalten, erklärte er, deshalb hatte die Polizei es nach Harare gebracht. Das kleine Mädchen brüllte zum Gotterbarmen.

»Die Kleine war noch immer voller Blut, man hatte sie nicht einmal gewaschen«, erinnerte sich Stella Mesikano später. »Den Stummel der Nabelschnur hatte man abgeklemmt. Aber sonst sah sie ganz gesund aus. Sie hatte schönes schwarzes, richtig volles Haar. Und eigentlich wirkte sie ganz rund und rosig.« Stella Mesikano machte sich mit ein paar anderen Frauen daran, das Kind zu säubern. Sie legten es in eine kleine Wanne mit warmem Seifenwasser und wuschen das Blut und den Dreck ab. Die Verletzungen am Ohr rieben sie mit einer antibiotischen Salbe ein. An der Außenseite der linken Hand hatte das Baby einen kleinen, fleischigen Stummel, einen sechsten Finger. Die Frauen banden einen Faden darum, zogen ihn in die Gegenrichtung, bis er abfiel, und rieben auch diese Wunde mit Salbe ein. Dann betrachteten sie Körper und Gesichtszüge der Kleinen, um herauszufinden, zu welchem Volksstamm sie gehörte. Das war ein beliebter Zeitvertreib im Waisenhaus.

Sie konnten ausschließen, dass sie zu den Shona gehörte, der größten Ethnie im Land. Dafür war die Haut nicht schwarz und das Gesicht nicht breit genug. Auch ein Mischling konnte sie nicht sein, dafür war ihre Haut wiederum zu dunkel. Irgendjemand betrachtete ihre dunkelbraune Haut und die tief liegenden Augen und erklärte, sie müsse aus Mosambik stammen, dem Nachbarland im Osten. Dann wandte jemand anders ein, eigentlich sehe sie doch aus, als gehöre sie zu den Ndebele, der zweitgrößten Bevölkerungsgruppe des Landes, die mit den südafrikanischen Zulustämmen verwandt ist. Aber dieser leichte Flaum hinter den Ohren ... hatten den nicht nur indischstämmige Babys? Vielleicht, aber das wiederum war keine Erklärung für die kleine, ziemlich flache Nase.

Schließlich lachte Stella Mesikano und setzte dem Spiel ein Ende. »Sie ist ein Kind Afrikas«, sagte sie. »Das zumindest wissen wir.«

Als Heimleiterin fiel ihr die Aufgabe zu, den neuen Kindern Namen zu geben. Das verlieh ihr eine große Macht, die sie nicht leichtfertig nutzte. Sie wollte einen hübschen Namen, denn das kleine Mädchen, das jetzt friedlich in ihren Armen schlief, war wunderschön. Schließlich entschied sie sich für Chipo, einen beliebten Mädchennamen in der Gegend. In der Sprache der Shona bedeutet er *Geschenk*. »Ich wollte ihr einen hübschen afrikanischen Namen geben, auf den sie ihr Leben lang stolz sein kann«, sagte Stella Mesikano später, als sie uns die Namenswahl erklärte. »Der Name soll sie daran erinnern, dass sie etwas Besonderes ist, und auch daran, woher sie kommt. Sie war wie ein Geschenk, dass das Land selbst uns gemacht hat.«

Eine der Betreuerinnen schlug das Register des Waisenhauses auf, in das jeden Tag der Gesundheitszustand der Kinder eingetragen wurde. In eine Zeile des Registers schrieb sie *Chipo* und malte einen Stern neben den Namen. »Neuaufnahme. 3,1 Kilo. Von Sozialarbeitern abgegeben. Verletzungen am Ohr, wirkt aber insgesamt gesund.«

Die Eintragungen in diesem Register lasen sich wie ein Statusbericht der Kleinkinderstation. Sie belegten, dass Chipo eines von 14 Säuglingen, neun Kindern im Krabbelalter und 31 Kleinkindern in einer Station mit drei Zimmern war. Von den 14 Säuglingen waren sechs in schlechter Verfassung. Caroline Razo hatte »in der Nacht gehustet und geweint. Sie wirkt sehr ausgemergelt«, stand in dem Register. Tinashe, dessen Nachname nicht verzeichnet war, litt unter Durchfall und Erbrechen. »Im Auge behalten«, hatte die Nachtwache geschrieben. Bei einem Baby namens Gladys trat eine nicht näher bestimmbare Flüssigkeit aus den Ohren aus. Ester bekam Antibiotika, und Tatenda brauchte Amoxicillin, das jedoch, wie das Register verzeichnete, nicht zur Verfügung stand.

Am nächsten Tag wurden drei Säuglinge ins Krankenhaus nach Harare gebracht.

Caroline rang zu diesem Zeitpunkt bereits nach Luft, schrie verzweifelt und ruderte mit den Armen. Dann hörte sie auf zu keuchen und starb noch im Wagen, mitten im dichten Verkehr. Tinashe wurde nur wenige Minuten später ins Krankenhaus gebracht, mit ganz ähnlichen Atemproblemen. Yemurai hatte einen bösen Knoten am rechten Arm.

Das kleine Mädchen, das man Chipo genannt hatte, wurde in der Zwischenzeit in das zweite Bettchen rechts von der Tür gelegt. Über dem Bett wurde eine leuchtend gelbe Karte angebracht, auf der Name und Geburtsdatum standen sowie das Datum, an dem sie ins Waisenhaus gekommen war. Doch die Betreuerinnen hatten kaum Zeit, sie auf den Arm zu nehmen, denn in der Woche nach Carolines Tod begann Collins Murehwa, sich immer und immer wieder zu erbrechen, bis er schließlich nur noch Blut spuckte. Er wurde ins Krankenhaus gebracht, doch dort konnte man nichts mehr für ihn tun. Er erbrach sich, bis er starb. Auch Clara Mlambo lebte nicht sehr lange; ihr kleiner Körper verfiel und dehydrierte, bis ihre Lungen schließlich aufgaben und ihr Herz zu schlagen aufhörte. Sandra Mahohoma hatte ebenfalls keine Chance: Sie hustete und keuchte tagelang, bis all ihre Kräfte versagten.

Innerhalb von sechs Monaten waren 13 Kinder gestorben, die höchste Todesrate in der Geschichte des Chinyaradzo. Stella Mesikano konnte nichts weiter tun, als sich damit abzufinden. Sie hatte kein Geld, um ihre jungen Mitarbeiterinnen auszubilden. Die meisten waren Mädchen im Teenageralter oder Anfang zwanzig, die selbst im Heim aufgewachsen waren und nicht wussten, wo sie sonst hin sollten. Offiziell galten sie als Auszubildende und absolvierten eine einjährige Schulung zum Thema »Grundlagen der Hygiene und der Kinderpflege«. In Wahrheit aber arbeiteten sie für Kost und Logis und ein Gehalt von etwa fünf US-Dollar im Monat. Es gab kein Geld für Medikamente, bis auf die gelegentlichen Spenden. Und während die Aids-Problematik sich hinzog und die Todesrate unter jungen Eltern weiter anstieg, wuchs auch die Zahl der ausgesetzten Kinder ins Unermessliche. Und das Chinyaradzo-Waisenhaus wurde, was es niemals sein sollte: ein Abladeplatz für ungewollte Kinder.

»Als ich in den Siebzigerjahren hier angefangen habe, gab es praktisch keine ausgesetzten Kinder«, erzählte

Mrs Mesikano. »Heute sind neunzig Prozent unserer Kinder ausgesetzt worden, haben keine Mutter, keinen Vater. Es kommt mir selbst unglaublich vor, aber so ist es. Andere haben vielleicht noch einen Angehörigen, der sich aber nicht um sie kümmern kann. Ursprünglich sollten wir nur Babys aufnehmen, als Notbehelf. Dann wurde das Höchstalter auf fünf Jahre angehoben und später auf zwölf. Inzwischen wachsen die meisten Kinder ganz bei uns auf. Sie können ja sonst nirgendwo hin.«

Die Kinder im Chinyaradzo waren Schützlinge des Staates, und wenn es um ärztliche Behandlung, Versorgung und Medikamente ging, kamen sie im staatlichen Gesundheitssystem, das einem langsamen Verfall unterworfen war, an allerletzter Stelle. Weil noch nicht einmal genug Geld für Vitaminpräparate da war, konnte von HIV-Tests gar keine Rede sein. Doch das hatte nicht nur finanzielle Gründe. Es gab kaum Behandlungsmöglichkeiten, und die Angst, die mit dieser Krankheit einherging, blieb im wahrsten Sinne des Wortes unaussprechlich. Die Todesrate schien direkt den Erzählungen von Edgar Allan Poe zu entstammen, die allgemeine Abwehrhaltung trug dagegen fast kafkaeske Züge, und trotzdem gab es keine Vorschriften, die zumindest Ärzte und Pflegepersonal verpflichteten, sich einem HIV-Test zu unterziehen. Stella Mesikano war nicht nur völlig ahnungslos, welches ihrer Kinder HIV-positiv war, sie konnte auch nicht wissen, ob nicht eine ihrer jungen Betreuerinnen die Krankheit in sich trug, und deshalb auch keine Maßnahmen gegen eine eventuelle Verbreitung auf der Station ergreifen. Die bitterste Wahrheit aber wartete am Ende solcher Überlegungen: Selbst wenn Stella Mesikano die Möglichkeit gehabt hätte, jedes Kind auf das Virus testen zu lassen, wusste sie doch im tiefsten Innern, dass sie es nicht getan hätte. Die Tests, die in Simbabwe verwendet wurden, der ELISA- und der Western-Blot-Test, waren längst veraltet und führten oft zu falschen Ergebnissen, sowohl positiven als auch negativen. Mrs Mesikano wusste, dass ein positives Testergebnis das betreffende Kind zu einem raschen Tod verurteilen würde: Die Vorurteile waren so tief verwurzelt und die Erfahrung im Umgang mit Aids-Patienten so gering, dass sie überzeugt war, man hätte HIV-positive Kinder einfach sterben gelassen.

Der tödliche Kreislauf aus Unwissenheit, Angst und Krankheit forderte schon bald weitere Opfer. Rejoice Neshuro, mit dem hübschen Namen und dem schrecklich verkrümmten Körper, starb im Krankenhaus an Dehydrierung. Dann starb Nyasha Dziva an Lungenentzündung und Dehydrierung. Den Betreuerinnen gelang es nicht, Abigail Mazvionas Durchfall in den Griff zu bekommen. Ein paar Tage später begann sie sich zu erbrechen. Auch das bekam man nicht unter Kontrolle. Sie spuckte, bis sie nicht mehr konnte; dann starb sie.

In sieben Monaten waren 16 Kinder gestorben.

In Simbabwe war es inzwischen Winter, und die Temperaturen sanken nachts auf vier oder fünf Grad Celsius. In Harare, das mehr als 1 200 Meter über dem Meeresspiegel liegt, kriecht einem die Kälte bis ins Mark. Wie in den meisten Häusern in Harare gab es auch im Chinyaradzo keine Zentralheizung, und die Betonwände und die gefliesten Böden speicherten nach Sonnenuntergang nur wenig Wärme. Die Kinder wurden in mehrere Schichten schwerer Wollkleidung gehüllt und zugedeckt, doch die Kälte bahnte sich dennoch einen Weg in ihre Lungen.

In Bett Nummer zwei, verloren in einem viel zu großen grünen Strickstrampler mit Mützchen, wollte das kleine Mädchen nicht recht gedeihen. Es begann, die Milch zu verweigern. Eines Tages erbrach es sich. Dann noch einmal. Und dann immer wieder. Es weinte und schrie, während es alles ausspuckte, was sich in seinem Magen befand. Kein Mittel half dagegen. Schließlich kam Durchfall hinzu. Der Krankenwagen kam und brachte die Kleine auf die Intensivstation des Krankenhauses. Sie war stark dehydriert und hatte seit ihrer Ankunft im Waisenhaus fast ein Pfund Gewicht verloren. Sie blieb sieben Tage auf der Intensivstation.

Dann brachte man sie zurück ins Chinyaradzo.

Sie trank ein bisschen Milch und weinte nicht mehr so viel. Aber sie lächelte auch nicht, lachte nicht und reagierte kaum, wenn man sie streichelte. Die Betreuerinnen merkten es und versuchten, sie zum Lächeln zu bringen, doch sie konnten sich nicht intensiv mit einem Kind beschäftigen, nachdem es so vielen anderen auch nicht gut ging.

Dann verweigerte das Kind eines Morgens jede Nahrung. Es bekam vierzig Grad Fieber und atmete schwer. Es öffnete den Mund, um zu schreien, doch kein Ton kam heraus. Wieder brachte man es eilig ins Krankenhaus, und es kam erneut auf die Intensivstation. Wieder blieb es sieben Tage dort.

Der Arzt schrieb einen einzigen Satz quer über die Entlassungspapiere: »Füttern Sie das Kind!« Das kleine Mädchen wog nur noch knapp über zwei Kilo. Seine grafisch dargestellte Gewichtskurve hätte stetig ansteigen sollen wie ein Steilhang. Stattdessen zeigte sie steil abwärts wie eine Skipiste.

Nach ihrer Rückkehr weiteten sich die Lungen der Kleinen einmal und noch einmal, um mehr Sauerstoff einzusaugen. Dabei infizierte sie sich mit einem Virus, das unbemerkt blieb, bis es sich bereits zu einer ausgewachsenen Lungenentzündung entwickelt hatte. Die Bronchien wurden befallen und entzündeten sich. Das Herz, das durch die schwere Unterernährung, die sich langsam zum Marasmus ausweitete, bereits stark geschwächt war, schlug noch schneller als zuvor. Als Marasmus bezeichnet man einen Zustand, in dem sich der Körper, weil er keine Nahrung bekommt, Proteinmoleküle aus dem Muskelgewebe holt und diese dazu nutzt, die übrigen Körperfunktionen in Gang zu halten: Er verbrennt die Notfallreserven. Das ließ die ausgemergelte Chipo auf knapp unter zwei Kilo abmagern.

Ihr Körper verzehrte die einzige Nahrung, die ihm blieb: sich selbst.

Kapitel 4

Anpassungsversuche

Als ich die USA 1993 verließ, wusste ich von ein paar entfernten Bekannten, die an Aids gestorben waren. In Simbabwe dagegen hatte praktisch jeder, dem ich begegnete, mindestens einen, wenn nicht mehrere Familienangehörige an die Krankheit verloren. 1997 gab Timothy Stamps, der Gesundheitsminister des Landes, bekannt, dass pro Woche 500 Simbabwer an Aids starben, in einem Land mit nur elf Millionen Einwohnern. Er verglich das mit »dem wöchentlichen Absturz eines Jumbojets«. Über 60 000 Kinder hatten beide Eltern verloren und über eine halbe Million Kinder zumindest einen Elternteil.

Vita und ich hatten von diesen Zahlen natürlich gehört und sie anfangs für weit übertrieben gehalten. Das Land wirkte viel zu friedlich und genügsam, um von solchen Todeswellen heimgesucht zu werden. Natürlich war Simbabwe arm und hatte viele Probleme, doch im Vergleich gehörte es zu den am weitesten entwickelten und am wenigsten belasteten Staaten der subsaharischen Region. Das hatte ihm den inoffiziellen Beinamen *afrikanische Schweiz* eingetragen, was europäische Diplomaten als Kompliment betrachteten. Ihre westafrikanischen Kollegen hingegen wiederholten das nur mit einem Seufzer; die meisten von ihnen hielten die Simbabwer insgeheim für das langweiligste schwarze Volk der Welt.

Doch das spielte keine Rolle. Die Simbabwer hatten den harten Weg von der Unterdrückung zur Unabhängigkeit zurückgelegt, und es war ihnen gelungen, sich in nur zwei Jahrzehnten eine solide Zukunft zu schaffen. Harare war genau das, wonach es aussah: eine kleine, von der rhodesischen Kolonialmacht erbaute, pseudo-britische Stadt, die jedoch einen gewissen verschlafenen Charme besaß. Ein paar moderne Bürogebäude und Hotels bildeten eine bescheidene Skyline. Doch jenseits dieses Viertels mit zehn- oder zwölfstöckigen Häusern umfasste kaum ein Gebäude mehr als drei Stockwerke. Die Leichtindustrie hatte sich am Südrand der Stadt angesiedelt, wo sich auch die ärmsten Townships befanden, die inzwischen beschönigend als *dicht besiedelte Vororte* bezeichnet wurden, obwohl sie alle noch innerhalb der Stadtgrenzen waren. Die *weniger dicht besiedelten Vororte* lagen östlich oder nördlich vom Zentrum. Die meisten Häuser dort waren einstöckige Bungalows und zwischen den Vierziger- und Sechzigerjahren erbaut worden. Die älteren hatten häufig noch Blechdächer, und die Immobilienmakler verkündeten fröhlich, dass beim Bau Asbest verwendet worden sei.

In der Innenstadt gab es ein großes Einkaufszentrum, gleich neben dem Meikles, dem besten Hotel von Harare, und überall in der Stadt befanden sich belebte Einkaufspassagen mit Eisdielen, Pizzaservices und Supermarktketten, darunter ein französisches Franchiseunternehmen namens Bon Marché, wo man zum Zahlen nur seine Kreditkarte zu zücken brauchte. Es gab Postämter an den Straßenecken, ein paar gute Restaurants, Kirchen, Krankenhäuser, Golfplätze, Tennisplätze und sogar das eine oder andere Fitnesscenter. In zweien der Einkaufspassagen befanden sich großartige Kinos, die mindestens so schön waren wie die meisten in den USA, wenn nicht sogar schöner.

Die Häuser in den teuersten Gegenden, die groß genug waren, um sowohl uns als auch mein Arbeitszimmer zu beherbergen, waren umgeben von hohen Eukalyptus-, Pinien- und Jakarandabäumen, und die Grundstücke umfassten häufig mehr als 2000 Quadratmeter. Außerdem entdeckten wir, dass zu jedem Grundstück ein paar kleine Betonhäuser im hinteren Teil des Geländes gehörten, in denen die Hausangestellten wohnten. Sie waren meist durch eine Trennwand vom Haupthaus abgegrenzt. Bedienstete erhielten einen Hungerlohn, mussten lange arbeiten und durften das Haupthaus außerhalb der Arbeitszeiten nicht betreten. Wir besichtigten 20, vielleicht auch 25 Häuser auf der Suche nach einem ohne diese Zugabe, denn wir brauchten und wollten keine Hausangestellten. Doch selbst als wir kleinere Häuser in einem anderen Stadtteil anschauten, fanden wir dort dasselbe Arrangement vor.

Schließlich gaben wir auf, da uns sonst nur die Lösung geblieben wäre, ein Haus zu mieten und den Angestellten anschließend zu kündigen, und das hätte uns nicht eben zu großem gesellschaftlichem Ansehen verholfen. Wir entschieden uns für ein Haus, das die verstiegenen Vorstellungen seines Besitzers von einer spanischen Hazienda verkörperte. Es hatte gewölbte Decken, Portaltüren, Steinböden und riesige Glastüren, die auf eine

Veranda hinausführten. Ich richtete mein Büro in einem großen Zimmer im vorderen Teil des Hauses ein, hatte allerdings nicht damit gerechnet, dass sich unter den roten Dachziegeln ein Blechdach verbergen könnte. Doch genau das war der Fall. Wenn es regnete, war der Lärm so groß, dass ich mich gezwungen sah, mich in den hinteren Teil des Hauses zurückzuziehen, wo das Dach massiver war, meine Interviews vom Telefon im Schlafzimmer aus zu führen und dabei mein Notebook auf dem Schoß zu balancieren, um mir Notizen zu machen. Es gab auch einen kleinen Swimmingpool mit einer Fontäne und einer Palme daneben. Die Miete betrug umgerechnet 1400 US-Dollar im Monat, und der Betrag beinhaltete sowohl die Unterkunft als auch das Gehalt des Ehepaars Mavis und Judah Ganuka, das sich um das Haus kümmerte. Wir verdoppelten ihr Gehalt, was sie sehr freute, doch sie kamen trotzdem nur auf etwa 100 Dollar im Monat. Judah feierte sein Zusatzgehalt, indem er es jeden Monat vertrank, sobald er es bekam; Mavis dagegen sparte ihren Anteil, um irgendwann einmal ein Häuschen auf ihrem Familiengrundstück auf dem Land bauen zu können.

Wir fanden viele neue Freunde: Charity, die bei einer der örtlichen Filmgesellschaften beschäftigt war; Angus und Chris, Kollegen bei Associated Press bzw. Reuters; Bill, der eine leitende Position bei der U.S. Agency for International Development innehatte, und seine Frau Dumisille; Patrick, einen afroamerikanischen Architekten, der eine Zeit lang in Harare arbeitete, und seine Frau Yvonne; Adam, einen Fernsehjournalisten aus Australien, und seine Frau Sekai, eine Schriftstellerin aus Simbabwe; und Heather und Steve, ein ebenfalls gemischtes Paar. Sie war Modedesignerin und stammte aus Sambia, er war Flugzeugmechaniker und kam aus Kanada.

Auch in meinem beruflichen Umfeld änderte sich einiges. Die Muttergesellschaft meiner Zeitung, Knight Ridder, hatte einige Auslandsredaktionen ihrer assoziierten Zeitungen selbst übernommen. Dazu gehörte auch der Standort in Afrika, und so hatte ich plötzlich neue Vorgesetzte, die nicht mehr in Detroit saßen, sondern in Washington.

All diese privaten und beruflichen Veränderungen und natürlich meine üblichen Reisen – im Durchschnitt verbrachte ich etwa 200 Nächte im Jahr in Hotelzimmern – beschäftigten uns zur Genüge; hinzu kam der verschlafene Eindruck, den Harare auf uns machte. So dauerte es fast ein Jahr, bis uns klar wurde, dass die erschreckende Zahl von Aids-Toten eine Tatsache war und keine Übertreibung.

Wir dachten darüber nach, in einem der Waisenhäuser auszuhelfen, vielleicht sogar ein paar Kinder bei uns aufzunehmen. Wir hatten schon häufig darüber gesprochen, ein Kind zu adoptieren, und auch diese Möglichkeit kam uns wieder in den Sinn. Angesichts der vielen Waisenkinder dachten wir, ein solches Angebot müsste begeistert aufgenommen werden. Doch Tony Mtero, der das Büro der nationalen Sozialbehörde in Harare leitete, brachte uns diesbezüglich ebenso höflich wie bestimmt auf den Boden der Realität zurück.

Tony war ein schlanker Mann mit sanfter Stimme, der während des Studiums zehn Jahre in den USA verbracht hatte. Er war mit Vitas Freundin Gloria verlobt, einer Afroamerikanerin.

Eines Abends trafen wir uns mit den beiden zum Abendessen in einem der besseren Restaurants von Harare. Als die Getränke und die Horsd'œuvres serviert waren, erzählte Vita, dass wir gern in einem Waisenhaus aushelfen und vielleicht sogar ein Kind adoptieren wollten. Tony nickte vor sich hin und strich sich dabei den Schnurrbart, als würde er über ein kompliziertes mathematisches Problem nachdenken.

»Also, adoptieren könnt ihr nicht«, bemerkte er dann zwischen zwei Bissen von dem Essen, das vor uns auf dem Tisch stand. »Unsere Gesetze erlauben keine Adoptionen durch Ausländer.«

»Oh«, sagte Vita. Ihre Stimme klang dabei um fast eine Oktave dunkler, und ich wusste, dass dieser Tonwechsel ihren sinkenden Hoffnungen entsprach.

»Nun«, fuhr Tony fort, »es gibt natürlich eine Möglichkeit, aber dafür muss die Sozialministerin höchstpersönlich eine Ausnahmegenehmigung geben, und ich fürchte, das kommt nicht allzu oft vor. Vielleicht ein, zwei Mal im Jahr.«

Diesmal war es an mir, »Oh« zu sagen. Ich sah Vita über den Tisch hinweg an und zog ganz leicht die Augenbrauen hoch, um ihr zu signalisieren: Das läuft offenbar anders, als wir es uns vorgestellt haben.

»Das soll jetzt nicht unhöflich klingen«, sagte Tony und legte Vita die Hand auf den Arm. »Die Leute würden misstrauisch werden, auch wenn sie euch das bestimmt nicht sagen. Sie würden sich fragen, warum Amerikaner ausgerechnet ein Kind aus Simbabwe zu sich nehmen wollen.« Er schaute mich an und lächelte, um seine nächste Äußerung abzumildern, die er für einen schweren Schlag hielt. »Und vor allem werden sie sich fragen, was du, Neely, mit einem schwarzen Kind willst. Ob es ein Junge oder ein Mädchen ist, spielt dabei keine Rolle. Das gilt hier einfach als sehr eigenartig. Ich weiß, dass auch in den USA darüber diskutiert wird, ob Weiße schwarze Kinder großziehen sollten. Aber hier ist das noch einmal anders. Wenn weiße Männer sich mit schwarzen Kindern umgeben ... nun ja, man betrachtet das hier als unnatürlich. Man vermutet meistens irgendeine Form von sexuellem Missbrauch. Aber das eigentlich Entscheidende, bevor man überhaupt anfängt, eine Adoption durch Weiße in Erwägung zu ziehen, ist die Ahnenproblematik. Hier hat man Totems, Symbole dessen, was man vielleicht am treffendsten als Familienclan bezeichnen kann. Ein Kind ohne Totem ... nun, ein solches Kind wird als verloren betrachtet. Es hätte keine Möglichkeit, mit seinen Ahnen in Kontakt zu treten. Du bist kein Afrikaner, Neely« – jetzt wandte er sich wieder an Vita –, »und in diesem Kontext bist auch du keine Afrikanerin. Ihr könnt nicht wissen, in welcher Beziehung ein afrikanisches Kind zu den Geistern seiner Ahnen stehen soll. Aber das ist einer der wichtigsten Bestandteile des Lebens.« Er lachte, fühlte sich jedoch offensichtlich ein wenig unwohl dabei, über solche Dinge zu sprechen.

Gloria sagte: »Aber ihr könnt Kinder in Pflege nehmen. Und natürlich ehrenamtlich arbeiten.«

»O ja«, bekräftigte Tony und klang gleich wieder munterer. »Ich wollte auch gar kein so düsteres Bild entwerfen. Natürlich könnt ihr ein Kind in Pflege nehmen, solange ihr hier seid. Wir haben ein Programm entwickelt, das es Freiwilligen erlaubt, Kinder übers Wochenende aus dem Waisenhaus zu holen, damit sie ein bisschen Zeit in einer normalen Familie verbringen können. Das ist etwas ganz Besonderes für die Kinder.«

Wir bestellten unser Essen und lachten über Tonys Geschichten aus seiner Zeit in den USA – er hatte in Minnesota gewohnt und hätte sich niemals träumen lassen, dass es irgendwo auf der Welt so kalt sein konnte. Doch gegen Ende des Abends kamen wir noch einmal auf das Thema zu sprechen.

»Wir würden sehr gern Kinder in Pflege nehmen und übers Wochenende nach Hause holen, zumindest an den Wochenenden, an denen ich hier bin«, sagte ich. »Unser Haus hat einen großen Garten und einen Swimmingpool. Älteren Kindern würde das sicher gut gefallen. Aber nur so aus Neugier: Warum ist das Gesetz zur Adoption durch Ausländer trotz der Aids-Problematik noch so streng? Nach allem, was ich gelesen habe, gibt es doch viel mehr Waisenkinder, als man verkraften kann.«

Tony reagierte mit einer Mischung aus Nicken und Achselzucken. »Natürlich wird darüber diskutiert. Aber grundsätzlich lautet die Anweisung, Adoptionen durch Ausländer nicht zu unterstützen. Die Heimleiterinnen werden begeistert sein, wenn ihr ein paar Kinder bei euch aufnehmt, denn sie haben viel zu viele Kinder in ihren Einrichtungen und zu wenig Geld, um sie zu versorgen. Aber die Entscheidung über den ständigen Verbleib der Kinder treffen die Sozialarbeiter, und die haben Hunderte von Fällen zu bearbeiten. Sie haben nicht einmal Autos, um ihre Runden zu machen, und sind häufig bei Gericht. Hinzu kommt, was ich euch schon gesagt habe: Es entspricht nicht der gesellschaftlichen Norm. Selbst unter Simbabwern ist es äußerst unüblich, ein Kind zu adoptieren, das nicht blutsverwandt ist. Wir haben nur ein paar solche Fälle pro Jahr. Die Sozialarbeiter wissen das, und sie wissen auch, dass ihre Entscheidung schließlich bis ins Sozialministerium gelangt.« Er klopfte mit den Knöcheln auf den Tisch, um seine letzten Worte zu unterstreichen. »Das heißt, der Fall muss vors Kabinett. Das ist, als wollte man ein Stück Papier ins Weiße Haus zu Bill Clinton bringen. Und natürlich hat kein Sozialarbeiter Lust, einen Antrag zu genehmigen, nur damit er dann von höherer Stelle abgelehnt wird. Das sieht dann ja so aus, als hätte er einen Fehler gemacht.«

»Du meinst, es sieht so aus, als hätte er sich bestechen lassen?«, fragte Vita.

Tony sah erst sie, dann Gloria an und lächelte. »Genau.«

Nach dem Essen traten wir plaudernd auf den Parkplatz des Restaurants hinaus, und Tony gab mir die Hand. »Ihr dürft das nicht falsch verstehen. Wir freuen uns, dass ihr uns helfen wollt. Ich werde die Heimleiterinnen anrufen und ihnen sagen, dass ihr euch an sie wendet, damit sie keinen Schrecken bekommen.«

Gleich am nächsten Morgen brachen wir auf. Unsere erste Station war das Harare Children's Home. Es war 1923 von den Methodisten unter dem Namen Rhodesian Children's Home gegründet worden und hatte bis zur Unabhängigkeit nur weiße Kinder aufgenommen. Jetzt waren die Kinder fast alle schwarz, und die Einrichtung, die sehr ordentlich wirkte, wurde durch verschiedene Vermächtnisse und Treuhandfonds getragen. Die Leiterin überreichte uns eine Hochglanzbroschüre und führte uns herum.

Wir spendeten einen bescheidenen Betrag, und sie zeigte uns die Gwen Ward Memorial Hall, das Underwood House und weitere Gebäude. Wir kamen in einen Raum, wo die Kinder in bunten westlichen Zeitschriften blätterten, Bilder ausschnitten und sie auf farbige Pappe klebten. Ein kleines Mädchen mit Zöpfen sagte zu mir, ich könne ihr helfen. Sie informierte mich, dass sie fünf Jahre alt sei und Elizabeth heiße, fügte aber hinzu, ich dürfe sie Beth nennen, wenn ich wolle. Ich schnitt ein paar Bilder aus und erzählte ihr, dass meine Mutter auch Elizabeth heiße.

»Deine Mutter heißt so wie ich?«, fragte sie lächelnd. »Darf ich dann mit dir nach Hause?«

»Na ja ...« Ich wusste nicht weiter. Mit einem Mal wurde mir klar, dass ich nicht als Reporter hier war, der sich pflichtbewusst Notizen machte und dann wieder verschwand. Ich war hier, um vielleicht tatsächlich zu tun, worum sie mich gebeten hatte. »Ich bin gerade erst gekommen, Beth«, sagte ich und versuchte, mich aus der Situation herauszuwinden. »Wir sind heute nur zu Besuch. Die Dame da drüben ist meine Frau, und wir schauen uns hier einfach ein bisschen um und schneiden ein paar Bilder aus.«

»Dann lässt du mich also hier?«, fragte sie. Ich stotterte etwas, versuchte zu lächeln und sagte, ich müsse mir noch ein paar andere Teile des Waisenhauses ansehen.

Die älteren Kinder zeigten Vita und mir ihre Zimmer, in denen sie zu zweit oder zu dritt schliefen. Nach zwei Stunden hatten uns bereits mehrere Kinder gefragt, ob wir sie mit nach Hause nehmen würden. Elizabeth blieb dicht an meiner Seite, grinste spitzbübisch und sorgte dafür, dass ich nicht vergaß, wer die ältesten Rechte hatte. Schließlich führte die Leiterin uns in ihr Büro und schloss die Tür. »Hat Ihnen eines der Kinder gefallen?«, fragte sie hoffnungsvoll.

Ein paar Minuten später stiegen wir schweigend in unseren Jeep und schlossen die Türen. »Mein Gott«, sagte ich, als ich schließlich den Motor anließ. »Ich fühle mich, als hätte ich gerade sechs Kinder aus einem der Rettungsboote der *Titanic* geschubst.«

»Und sie noch ein Weilchen unter Wasser gedrückt«, ergänzte Vita.

Wir fuhren zum Emerald Hills Children's Home. Es befand sich in Mount Pleasant, einem der hübscheren Viertel von Harare am nördlichen Stadtrand, und hatte einen riesigen Trakt mit Schlafsälen, denn das Heim nahm auch die tauben und hörgeschädigten Kinder der Stadt auf. Wir betraten das Büro der Heimleiterin, Ernestine Wasterfall. Sie war eine ernste, freundliche Frau, die mich mit ihrer Offenheit und Wärme sofort für sich einnahm. »Die meisten Kinder hier sind HIV-positiv«, sagte sie. »Viele sind bereits an Aids erkrankt, und einige sind geistig oder körperlich zurückgeblieben. Sie brauchen jede medizinische Fürsorge und natürlich liebevolle Zuwendung, die sie bekommen können.« Wir besuchten eine Station mit schwer kranken Kindern, die so teilnahmslos wirkten, dass sie nicht einmal blinzelten, als wir an ihnen vorbeigingen. Es war offensichtlich, dass sie an Aids im fortgeschrittenen Stadium erkrankt waren: Sie waren fürchterlich ausgemergelt, und die Köpfe schwankten auf den schwächlichen Körpern.

Dann gingen wir in den Hof hinaus, wo sich offenbar bereits herumgesprochen hatte, dass ein amerikanisches Paar zu Besuch gekommen war. Die Kinder standen in Grüppchen herum und kicherten. Sie folgten uns überall hin, während Ernestine Wasterfall uns herumführte. Ich sah ein paar kleine Jungen, die einen Fußball hin und her kickten. Ich spielte mit und war im Handumdrehen von einer Gruppe kaum einen Meter großer Kinder umringt, die alle verlangten, dass ich sie auf den Arm oder mit nach Hause nahm. Wie Mrs Wasterfall gesagt hatte, waren die meisten von ihnen krank, zurückgeblieben oder litten an der Krätze. Vita unterhielt sich mit ein paar kleinen Mädchen, die sie schüchtern anlächelten.

Nach etwa einer Stunde kehrten wir in das Büro der Heimleiterin zurück. »Hat Ihnen eines der Kinder gefallen?«, fragte sie und zog dabei auf dieselbe Weise die Augenbrauen hoch, wie die Leiterin des anderen Heimes es getan hatte.

»Alle«, sagte ich und zwang mich zu einem Lächeln. Dann erklärte ich ihr, es sei unser erster Tag und wir hätten noch einige andere Waisenhäuser vor uns. Ich spendete wieder einen kleinen Betrag und musste dabei an das Sprichwort vom Tropfen auf den heißen Stein denken. Dann gingen wir. Nach allem, was wir gesehen hatten, stellte sich ganz zwangsläufig ein Gefühl der Ernüchterung ein. Beim Abendessen herrschte trübe Stimmung; wir sprachen kein Wort.

Am nächsten Morgen fuhren wir in den südlichen Teil der Stadt zum Chinyaradzo. Die Straßen des benachbarten Industriegebiets waren von riesigen Lastwagen verstopft, die Wolken von Qualm und anderem Schmutz in die Luft pusteten und alles in einen bräunlichen Nebel hüllten. Wir hupten vor dem Tor, und ein junges Mädchen trat aus dem einstöckigen Betongebäude und öffnete uns. Drinnen befand sich ein Spielplatz im Freien, mit gelbroten Wippen, zwei Rutschen und Schaukeln mit speziellen Sitzen für die kleineren Kinder. Im Hinterhof standen größere Geräte für die älteren Kinder. An den Wänden der Klassenzimmer hingen Poster, Bilder von Vögeln und Kaninchen, aber auch von Pu dem Bären und dem Weihnachtsmann. Es wirkte alles sehr gepflegt, und die meisten Zimmer unterschieden sich nicht wesentlich von dem, was man in einer Kleinstadt in Amerika erwartet hätte.

Die Säuglingsstation bestand aus zwei schmalen, rechteckigen Zimmern mit mehreren Bettchen. Eine abwaschbare Tafel verzeichnete die Fütterungspläne für die Kinder. Hinter einer Trennwand im hinteren Teil des ersten Zimmers stapelten sich alte Möbel, Schaukelstühle, denen eine Lehne fehlte, auseinander gebaute Bettchen und Babyspielzeug. Am einen Ende befand sich eine kleine Küche und am anderen ein Wickelzimmer, von dem aus man auch in das Zimmer der Kleinkinder gelangte.

In einem der Bettchen saß Christian, ein pausbäckiger Zweijähriger in einem blauen Overall. Man hatte ihm den Spitznamen »Alter Mann« gegeben, weil er die anderen Kinder immer mit ulkig ernster Miene musterte. Ein winziger Säugling namens Robert, der eine Teil eines Zwillingspärchens, wachte nur selten auf. Yemurai, die sich von ihrem Krankenhausaufenthalt erholt hatte, war ein Mischlingskind mit einem entzückenden Lächeln und einem bösen Ekzem. Tsongai war ein stämmiges kleines Mädchen, das gern mit seinen Spielsachen um sich warf.

Ich ging hinüber in Richtung Tür, zum Fenster hin. Dort standen vier Bettchen, doch nur im zweiten lag ein Kind. Ich griff zwischen die Decken, nahm das Baby auf den Arm und warf einen Blick auf die Karte an der Wand, um den Namen zu erfahren. »Chipo«, sagte ich.

Sie war in weiße Decken gewickelt, hatte dunkelbraune Augen und sanft geschwungene Wimpern, so lang, dass es aussah, als blinzelte sie in Zeitlupe. Sie hielt drei Finger der rechten Hand in den Mund gesteckt. Ihre Zehen sahen aus wie kleine Radiergummis am Ende winziger Bleistifte, und sie wog praktisch nichts. Ich kitzelte sie unterm Kinn. Keine Reaktion. »Hallo, hübsche Kleine«, flüsterte ich. Sie blinzelte. Ich stupste spielerisch meine Nase an ihre. Sie blinzelte noch einmal. Dann streckte sie die linke Hand aus und schloss sie mit einer zittrigen Bewegung um meinen kleinen Finger.

Es ist schwer zu erklären, was in dem Moment mit mir geschah. Ich hatte von Orten berichtet, die sehr viel furchtbarer waren als dieser. Einmal hatte ich den Großteil eines Tages im Krankenhaus eines der Elendsviertel von Bagdad verbracht, einem grauenvollen Ort, an dem die Temperatur auf über 48 Grad Celsius anstieg und die Kinder mit kaum 50 Kalorien am Tag auskommen mussten. Es gab keine Medikamente, und die 52 Tage alte Maram Hassan lag auf einem Futtersack, der ihr als Laken diente. Sie verhungerte, während ihre Mutter ihr die Fliegen von Mund und Augen verscheuchte. Ich hatte das Kind im Arm gehalten, mit seiner Mutter gesprochen und dann einen Artikel über sein aussichtsloses Schicksal geschrieben. Aber es hatte mich nicht eine schlaflose Nacht gekostet.

Auch über Esmet, ein sechs Tage altes Baby, das ich in einem Flüchtlingslager im Norden Bosniens kurz im Arm gehalten hatte, hatte ich mir keine weiteren Gedanken gemacht. Geplagt von Temperaturen unter dem Gefrierpunkt, Unterernährung und den Schrecken des Krieges, hatte seine Mutter sich nicht die Mühe gemacht, sich seinen Namen zu merken. »Das lohnt sich nicht«, sagte sie. »Es ist ja doch in ein paar Tagen tot.« Ich gab ihr das sterbende Kind zurück und schickte meiner Zeitung noch am selben Abend den Artikel über die beiden. Er war achthundert Wörter lang – keine große Sache. Am nächsten Morgen, noch vor Sonnenaufgang, fuhr ich mit John Pomfret, meinem Kollegen von der WASHINGTON POST, inmitten eines Schneesturms zurück nach Sarajewo. Wir aßen Schokoriegel und sangen die Lieder aus dem Kassettenrekorder mit, um uns wach zu halten.

Das waren nur zwei von Dutzenden, wenn nicht gar Hunderten ähnlicher Erfahrungen, die ich im Laufe der Jahre in unzähligen Ländern gemacht hatte. Da war der Mann, bei dessen Hinrichtung in einem Todestrakt in Florida ich zuschaute, zu einer Zeit, als der elektrische Stuhl noch im Einsatz war, oder Alija Hodzic, der im Krieg die Leichenhalle von Sarajewo verwaltete und eines Morgens zur Arbeit kam, um seinen Sohn tot auf dem Boden vorzufinden. Natürlich ist es eine berufliche Notwendigkeit, sich von all dem Leid zu distanzieren, das man sieht und über das man schreibt, aber es birgt auch ein gewisses Berufsrisiko. Man hält es nur ein paar Jahre durch, sich keine Gefühle zu erlauben, ehe man den Punkt erreicht, an dem plötzlich sämtliche Emotionen im Dunkeln liegen: Die Birnen sind durchgebrannt, die Sicherungen sind herausgesprungen und funktionieren nicht mehr. Und man merkt es nicht einmal, wenn das passiert. Es ist ein fortwährender Erosionsprozess, der das Herz aushöhlt, Tropfen für Tropfen, Stück für Stück.

Mach einfach weiter, hatte ich mir immer wieder gesagt. *Denk nicht nach*. Aber als sich die Hand des Kindes um meinen Finger schloss, regte sich etwas in mir, das ich längst vergessen hatte. Ich wusste nicht, was es war, aber ich empfand etwas. »He, Schatz, komm her«, rief ich zu Vita hinüber. »Schau dir mal das kleine Würmchen hier an.«

Vita nahm die Kleine auf den Arm, wiegte sie hin und her und war genauso verzaubert wie ich. Sie fragte die Betreuerinnen, was es mit diesem kleinen Neugeborenen auf sich habe. »Ach, Chipo«, antworteten die. »Die ist kein Neugeborenes. Sie ist schon über drei Monate alt.« Sie erzählten, wie man sie gefunden hatte, und berichteten auch von den späteren Krankenhausaufenthalten. Dann sagten sie, sie habe eine Erkältung, und es gehe ihr nicht gut.

Nach einer Weile schien Chipo einzuschlafen, und Vita legte sie zurück in ihr Bettchen. Wir waren so angetan von den Kindern, dass wir den ganzen Nachmittag dort verbrachten. Mittags halfen wir, die Kinder zu füttern und für den Mittagsschlaf fertig zu machen. Bei 16 Kindern auf so kleinem Raum schrie immer mindestens eines, weckte das Kind im Bett daneben auf, und so ging es weiter und pflanzte sich durch den Raum fort wie eine Reihe von Dominosteinen. Im Laufe des Tages merkten wir auch, dass die hübsche Fassade des Waisenhauses nicht viel haltbarer war als eine Schicht schlecht aufgetragener Farbe. Vita hatte eine der jungen Betreuerinnen dabei beobachtet, wie sie einem Kind die Windeln wechselte, und war entsetzt über den stinkenden Durchfall gewesen. Die Betreuerin hatte das Kind nur halbherzig gesäubert und ihm dann ein anderes der Waschtücher, die als Windeln dienten, angelegt. An den Fenstern waren keine Fliegengitter, und wenn doch, hatten sie ausgefranste Löcher. Die Fliegen saßen auf den Gesichtern der Kinder, auf den feuchten Stellen um Augen und Nase und auf dem Brei, den die Kinder zum Mittagessen bekamen. Die Geräte in der angrenzenden Küche waren verrostet, es gab kein heißes Wasser und keinen Kühlschrank. Auf dem Tisch stand eine Dose Babymilchpulver ohne Deckel und zog weitere Fliegen an.

Ich saß fast den ganzen Nachmittag mit den Babys auf der Spielmatte, hantierte mit Rasseln, wechselte hin und wieder eine Windel – zum großen Erstaunen des rein weiblichen Personals –, doch immer wieder und immer häufiger zog es mich zurück zu dem kleinen Mädchen, das am Tag seiner Geburt ausgesetzt worden war. »Sie ist so winzig«, sagte Vita und schaute in das Bettchen.

Ich winkte ihr, mit mir nach draußen zu kommen. Wir standen auf dem leeren Spielplatz und lehnten uns an die rotgelbe Schaukel. Die Sonne schien, und es ging ein leichter Wind. »Dieses kleine Würmchen, Chipo ... die gefällt mir«, sagte ich lächelnd.

Vita nickte. »Mir auch.«

»Was meinst du, sollen wir die Heimleiterin fragen, ob wir an dem Programm teilnehmen können, von dem Tony erzählt hat, und sie übers Wochenende nach Hause holen? Wir könnten vielleicht ihre Pflegeeltern werden.«

»Klar«, erwiderte Vita. »Ich meine, sie ist so krank. Sie wird es nicht schaffen, wenn man sich nicht intensiv um sie kümmert.«

»Das stimmt«, sagte ich und holte tief Luft. »Vielleicht schafft sie es trotzdem nicht. Ich habe mit Mrs Mesikano gesprochen, der Leiterin. Weißt du, wie viele Kinder sie dieses Jahr verloren haben? Sechzehn.«

»*Sechzehn*? Dann wird sie sterben, wenn wir nichts unternehmen. Das ist wohl sicher.« Ihre Mundwinkel zuckten, und von einer Sekunde auf die andere hatte sie Tränen in den Augen.

Ich spürte, wie ich ungeduldig und sogar ein wenig ärgerlich wurde. Vita war ein realistischer Mensch, aber sie hatte schließlich nicht die letzten paar Jahre in Flüchtlingslagern verbracht. Unzählige süße, kleine Kinder sterben, dachte ich, ganz egal, was wir oder sonst jemand dagegen unternehmen. »Liebling, vielleicht schafft sie es trotzdem nicht. Versteh mich nicht falsch – ich finde sie absolut hinreißend. Sie ist das umwerfendste Kind der ganzen subsaharischen Region, und ich bin dafür, sie zu uns zu nehmen, so lange uns das möglich ist. Aber wir sollten nicht vergessen, wo wir sind, und die Zahlen im Kopf behalten. Wir sind in Simbabwe, dem Schauplatz der derzeit tödlichsten Epidemie der Menschheit. Wir sind in einem Waisenhaus in einem dicht besiedelten Township. Wenn du dir Aids als eine Bombe vorstellst, die aus einem Flieger abgeworfen wird, dann fällt sie uns direkt auf den Kopf. Dieses Kind leidet an dramatischer Unterernährung, es hat Probleme mit der Atmung, es zeigt kaum Reaktionen. Und ich habe schon Grapefruits in der Hand gehabt, die mehr gewogen haben. Die Chancen, dass die Kleine HIV-positiv ist, müssten nach meiner Schätzung bei siebzig bis achtzig Prozent liegen. In Las Vegas würde man keine Wetten darauf annehmen, dass sie das nächste Jahr überlebt.«

»Manchmal«, sagte Vita eisig, »bist du richtig widerlich.«

»Ich will einfach jetzt darüber reden, damit wir es später nicht mehr tun müssen«, zischte ich, jetzt richtig wütend. »Ich will nicht, dass wir dieses Kind erst an den Wochenenden nach Hause holen und dann plötzlich damit aufhören, weil es Aids hat. Ich mag ja widerlich sein, aber ich will verdammt noch mal nicht – unter gar keinen Umständen –, dass wir das Kind zu uns nehmen und es dann irgendwann wieder zurückbringen, weil wir es nicht schaffen, ihm beim Sterben zuzusehen.«

Vita wandte sich ab. In ihrer ersten Ehe hatte sie zwei Fehlgeburten erlitten, und der Arzt hatte ihr gesagt, der dadurch entstandene Schaden sei so groß, dass sie kein Kind mehr bis zum Ende der Schwangerschaft austragen könne. Deshalb konnten wir keine Kinder bekommen. Ich hatte das gewusst, bevor wir heirateten, und es spielte keine Rolle für mich, weder damals noch heute. Ich hatte gehofft, wir könnten ein Kind adoptieren. Aber Tonys Äußerungen beim Abendessen hatten diese Hoffnung durchkreuzt, das Elend der Waisenhäuser hatte unschöne Erinnerungen in mir wachgerufen, die geringen Überlebenschancen des kleinen Mädchens machten alles nur noch schlimmer, und nun sah ich im Sonnenlicht auch noch Tränen auf Vitas Wangen glitzern. Ich sprach sanfter weiter und versuchte, mir dabei ins Gedächtnis zu rufen, dass ich mich nicht in einem Flüchtlingslager befand, wo kein Platz für Gefühle war.

»Ich will doch nur, dass du darüber nachdenkst, was es für dich und für uns bedeuten kann, wenn wir eine Bindung zu einem so kranken Kind aufbauen«, sagte ich. »Gestern haben wir noch darüber nachgedacht, von Zeit zu Zeit ein paar bedürftige Kinder am Wochenende zu uns zu holen, vielleicht sogar in Pflege zu nehmen. Und warum sollten wir das auch nicht tun? Das können wir immer noch, fast jedes Kind, das wir bisher gesehen haben. Aber das mit diesem kleinen Mädchen ist eine sehr ernste Angelegenheit. Und ich meine das ernst, was ich gesagt habe. Ich kann sie nicht nach Hause holen und sie dann ein zweites Mal im Stich lassen.«

»Wieso glaubst du eigentlich«, sagte Vita und drängte sich an mir vorbei, »dass das nur dir so geht?«

Mrs Mesikano – Stella, wie wir sie jetzt nennen sollten – war begeistert davon, dass wir uns ihres schwächsten Schützlings annehmen wollten. Gleich am nächsten Tag, einem Freitag, sollte ein *Testwochenende* beginnen. Wir verbrachten den Tag im Waisenhaus und halfen wieder, wo wir konnten. Am späten Nachmittag hüllten die Betreuerinnen Chipo in ihren grünen Strampelanzug – ihr Kopf verschwand fast unter dem Mützchen –, und alle jubelten und klatschten Beifall. Nur wenige Kinder verließen das Waisenhaus jemals, und selbst ein Wochenende war schon ein Grund zum Feiern.

Zu Hause begann Vita damit, die Kleine auszuziehen, um sie zu baden, und ich ging in die Küche, um ein wenig Milch warm zu machen. Das Kurzwellenradio piepste zur vollen Stunde, die BBC-Nachrichten begannen, und was ich hörte, brachte mich mit einem Ruck zurück in die Welt meiner Arbeit. Laurent Kabila, der selbst ernannte Präsident der Demokratischen Republik Kongo, sah sich mit einem Aufstand im östlichen Teil des Landes konfrontiert, am selben Ort, wo zwei Jahre zuvor die Rebellion begonnen hatte, durch die er an die Macht gekommen war. Da sich das Zentrum der aktuellen Unruhen in Goma befand, einer Stadt direkt an der Grenze zu Ruanda, gab es Grund zu der Annahme, dass die von den Tutsi dominierte ruandische Regierung involviert war. Und das erschien auch ganz plausibel.

Mit dem Völkermord in Ruanda von 1994 hatten radikale Milizen vom Volksstamm der Hutu – die Interahamwe – eine der blutigsten Episoden des zwanzigsten Jahrhunderts zu verantworten, bei der mehr als eine halbe Million Tutsi und gemäßigte Hutu dahingemetzelt worden waren. Ihre bevorzugte Waffe war die Machete gewesen, und sie hatten ihr Werk in nur 100 Tagen vollendet. Die Zahl der Toten mochte bei bis zu 800 000 gelegen haben, bis heute weiß man es nicht genau.

Eine von den Tutsi angeführte Armee vertrieb die Interahamwe aus Ruanda. Die Mörder flohen über die dicht bewaldete Grenze in den Kongo, der damals noch Zaire hieß, wo der langjährige Diktator Mobutu Sese Seko ihnen Asyl und Unterstützung gewährte. Von dort aus begannen sie, tödliche Überfälle auf das kleine Ruanda zu unternehmen. Dies löste eine Rebellion unter Führung der Tutsi aus, in deren Verlauf Mobutu gestürzt und Kabila als neuer Herrscher eingesetzt wurde.

Kaum an der Macht, änderte Kabila den Namen des Landes in Demokratische Republik Kongo und wandte sich von den Tutsi ab. Er begann, eben jenen Hutu-Milizen Unterschlupf und Unterstützung zu gewähren, die Ruanda einst in Angst und Schrecken versetzt hatten.

Eine weitere Rebellion im Osten des Landes würde daher mit an Sicherheit grenzender Wahrscheinlichkeit ein Versuch Ruandas sein, Kabila zu entschärfen. Einer meiner Redakteure hatte auf dem Anrufbeantworter in meinem Arbeitszimmer eine Nachricht hinterlassen und fragte, wann ich vorhätte hinzufahren.

Ich fing an, in einem dicken Band mit dem Titel

Overseas Airline Guide zu blättern, einer monatlichen Publikation, die die Zeiten aller internationalen Flüge weltweit auflistet – eine Art Bibel der Auslandskorrespondenten. Ich versuchte gerade herauszufinden, wie ich innerhalb der nächsten 48 Stunden am schnellsten nach Kinshasa kommen konnte – Harare-Johannesburg-Kinshasa oder vielleicht doch lieber Harare-Nairobi-Kinshasa –, als ich Vita plötzlich aufschreien hörte. Ich ging ins Schlafzimmer hinüber. »Schau dir das an«, sagte sie und entfernte die letzte Stoffschicht von Chipos Körper.

»Mein Gott!«, rief ich.

Ohne die Kleidung sah man, dass ihr Bauch sich vorwölbte, als hätte sie einen aufgeblasenen Ballon verschluckt. Arme und Beine wirkten daneben spindeldürr. Die Haut an Bauch und Hüften war kränklich hellbraun verfärbt. Ich erkannte die ersten Anzeichen von Marasmus, der häufigsten Krankheit im Elend der Flüchtlingslager. Chipo öffnete den Mund und verzog dabei vor Schmerz und Zorn das Gesicht, aber sie brachte keinen Ton heraus. Wir klopften ihr 15 Sekunden lang auf den Rücken, dann brach sie endlich in heftiges Geschrei aus. Ein paar Minuten später schwieg sie erschöpft, während ihr Brustkorb sich rasch hob und senkte, und steckte drei Finger der rechten Hand in den Mund, wie sie es immer tat, um sich zu beruhigen. Doch schon kurze Zeit später fing sie wieder zu schreien an.

Wir hatten eine kleine Babybadewanne gekauft, aber sie war viel zu groß für Chipo. Vita ließ das Waschbecken voll Wasser laufen und badete sie darin; sie legte ihr einen warmen Waschlappen auf den geschwollenen Bauch und wusch ihr dann Arme, Hände, Finger und

Füße. Chipo sah sie nur an. Sie zeigte kaum Reaktionen. Sie lächelte nicht und hatte noch nie gelacht. Wir hatten das kleinste Babyhemdchen gekauft, das wir finden konnten – es reichte ihr bis zu den Knöcheln. Ich hatte in der Zwischenzeit die Milch warm gemacht und in ein Fläschchen gefüllt, doch sie schaffte es kaum, die Milch aus dem Sauger zu trinken. Also ging ich in den nächsten Laden und kaufte ein paar Spritzen, sterilisierte sie, füllte die warme Babynahrung hinein und drückte Chipo etwas davon in den Mund. Sie schaute überrascht hoch, als sie die Milch auf der Zunge spürte, und ließ sie dann am Kinn entlang aus dem Mund rinnen. Schließlich gingen aber doch ein paar Tropfen hinunter. Chipo schluckte und schaute ein Weilchen verwirrt drein, dann sperrte sie den Mund auf. Ich lachte und gab ihr noch einen Schluck und danach noch einen.

Ich wiegte sie gerade in den Schlaf, als sie anfing zu husten. Ich klopfte ihr auf den Rücken, als wollte ich sie dazu bringen, ein Bäuerchen zu machen, doch es half nichts. Sie schien keine Luft zu bekommen. Sie riss den Mund auf, Tränen kullerten ihr die Wangen herunter, doch sie brachte keinen Ton heraus und war schließlich ganz rot im Gesicht. Ich klopfte ihr jetzt heftiger auf den Rücken und rief dabei ihren Namen, und schließlich stieß sie ein lautes Heulen aus. Dicker Schleim rann ihr aus der Nase. Ich wischte ihn weg, doch die Nasengänge schienen völlig verstopft zu sein. Sie fing an zu keuchen.

Ich spürte, wie mir ein Schauer der Angst über den Rücken lief. »Vita!«, schrie ich fast panisch. »Sie kriegt keine Luft! Sie kriegt keine Luft!«

Vita stand gerade unter der Dusche. Sie wickelte sich in ein Handtuch, nahm Chipo auf den Arm und untersuchte ihre Nase. Dann legte sie sie auf die Ablage im Bad. Sie bückte sich und brachte ihre Lippen quer über Chipos Mund, als wollte sie sie beatmen, und blies hinein. Der Luftschwall drang durch Chipos Mund und durch die Nebenhöhlen bis hinunter in die Nasengänge, und dickflüssiger Schleim landete auf Vitas Wange. Vita holte tief Luft und wiederholte das Ganze noch einmal. Chipo brüllte inzwischen wie am Spieß, so laut, dass es uns in den Ohren wehtat; doch immerhin war das der hörbare Beweis dafür, dass sie wieder Luft bekam.

Ich legte sie wieder an meine Schulter und wiegte sie, nachdem wir sie in weiche, warme Kleider und Decken gehüllt hatten, hin und her. Schließlich schlief sie ein, aber schon eine halbe Stunde später wachte sie wieder auf, mit einem Keuchen, als wäre sie zu lange unter Wasser gewesen. Ich gab ihr ein bisschen Milch, und sie schlummerte wieder ein. Und dann ging alles wieder von vorne los. In dieser Nacht legten wir sie in eine Babytragetasche und stellten sie neben unser Bett, um ihre Atmung besser überwachen zu können.

Irgendwann mitten in der Nacht bekam sie wieder einen Hustenanfall. Ich trug sie ins Badezimmer und wiederholte die Prozedur, die Vita am Nachmittag durchgeführt hatte. Gleich darauf spürte ich feuchten Schleim an meinem Bart. Chipo brüllte entrüstet. »Glaub mir, Kleine, für mich ist das auch nicht so toll«, murmelte ich, während ich mir den Schleim aus dem Ohr wischte.

Der nächste Tag verlief ganz ähnlich. Zwischen Füttern, Schlafen und Wiegen begann ich, meinen Koffer zu packen, verfolgte die Nachrichten aus dem Kongo und versuchte, mich auf die schwierige Aufgabe zu konzentrieren, die vor mir lag. Die Rebellion breitete sich mit blitzartiger Geschwindigkeit im ganzen Land aus. Die Ausländer hatten bereits begonnen, aus Kinshasa auszureisen, und die amerikanische Botschaft, die sich nur zu gut an die langen und kläglichen Einsätze der CIA während des Kalten Krieges erinnerte, stellte ihre 500 Staatsangehörigen vor die Wahl, das Land schnellstmöglich zu verlassen oder sich andernfalls auf »Angriffe oder Arrest einzustellen«.

Die Journalisten versuchten unterdessen, ebenso schnell ins Land hinein zu kommen, wie andere versuchten, es zu verlassen. Da es keinen direkten Flug von Harare nach Kinshasa gab, buchte ich für den Montag einen Flug nach Nairobi, um am Tag darauf nach Kinshasa weiterzufliegen.

In der Nacht zum Sonntag schliefen wir mit Chipo zwischen uns. Den ganzen Sonntag hindurch setzten wir keinen Fuß vor die Tür, sondern widmeten uns nur der ständigen, enervierenden Aufgabe, ihr beim Atmen zu helfen, ihr irgendwie Nahrung einzuflößen und sie zu beruhigen, wenn sie schrie. Es war längst dunkel, als wir sie schließlich, wie vereinbart, widerwillig ins Waisenhaus zurückbrachten. Helen Tanyayiwa hatte die Oberaufsicht für die Nacht. Wir halfen ihr dabei, die Kinder in ihre Decken zu wickeln. Es war eine kühle Nacht, und wir deckten Chipo mit einem ganzen Berg von Decken zu. Sie schlief schon wieder.

»Ich besuche dich morgen, kleines Baby«, flüsterte Vita und gab ihr einen sanften Kuss auf die Wange, um sie nicht aufzuwecken. Ich küsste sie ebenfalls, dann schlichen wir uns nach draußen. Wir ließen den Wagen an und fuhren durch die Dunkelheit nach Hause. Die Straßen waren menschenleer.

»Ich wünschte, ich müsste nicht gerade jetzt weg«, sagte ich.

»Es wird schon alles gut gehen«, sagte Vita. »Ich werde sie jeden Tag besuchen. Wir Mädels kriegen das hin.«

Ich lächelte. »Ich weiß. Ich rufe dich übers Satellitentelefon an.«

Am nächsten Morgen brachte Vita mich mit dem Taxi zum Flughafen. Ich hatte mir die Notebooktasche über die Schulter gehängt; in der anderen Hand hielt ich einen kleinen Handkoffer. »Ich komme wieder, sobald alles vorbei ist«, sagte ich. »Drei Wochen vielleicht, allerhöchstens sechs.«

»Bleib am Leben«, sagte sie wie immer zum Abschied und gab mir einen Kuss. Dann bat sie den Taxifahrer, auf dem Heimweg kurz beim Waisenhaus Chinyaradzo anzuhalten.

Kapitel 5

Atmen, Baby, atmen

Auf der Säuglingsstation ging es hoch her, als Vita hereinkam: Die Kinder krabbelten auf der Spielmatte herum, wurden gefüttert oder gewickelt oder lagen schreiend in ihren Bettchen. Im zweiten Bettchen von rechts war alles still. Vita schaute hinein und sah, wie Chipo sich wand, ohne einen Ton von sich zu geben. Offensichtlich bekam sie keine Luft. Vita zog Decken und Kleider beiseite und sah entsetzt, dass Chipos Herz richtiggehend gegen ihren Brustkorb prallte, jeder Schlag ein spürbares Pochen an ihren Rippen. Sie war kaum in der Lage, die Augen zu öffnen; die Lider waren farblos und geschwollen. Sie hatte schweren Durchfall. Ganz offensichtlich hatte sich seit dem Abend zuvor niemand mehr um sie gekümmert.

Vita zögerte keinen Augenblick. Sie nahm das besudelte Baby auf den Arm, rannte aus der Station, bog in den nächsten Gang ein und platzte in Stellas Büro. »Ich bringe sie ins Krankenhaus«, sagte sie. Stella schaute erschrocken hoch. Dann stand sie auf, warf einen Blick auf Chipo und war sofort mit Vitas Entscheidung einverstanden. Die Regeln sahen vor, dass eine der Betreuerinnen ein krankes Kind im Wagen des Waisenhauses ins Krankenhaus bringen oder die Klinik einen Wagen schickte. Doch die Lage war offensichtlich kritisch, und so erklärte Stella Vita den Weg zur Notaufnahme des Harare Hospital. Vita stieg in das wartende Taxi und kümmerte sich nicht weiter darum. Sie gab dem Fahrer Anweisung, sie so schnell wie möglich ins Trauma Center zu bringen, eine Privatklinik für zahlungsfähige Patienten, die die beste medizinische Versorgung des Landes bot. Mit quietschenden Reifen hielten sie vor der Notaufnahme. Der Pförtner warf einen Blick in den Wagen, sah eine Schwarze mit einem Baby und weigerte sich, das Tor zu öffnen.

Vita reagierte in ihrer direkten Motown-Art. »Mein Baby ist krank!«, brüllte sie und sprang dabei halb aus dem Wagen. »Und jetzt öffnen Sie das Tor, bevor ich Ihnen den Arsch aufreiße!«

Der Mann gehorchte erschrocken.

Drinnen nahm der Dienst habende Arzt Chipo aus Vitas Armen und legte sie auf den Untersuchungstisch. Chipo war inzwischen völlig außer sich, brüllte und ruderte krampfhaft mit Armen und Beinen. Der Arzt sah Vita an und schüttelte dann langsam den Kopf. »Es ist das Herz«, sagte er.

Er gab Chipo eine Spritze zur Beruhigung und schrieb eine Überweisung für die Avenues Clinic, das beste Krankenhaus der Stadt. Er fügte eine kleine Notiz hinzu, dass Chipo von einem der wenigen ortsansässigen Spezialisten für Kinderkardiologie, Isidore Pazvakavambwa, untersucht werden solle.

Als Dr. Pazvakavambwa Chipo anfasste, brüllte sie, als stünde ihre Haut in Flammen. Vita war so durcheinander, dass die Schwestern sie aus dem Zimmer führen mussten. Sie wartete in der düsteren Diele, bis Dr. Paz, wie sie ihn schon bald nannte, zu ihr kam. Er war ein Albino; sein bleiches Gesicht verschwand fast völlig unter der breiten Krempe eines Safarihutes und hinter dicken Brillengläsern. Als er hörte, dass Vita nicht die leibliche Mutter des Kindes war, rührte ihn ihre Hingabe. Da er selbst als Kind ein gesellschaftlicher Außenseiter gewesen war, empfand er eine gewisse Sympathie für verlassene und ausgestoßene Kinder.

Er fragte nach Chipos Krankengeschichte, und Vita berichtete von ihrer Herkunft und von den Krankenhausaufenthalten. Er sagte, das Kind sei zu früh zur Welt gekommen, möglicherweise fast einen Monat. Die lebenswichtigen Organe seien sehr schwach, vor allem das Herz. Außerdem habe Chipo eine Lungenentzündung und Bronchitis. »Wenn sie die Nacht übersteht, ist die unmittelbare Gefahr vorbei«, sagte er. »Aber die Chancen stehen schlecht. Dieses Kind ist sehr krank.«

Vita kaufte in aller Eile Windeln, Fläschchen, Kleider und Babymilch – das Krankenhaus stellte das alles nicht zur Verfügung – und richtete sich auf eine Nachtwache ein. Man hatte Chipo unter ein altmodisches Sauerstoffzelt gelegt, eigentlich nur eine durchsichtige Plastikhülle, die man ihr über den Kopf zog. So klein, wie sie war, hätte sie komplett hineingepasst. In ihrem Vierbettzimmer lagen zwei andere Kinder mit ebenso besorgten Müttern, die Vita misstrauisch beäugten. Ihre Kleidung, die Sachen, die sie für Chipo gekauft hatte, und ihr direkter Umgang mit Ärzten und Krankenschwestern – das alles wirkte verdächtig westlich und elitär. Vita merkte schnell, dass man ihr Ablehnung entgegenbrachte, und zum ersten Mal in ihrem Leben fühlte sie sich nicht als Afroamerikanerin. Die Blicke, die die Frauen ihr zuwarfen, sprachen eine klare Sprache: Sie war Amerikanerin, nichts weiter.

Schließlich zogen die Frauen sich in sich selbst zurück, und jede bereitete sich auf ihre Weise auf die endlosen Stunden vor, die vor ihnen lagen. Vita konnte nicht viel mehr tun, als ab und zu, wenn Chipo wach war, an die Plastikhülle zu klopfen und ihren Blick zu suchen. »Atmen, Baby, atmen«, spornte sie sie an. Die Zeit verging langsam bis in die frühen Morgenstunden. Es wurde zwei und dann drei Uhr. Die Flure waren dunkel und menschenleer, und irgendwann nickte Vita gegen ihren Willen ein. Als sie erschrocken wieder hochfuhr und kerzengerade auf ihrem Stuhl saß, wurde es gerade hell. Chipo schlief, und ihre Brust hob und senkte sich leicht unter ihren Atemzügen. Vita schloss die Augen und sandte ein Dankgebet gen Himmel. Dr. Paz freute sich ebenfalls, als er zur Morgenvisite ins Zimmer kam. Am Nachmittag erlaubte er sogar, Chipo für ein paar Minuten aus dem Sauerstoffzelt zu nehmen, damit Vita sie ein wenig über den Gang tragen konnte. Chipo fühlte sich warm an, und Vita freute sich darüber, doch ihr Atem ging rasch und flach. Ihre braunen Augen blickten matt, und der Kopf sank ihr immer wieder auf die Schulter. Schließlich legte Vita sie wieder in ihr Zelt, hinein in den strömenden Sauerstoff.

Am nächsten Tag blieb Chipo 22 Stunden im Zelt, am Tag darauf zwölf. Inzwischen war Vita praktisch auf der Station eingezogen und ging nur nach Hause, um zu duschen und ein paar Stunden zu schlafen.

»Ich muss Ihnen eine Frage stellen«, sagte Dr. Paz

schließlich an einem späten Nachmittag zu ihr. »Chipo ist bald wieder gesund genug, dass sie nach Hause kann. Aber sie ist so klein, und ihre Lungen und ihr Herz sind noch sehr schwach. Wenn ich die Papiere unterzeichne, damit man sie zurück ins Chinyaradzo bringt, unterzeichne ich damit ihr Todesurteil. Sie wird es nicht schaffen, wenn sie dorthin zurückkehrt. Deshalb möchte ich Sie fragen, ob Sie und Ihr Mann bereit wären, dieses Kind bei sich aufzunehmen, und zwar nicht nur für einige Zeit, sondern für immer. Wenn Sie ja sagen, werde ich das Waisenhaus und die Sozialbehörde darüber informieren, dass ich dringend zu diesem Schritt rate.«

»Sie meinen, sie würde unser Kind werden?«

»Wenn Sie das möchten.«

Vita, die den Gedanken an eigene Kinder längst aufgegeben hatte, spürte, wie neue Hoffnung sie durchströmte – ein Gefühl wie das Flügelschlagen eines kleinen, unsichtbaren Vogels. »Natürlich möchten wir das!«

Am nächsten Morgen saß Vita in einem Taxi und fuhr mit Chipo nach Hause. Sie hatte versucht, mich in meinem Hotel in Kinshasa anzurufen, war aber nicht durchgekommen. Das war in diesem Fall besonders schlimm, weil kein westliches Krankenhaus Chipo in diesem Zustand entlassen hätte. Und nun war Vita mit dem Kind allein – natürlich unter besseren Bedingungen als im Waisenhaus und vielleicht sogar im Krankenhaus, aber dennoch allein. Nervös betrachtete sie die verschiedenen Medikamente, die Chipo einnehmen musste, um die Lungenentzündung zu heilen und die Flüssigkeit aus den Lungen zu entfernen. Es war sehr schwierig. Wie fast jedes Kind nahm Chipo einen Löffel Medizin und spuckte ihn sofort wieder aus – doch ihr Leben hing davon ab, dass die Wirkstoffe in ihren Körper kamen. Also ließ Vita sich eine Dosis Medizin aufs Oberteil spucken und versuchte es dann noch einmal, so lange, bis sie Chipo zum Schlucken brachte, immer wieder. Vier oder fünf Mal am Tag klopfte sie ihr lange auf den Rücken, um den Schleim zu lösen. Sie wurde zusehends nervöser und erschöpfter, denn Chipo schlief selten mehr als eine Stunde am Stück.

Nach ein paar Tagen zeigte sich der fehlende Schlaf in einer gewissen Orientierungslosigkeit. Vita glaubte sich in einer absolut ausweglosen Situation. Natürlich hatte die Zeit auf der Intensivstation Chipo das Leben gerettet, aber in ganz Simbabwe gab es kein Krankenhaus, dem Vita genug Vertrauen entgegengebracht hätte, um in einem Notfall dort anzurufen. Sie schuldete dieses Misstrauen einer persönlichen Erfahrung. Im Jahr zuvor war ein Kleinbus in der falschen Richtung in eine Einbahnstraße eingebogen und frontal mit Vitas Wagen zusammengestoßen. Sie hatte sich das Schlüsselbein angebrochen, und die Sanitäter brachen es komplett durch, als sie sie an den Schultern fassten, um sie aus dem Wagen zu heben. Als Vita auf einem Rasenstück gleich neben dem Unfallort lag, scharte sich eine Menschenmenge um sie. Sie spürte, wie jemand an ihren Stiefeln zog, und dachte zunächst, es wäre einer der Sanitäter. Doch das Ziehen hörte nicht auf, und als sie die Augen öffnete, sah sie, dass einer der Umstehenden neben ihr kniete. Er wollte ihr die Stiefel von den Füßen stehlen und zerrte heftig daran, um sie ihr auszuziehen. Als er es geschafft hatte, stand er auf und ging davon. Niemand hinderte ihn daran. Anschließend bohrte einer der Sanitäter seinen bloßen Finger in die offene Wunde an Vitas Bein. »Mann, ist die tief«, verkündete er. Und als später ein Arzt den Bruch richten wollte, verklemmte sich eine Arterie in dem gebrochenen Schlüsselbein. Am Ende waren eine Fahrt nach Johannesburg und eine vierstündige Operation erforderlich gewesen, um diesen einfachen Bruch zu beheben.

Vita war Dr. Paz sehr dankbar, doch jetzt war sie ihm gewissermaßen ausgeliefert. Es gab kaum Unterlagen darüber, dass Chipo überhaupt existierte, und sie besaß natürlich keine Geburtsurkunde oder Reisepapiere. Die guten Krankenhäuser in Johannesburg waren nur neunzig Flugminuten entfernt, doch Vita konnte Chipo nicht dorthin bringen. Glücklicherweise war Mavis Ganuka, die Haushälterin, die auf unserem Grundstück lebte, ganz hingerissen von Chipo. Sie hatte selbst fünf Kinder großgezogen und war sofort bereit, sich Chipo auf den Rücken zu binden – die traditionelle Art, ein Kind zu tragen – und sich dann weiter ihrer Arbeit zu widmen. Chipo, die dieser enge Körperkontakt beruhigte, schlief nach kurzer Zeit ein. Und so, indem sie sich immer wieder abwechselten, überstanden die beiden Frauen gemeinsam einen Tag und dann einen weiteren.

Am anderen Ende des Kontinents rief ich keineswegs täglich zu Hause an. Ich war in eine andere Welt geraten. Kinshasa versank im Chaos einer Stadt, der eine militärische Invasion bevorsteht. Der Kongo war ein weitläufiges Land, doch um die Kontrolle über den schwachen Regierungsapparat zu bekommen, brauchte man nur Kinshasa einzunehmen. Das wussten die Rebellen, und deshalb verzichteten sie darauf, sich durch alle Winkel des Landes zu kämpfen, und zogen gleich gegen die Hauptstadt.

Ich war mit meiner guten Freundin und langjährigen Reisegefährtin Ann Simmons, die die Zweigstelle der LOS ANGELES TIMES in Nairobi leitete, nach Kinshasa geflogen. Da unsere beiden Zeitungen keine direkten Konkurrenten waren, gaben wir uns bei schwierigen Aufträgen häufig gegenseitig Rückendeckung. Wir kamen auf dem turbulenten Flughafen von Kinshasa an, wo zahlreiche Männer versuchten, sich unserer Koffer zu bemächtigen und sie zu dem klapprigen Auto eines Freundes zu schleppen, das sie großspurig als Taxi bezeichneten. Anschließend musste man ein saftiges Trinkgeld zahlen, um seinen Koffer wieder mitnehmen zu dürfen. Schon nach ein oder zwei Tagen in der Stadt stellten wir fest, dass wir zusammen auf so unangenehme Weise auffielen, dass es fast schon wieder komisch war. Mein Pass wies mich als Amerikaner aus, was an sich schon schlimm genug war; doch die Leute sahen nur meinen kurzen Bart und den langen Pferdeschwanz und fauchten: »Franzose!« Frankreich gehörte zu den Kolonialmächten, die den Kongo früher ausgebeutet hatten, und deshalb waren Franzosen in dieser emotional aufgeladenen Situation noch unbeliebter als Amerikaner. Ann hatte zwar einen britischen Pass, ihre äußere Erscheinung war allerdings ähnlich problematisch. Sie war 1,88 Meter groß, und da ihre Eltern aus der Karibik stammten, hatte sie die dunkle Hautfarbe der Westindischen Inseln. Außerdem war sie mit einem langen, schlanken Hals gesegnet. Das machte sie überall zu einer auffälligen Erscheinung – doch in Kinshasa sah sie aus, als wäre sie vom Volk der Tutsi, der verhassten nilotischen »Eindringlinge«.

Zu welcher Ethnie die Soldaten der Rebellenarmee

auch gehören mochten, sie kamen immer näher. Sie hatten das Wasserkraftwerk eingenommen, das die Stadt mit Strom versorgte, und stellten die Stromversorgung in unregelmäßigen Abständen ab und wieder an, um damit ihre baldige Ankunft anzukündigen.

Kabila verkündete im Gegenzug, er wolle die ganze Bevölkerung bewaffnen, damit sie sich selbst verteidigen könne. Die Stimmung in der Stadt war aufgeheizt. Man zündete Geschäfte an, deren Besitzer Tutsi waren, oder auch Menschen, die man für Tutsi hielt. Große Gruppen junger Männer zogen durch die Straßen und richteten Stöcke auf die vorbeifahrenden Autos, als wären es Gewehre. Geschäfte mussten schließen, mit Ausnahme der Reisebüros, vor denen sich lange Schlangen von Ausländern sammelten.

Für den nächsten Tag war um zehn Uhr morgens eine Versammlung im städtischen Stadion angesetzt. Wir machten uns eine halbe Stunde vorher auf den Weg dorthin, weil die Leute dann zwar schon vor Ort, aber noch nicht von den Rednern aufgepeitscht sein würden. Wir hatten vereinbart, eine knappe Viertelstunde zu bleiben. Das ist eine Art Faustregel unter Korrespondenten: Wenn der Wagen nicht gleich bei der Ankunft in einer feindlich gesinnten Gegend angegriffen wird, bleiben einem meistens ein paar Minuten, bis sich eine Menschenmenge gebildet hat und die Stimmung umschlägt. Im Allgemeinen versucht man, so schnell wie möglich von der Straße wegzukommen und sich in ein Geschäft oder einen Marktstand zu flüchten, wo man nicht sofort auffällt.

Als wir auf dem Schotterparkplatz vor dem Stadion hielten, das sich in einer der ärmeren Gegenden einer ohnehin sehr armen Stadt befand, waren keine solchen Stände, geschweige denn andere geschlossene Räume in Sicht. Stattdessen sahen wir Tausende und Abertausende junger Männer, von denen keiner über dreißig und die meisten noch unter zwanzig zu sein schienen. Manche sammelten sich zu militärischen Einheiten und übten mit übertriebenem Stechschritt und grimmigen Gesichtern das Marschieren, während vorne ein Mann Anweisungen brüllte.

Wir sagten dem Fahrer, er solle im Wagen bleiben, die Fenster hochkurbeln und niemandem außer uns die Tür öffnen. »Wenn Sie uns rennen sehen«, schärfte ich ihm ein, »lassen Sie den Motor an.« Gemeinsam mit unserem Dolmetscher, der sich Jean-Peter nannte, stiegen wir aus. Ich schaltete die Stoppuhrfunktion meiner Armbanduhr ein, damit wir nicht länger als die vereinbarte Viertelstunde bleiben würden. Wir näherten uns einer Gruppe von Männern, die Fahnen schwenkten und in Sprechchören »*Vive Kabila!*« und danach auf Lingala »Tod den Tutsi!« skandierten. Wir stiegen über ein riesiges Rohr, und die Menge schloss sich dichter um uns, während wir auf die Gruppe der Demonstranten zugingen. Der Lärm war ohrenbetäubend. Neben mir ging ein großer Mann und brüllte mir etwas auf Französisch zu. Ich klopfte mir auf die Brust und brüllte zurück, ich sei Amerikaner. Da drängte er sich zwischen Ann und mich und rief: »Die Banyamulenge« – so nannte man die im Kongo geborenen Tutsi – »sind Tiere! Sie sind Wilde, die man beseitigen muss! Sie wollen hierher kommen, für immer bleiben und unser Land kolonisieren! Aber sie müssen wieder zurück nach Ruanda!« Er sagte, er heiße Steve Mukena und sei Elektriker, und während ich das notierte, warf ich einen Blick auf die Uhr. Noch sieben Minuten. Irgendwer zog mich an den Haaren. Jean-Peter versuchte, mehrere Männer zurückzuhalten, indem er sich mit den Schultern gegen sie lehnte. Was er hörte, ließ ihn zunehmend besorgter dreinblicken. Er schaute erst Ann, dann mich an und brüllte: »Verschwindet hier!« Dann drehte er sich um und schrie die Männer an, die ihrerseits zurückschrien. Es war unmöglich, noch irgendetwas zu verstehen. Ich fasste nach seinem einen Arm, Ann hängte sich an den anderen, und wir versuchten, uns durch die Menge hindurch zurück zum Wagen zu drängen. Die Männer interpretierten das ganz richtig – als feigen Rückzug nämlich – und reagierten mit Buhrufen und Pfiffen. Jemand schubste mich von hinten, jemand anders trat mir gegen das Bein. Wir gingen schneller, Ann ließ meinen Arm los, um über das Rohr zu klettern, und ich spürte einen Schlag an der Schulter. Es fühlte sich an wie ein harter Kunststoffschlauch oder ein schmaler Stock, aber ich drehte mich nicht um. Ein Mann spuckte mir ins Gesicht. Plötzlich flogen Steine. Von hinten schubste mich eine Hand immer weiter vorwärts. *Jean-Peter*, dachte ich. *Nun mal langsam, ich gehe ja schon.* Der Mann mit dem Schlauch oder dem Stock hüpfte jetzt neben mir her und schlug mir damit auf den Rücken und in die Kniekehlen, sodass ich fast das Gleichgewicht verlor. Von der anderen Seite versetzte ein anderer Mann mir immer wieder Tritte in den Hintern. Ich kümmerte mich nicht darum, konzentrierte mich nur darauf, voranzukommen und nicht hinzufallen. Dann wandte ich mich zur Seite, um Ann etwas zuzurufen – aber Ann war verschwunden.

Das Herz sank mir in die Hose. Ich drehte mich um

und wollte Jean-Peter zurufen, dass wir sie suchen müssten, doch der Mann, der mich von hinten schubste, war nicht Jean-Peter. Es war ein junger Mann mit grimmig verzerrtem Mund; sein Hemd war zerrissen, und seine Augen blickten glasig. Ich sah mich nach dem Wagen um, konnte ihn aber nicht entdecken. Stattdessen stand ich zwischen endlosen Reihen von Autos, die mir nicht aufgefallen waren, als wir geparkt hatten. Ich drehte mich im Kreis und suchte nach unserem Auto, aber inzwischen war ich völlig durcheinander, das Geschrei wurde immer lauter, und plötzlich konnte ich mich weder an die Farbe noch an das Fabrikat des Wagens erinnern. Ich hatte es ja auch nur einmal kurz am Morgen gesehen, als wir eingestiegen waren. Jetzt verfluchte ich mich innerlich dafür, dass ich nicht besser darauf geachtet hatte. Die vielen Füße wirbelten Staub auf. Mir rann der Schweiß in Bächen über den Rücken. Der Mann, der mich getreten hatte, holte aus, um noch einmal zuzutreten, und diesmal zielte er direkt auf meine Kniekehlen. Ich wehrte den Tritt mit dem Arm ab, suchte dabei mit den Augen die Menge ab und bewegte mich immer weiter vorwärts; da sah ich plötzlich Anns Kopf, der in etwa 45 Metern Entfernung zwischen den anderen Köpfen hervorragte. In diesem Moment liebte ich sie regelrecht dafür, dass sie so groß war. Ich kämpfte mich so schnell wie möglich zu ihr durch, ohne weiter auf die Schläge zu achten, und kam gleichzeitig mit ihr und Jean-Peter beim Auto an. Wir stiegen ein. »Fahren Sie endlich!«, fauchte Ann den Fahrer an, doch der deutete nur schweigend durch die Windschutzscheibe. Ich drehte mich um und sah, dass vor der Motorhaube ein Soldat stand und ein AK-47 auf uns gerichtet hielt. Er warf uns einen grimmigen Blick zu, dann ließ er die Waffe sinken und trat beiseite. Der Fahrer fuhr vorsichtig an ihm vorbei, dann trat er aufs Gas.

Um zehn Uhr morgens am folgenden Tag traf sich die US-Botschafterin, Prudence Bushnell, in Nairobi mit einigen Handelsfunktionären aus Kenia zu einer höflichen Unterredung im 18. Stock des Gebäudes der Cooperative Bank, einem Wolkenkratzer mit langen Reihen von Fenstern auf jeder Etage, von denen man die ganze Stadt überblicken konnte. Die Botschafterin hielt eine kurze Pressekonferenz für die Lokalreporter ab; anschließend wurde Tee serviert. Zwei Häuser weiter in der Botschaft sprach Frank Pressley, ein Mitarbeiter des US-Außenministeriums, gerade mit seiner Kollegin Michelle O'Connor über ein kaputtes Faxgerät im Büro für Allgemeine Dienstleistungen. Dabei fiel ihm auf, dass draußen Unruhe herrschte. Sie befanden sich im hinteren Teil des Gebäudes, von wo aus man den Parkplatz sehen konnte, und plötzlich sah er Menschen rennen. Gleich darauf erzitterten die Wände und die Fenster wie bei einer kleinen Explosion. Andere Leute traten zu ihm ans Fenster.

Dann gab es plötzlich eine gewaltige Detonation, deren Zentrum weiß zu glühen schien, und die Druckwellen erschütterten zehn Häuserblocks der Innenstadt von Nairobi. Laster wurden von der Straße geschleudert, Autos flogen durch die Luft. Im 18. Stock zerbarsten die Scheiben, die Möbel flogen durch den Raum, und Botschafterin Bushnell wurde zu Boden geworfen. Ufundi House, das fünfstöckige Bürogebäude zwischen der Botschaft und der Bank, fiel in sich zusammen wie ein Kartenhaus. In der Botschaft wurde Michelle O'Connor enthauptet. Ein Schulbus, der gerade vorbeigefahren war, wurde von den Flammen erfasst, und mehrere Kinder kamen ums Leben. Die Glasverkleidungen der 22 Stockwerke des Bankgebäudes wurden nach außen gesprengt, und die zerbrochenen Scheiben flogen 60 Meter durch die Luft, dann landeten sie auf der Straße, herabstürzende Glasstücke, die Passanten entzweischnitten, ihnen die Augen ausschlugen oder Arme und Finger abtrennten. Pressley, der das Bewusstsein verloren hatte, kam auf dem Boden des Botschaftsbüros wieder zu sich und sah Blut an den Wänden und die sterblichen Überreste seiner Kollegin. Er schaute an sich herunter. »Ich sah Teile meines Körpers aus dem Hemd herausragen«, berichtete er später vor einem Geschworenengericht in Manhattan. Sein Kiefer und ein Teil einer Schulter waren vom Körper abgetrennt worden.

Erst herrschte eine unfassbare Stille. Dann schien sich die Luft zu verdichten, und mit einem Mal brach alles herein: die Schreie der Sterbenden und eine dichte Wolke aus Staub und Rauch, die sich in die Luft erhob. Schreibtische und Stühle ragten aus den Fenstern der Cooperative Bank heraus und krachten schließlich auf den Parkplatz herunter. Es war der schwerste Angriff auf ein amerikanisches Botschaftsgebäude seit den Bombenattacken in Beirut 1983, und es sollte erst der Anfang sein.

In Kinshasa, auf der anderen Seite des Kontinents, irrten Ann und ich immer noch durch die Stadt und bereiteten uns auf den Angriff vor. Die Rebellen näherten sich dem Flughafen. Es hieß, er werde spätestens am nächsten Tag, vielleicht auch noch am selben Nachmittag schließen. In einem trostlosen kleinen Straßencafé versuchte ich übers Handy, meine Redaktion in den USA zu erreichen.

»Endlich«, rief meine Chefin, Joyce Davis, als sie meine Stimme hörte. »Überall geht es nur noch um diesen Bombenanschlag. Ich versuche schon seit zwei Stunden, dich zu erreichen.« Ich stand auf und suchte den Horizont ab. Mir wurde ganz anders bei dem Gedanken, dass meine Redakteurin in Washington früher von einem Bombenanschlag in Kinshasa erfahren haben sollte als ich; doch ich konnte beim besten Willen keine Rauchwolken entdecken. Ich schrieb »Bomben« auf meinen Notizblock und drehte ihn so, dass Ann es lesen konnte. »Wir mussten erst unsere Handys holen, um anrufen zu können«, sagte ich, um Zeit zu gewinnen.

»Es ist von mindestens hundert Toten die Rede, vielleicht sogar mehr. Das Gebäude hinter der Botschaft steht nicht mehr.«

Ich stand wieder auf, jetzt ernsthaft besorgt darüber, dass Ann und ich hier Däumchen drehten, während die Kollegen am anderen Ende der Stadt bereits von der Story des Jahres berichteten. »Okay, langsam. Um welche Botschaft geht es?«

»Die in Nairobi natürlich, die amerikanische Botschaft«, sagte sie. »Und in Daressalam, da war es eine kleinere Bombe. Oh ... warte. Jetzt kommt es gerade wieder auf CNN. Mein Gott, das Gebäude ist dem Erdboden gleichgemacht. Die Leute schreien. Es sieht furchtbar aus. Wann kannst du dort sein?«

»Oh, ganz schnell«, schwindelte ich und kritzelte dabei wie wild eine Nachricht für Ann: »Bombenanschlag auf US-Botschaft – Nairobi – 100 oder mehr Tote«. Sie warf nur einen Blick darauf und saß schon halb im Taxi. »Es gibt nur ein winziges Problem, Joyce: Der Flughafen hier wird geschlossen.«

»*Geschlossen?*«, schrie Joyce. »Wie können die denn den Flughafen schließen? Du meinst, du kommst da nicht raus? Du meinst, du sitzt fest – im Kongo?«

»Wir haben es hier immerhin mit der kleinen, unbedeutenden Tatsache eines bewaffneten Angriffs zu tun«, erinnerte ich sie. »Und ich sage ja gar nicht, dass wir nicht rauskommen. Ich wollte damit nur sagen, dass wir uns beeilen müssen. In drei Stunden sitze ich im Flugzeug, und falls nicht, weiß ich wenigstens, was los ist. Ich rufe dich wieder an.«

Ann und ich trennten uns, um damit unsere Chancen zu erhöhen, einen Flug aus der Stadt zu erwischen, ganz egal, wohin. Es war nicht möglich, ein kleines Flugzeug zu chartern; Nairobi war mehr als 2 400 Kilometer entfernt, wir hätten zum Auftanken auf Rebellengebiet zwischenlanden müssen und wären dabei mit ziemlicher Sicherheit abgeschossen worden. Während ich bei diesem Versuch also nichts erreichte, ergatterte Ann zwei der letzten Plätze im einzigen Flugzeug, das Kinshasa am Abend noch verlassen sollte: einen Nachtflug der Fluglinie Sabena nach Brüssel. Von dort aus würde uns ein weiterer achtstündiger Flug nach Nairobi bringen. Wir würden am Samstag um neun Uhr abends dort sein. Das ließ mir gerade noch Zeit, in die Stadt zu fahren, mit drei Leuten am Anschlagsort zu reden und in höchstens einer Stunde meinen Artikel zu verfassen. Ann, deren Redaktion sich an der Westküste befand, hatte drei Stunden mehr Zeit. Schön war das alles nicht, aber immerhin würden unsere Artikel dadurch noch in der Sonntagsausgabe erscheinen, der wichtigsten Ausgabe der Woche. Es hatte nur noch Plätze in der ersten Klasse gegeben, für jeweils 3 900 Dollar – wenn wir es überhaupt noch rechtzeitig zum Flughafen schafften. Das Flugzeug ging in zwei Stunden.

Wir stopften unsere Sachen in die Koffer, warfen ein paar Geldscheine auf den Tisch an der Rezeption und stürzten ins Taxi. Die Straßen waren verstopft, ein einziges wildes, hupendes Durcheinander. Von den Marktständen am Straßenrand, wo die Händler Stoffe, Obst oder rohes Fleisch verkauften, stieg der Rauch abendlicher Kochfeuer auf. An engen Kurven ragten die Stände oft bis in die Fahrbahn hinein. Busse nebelten uns mit Abgasen ein. An zwei roten Ampeln kamen junge Männer an den Wagen, schlugen gegen die Scheiben oder brüllten uns von der anderen Straßenseite aus zu, wir sollten uns nach Hause scheren, und Ann solle machen, dass sie zurück nach Kigali komme, der Hauptstadt von Ruanda.

»Wie wird mir diese Stadt fehlen«, bemerkte ich.

Auch am Flughafen herrschte Chaos. Autos hielten vor dem heruntergekommenen Terminal, und Unmengen junger Männer erklärten sich bereit, einem das Gepäck zu tragen, ob man nun wollte oder nicht. Wir stiegen aus, schoben ein paar Leute vom Kofferraum weg, öffneten ihn, holten unsere Taschen heraus und kämpften uns durch die lärmende, stinkende Menge hindurch bis zum Sabena-Schalter. Dort stellten wir uns ans Ende einer bunt gemischten Schlange, die aus lauter Männern und gut gekleideten Geschäftsfrauen bestand. Nigerianer, Guyanesen, Briten, Amerikaner, Südafrikaner, Franzosen, Belgier, Äthiopier, Libanesen – eine kunterbunte Mischung von Ausländern, die allesamt das Land verlassen wollten. Inmitten des Gedränges versuchten die Leute, aneinander vorbei zu kommen, unter den Absperrungen hindurchzuschlüpfen und an die Spitze der Schlange vorzudringen. Für einen Auslandskorrespondenten ist es keine angenehme Aussicht, in der Redaktion anrufen und berichten zu müssen: Ja, es sei gerade eine Maschine mit 250 Passagieren gestartet, aber nein, man habe es nicht geschafft, an Bord zu kommen. Also drängelten und rempelten wir nach Kräften, setzten unsere Ellbogen ein und schwitzten in der Hitze, bis wir es schließlich an den Schalter geschafft hatten und unsere Bordkarten in der Hand hielten.

Während es langsam dunkel wurde, durchsuchte man das Flugzeug und die Gepäckstücke nach eventuellen Bomben. Wir saßen auf dem dampfenden Rollfeld und wurden von US-Marines bewacht, während jedes einzelne Handgepäckstück geöffnet und überprüft wurde. Mit zwei Stunden Verspätung rumpelten wir schließlich über die Startbahn. Dann verkündete der Pilot auf Englisch und Französisch, dass wir einen unvorhergesehenen Zwischenstopp in Luanda, der Hauptstadt von Angola, einlegen müssten. Die Kämpfe im Bürgerkrieg, der in diesem Staat seit langem tobte, waren wieder aufgeflammt, und es mussten auch von dort ein paar Menschen evakuiert werden.

Ich dachte einen Augenblick nach. Dann drehte ich mich zu Ann um und fragte: »Sag mal, liegt Luanda nicht südlich von Kinshasa?«

»Sicher.«

»Und Brüssel liegt im Norden?«

Ann verstand. »Wir verpassen unseren Anschlussflug nach Nairobi.«

Zehn Stunden später rannten wir durch die Gänge des Brüsseler Flughafens und sahen gerade noch, wie die

Flugbegleiter die Türen unseres Flugzeugs schlossen. Ich zeterte und tobte, warf mein 3 900-Dollar-Ticket auf den Schalter und verlangte, dass man die Türen noch einmal öffnete. Der Flugbegleiter hinter dem Schalter erklärte, das sei nicht möglich; außerdem sei der Flug voll belegt. »Dann sagen Sie gefälligst irgendwem, der keine viertausend Dollar bezahlt hat, dass er ein Stück rücken soll«, brüllte ich.

Doch das ganze Theater nützte nichts. Wir schauten zu, wie das Flugzeug aus dem Terminal auf die Startbahn rollte. »Da schaffen wir es, aus Kinshasa rauszukommen, und jetzt hängen wir in Brüssel fest«, sagte Ann. »So was muss man sich mal vorstellen.«

Man buchte uns auf einen Flug nach London um, wo wir Däumchen drehten, im Geiste zusahen, wie die Sonntagsausgaben ohne unsere Artikel in Druck gingen, und auf den nächsten Nachtflug warteten. Ich rief Vita an, erreichte aber nur den Anrufbeantworter. Ich machte mir keine weiteren Sorgen. Wir hatten oft schon viel länger nicht miteinander geredet. Ich war überzeugt davon, dass es ihr und Chipo gut ging.

Kapitel 6

Fern von zu Hause

Ann und ich trennten uns, sobald wir in Nairobi angekommen waren. Ich wankte zu einem Taxi, fix und fertig nach dem zweiten Nachtflug in zwei Tagen. Ein paar Minuten später, als wir uns noch am Rand der Savanne außerhalb der Stadt befanden, deutete der Fahrer auf die Wolke aus Staub und Qualm, die immer noch am Horizont hing wie ein Nebel, der eine düstere Stimmung über den bewölkten Wintermorgen breitete. Wir durchquerten die merkwürdig stillen Straßen, schließlich stieg ich aus. Das zerstörte Ufundi House bestand nur noch aus verdrehten Stahlstücken, zusammengestürzten Betonwänden und Bergen von Schutt, so hoch wie ein zweistöckiges Haus. Oben auf den Trümmern standen Bergungsarbeiter aus Israel und Kenia und versuchten, mit Hilfe eines 150-Tonnen-Krans riesige Betonstücke zu heben. Die Stahlträger, die sich in den Wänden befunden hatten, ragten, wie wütende Tentakel, nackt in den Himmel. Andere Bergungsmannschaften ließen kleine Mikrofone in Spalten herab und horchten auf Klopfzeichen oder gedämpftes Wimmern von Menschen, die unter den Trümmern vielleicht noch am Leben waren. Wieder andere waren mit Schaufeln und Hacken zugange. Die meisten Opfer waren angehende Sekretärinnen gewesen, die an ihren Schreibtischen gesessen hatten, als die Decke eingestürzt war, ihre Körper gegen die Schreibtische vor ihnen gepresst und sie unter Tonnen von Schutt begraben hatte.

»Ich habe ein Stück Beton hochgehoben, und drunter lag ein Kopf«, erzählte Jackson Muthomi, einer der Arbeiter, als er mit bleichem Gesicht von einem der Schuttberge herunterkam. »Ich habe versucht, den ganzen Mist, Steine und Betonstücke, von der Leiche wegzuziehen, und dann habe ich den Rumpf gesehen. Der war nur noch eine einzige blutige Masse, die Gedärme und die Eingeweide, und wie man das alles nennt, hingen raus, ich habe die Leber gesehen, aus dem Darm kam Kot, und sonst war nichts mehr von dem Körper übrig.«

Die Botschaft gleich nebenan war völlig abgeriegelt. Bergungsarbeiter aus Fairfax County in Virginia, die dem Außenministerium zugewiesen worden waren, durchsuchten die einzelnen Stockwerke, während draußen Marines hinter hastig errichteten Absperrungen Wache hielten. Polizisten und Beamte des FBI schleppten Autoteile und verbeulte Stahl- und Betonstücke über die Haile Selassie Avenue auf einen Parkplatz, der in eine Ermittlungsbehörde unter freiem Himmel verwandelt worden war. An den Absperrungen standen Tausende von Menschen und beobachteten fassungslos, was sich dort abspielte.

Beamte des Roten Kreuzes berichteten, es bestehe noch Hoffnung darauf, Überlebende aus den Trümmern zu bergen. Tief unter der Oberfläche war eine Frau verschüttet, Rose Wanjiku, mit der die Bergungsarbeiter in

Kontakt standen. Man hatte bereits mit den Grabungen nach ihr begonnen. In den Fluren des Krankenhauses, bis hinaus auf die Wiese im Hof, drängten sich Tausende Verwundete und noch einmal so viele Angehörige. Die Wartezimmer waren voll, die Krankenzimmer überfüllt.

Die Leichenhalle quoll über von Toten und Blut. Über vierzig schwer verstümmelte und bisher nicht identifizierte Leichen lagen unverhüllt da, zwei auf jedem Tisch. Der Gestank nach Verwesung und Formaldehyd traf mich wie eine böse Erinnerung an Sarajewo. Einzelne Familienangehörige kamen herein, stiegen über die Lachen aus getrocknetem Blut und suchten nach vermissten Angehörigen. Sie hielten sich Taschentücher vor Mund und Nase. Neben einer der Leichen gab es plötzlich eine Bewegung, und eine ältere Frau sank neben dem Körper eines verstümmelten Mädchens zu Boden. Die Explosion hatte der Toten fast alle Kleider vom Leib gerissen. Ihr ganzer Körper – Arme, Beine, Gesicht, Hals und Rumpf – war mit Dutzenden von Wunden und verbrannten Stellen übersät. Eine Brust war abgetrennt worden. Ihr Haar war zu winzigen Zöpfchen geflochten, die sie im Nacken zu einem Pferdeschwanz gebunden hatte. Die Zehennägel waren hellrot lackiert. Die ältere Frau erbebte unter ihrer Trauer, und ihre schrillen Klagerufe hallten von den Wänden wider.

Zwei Tische weiter lag die Leiche eines Mannes, ebenfalls von Wunden übersät; sein Schädel war zwischen den Augen gespalten, als hätte man ihn mit einer Axt entzweigehauen. Das Gehirn fehlte. Ein Auge war aus der Höhle gesprungen und klebte auf der Wange.

In den folgenden Tagen wurde nach und nach klarer,

was an jenem Tag passiert war. Kurz vor zehn hielt ein kleiner Laster mit mehreren Männern darin vor der Botschaft; die knapp einen Meter hohen Absperrungen hielten sie davon ab, auf den Bürgersteig hinaufzufahren. Die Wachmänner winkten sie zum Hintereingang, doch dort wurde ihnen die Zufahrt zur Tiefgarage der Botschaft verweigert. Der Fahrer überquerte die niedrige Schwelle, wurde jedoch durch ein Falltor am Weiterfahren gehindert. Daraufhin stiegen mehrere Männer aus dem Laster, und einige der wachhabenden Marinesoldaten wurden aufmerksam. Waffen wurden gezogen, die Männer feuerten ein paar Schüsse ab und warfen dann eine Splittergranate, die die erste, kleinere Explosion auslöste, die Pressley in der Botschaft hörte. Dann rannten ein paar der Männer davon, während die übrigen eine riesige Bombe zündeten, die sich hinten im Laster befand – rund 250 Kilo Sprengstoff.

Der Detonation fielen mehr als 240 Menschen zum Opfer, darunter zwölf Amerikaner. Die Bombe in Daressalam, die fünf Minuten nach der in Nairobi gezündet wurde, tötete zehn Tansanier. Bei beiden Anschlägen gab es über 4 800 Verletzte; es war der schlimmste Anschlag auf amerikanische Einrichtungen im Ausland, seit 1983 ein Selbstmordattentäter 241 Soldaten auf dem amerikanischen Marinestützpunkt in Beirut getötet hatte. Als Erster wurde Mohammed Sadik Odeh festgenommen, ein Palästinenser, der in Pakistan aufgegriffen wurde, als er versuchte, mit einem gefälschten jemenitischen Pass über die Grenze nach Afghanistan zu gelangen. Er gab zu, an den Bombenanschlägen beteiligt gewesen zu sein, doch weitere Informationen hatte man zu diesem Zeitpunkt nicht. Erst zwei Jahre später, nach dem Anschlag auf das World Trade Center, sollten die Verbindungen nach Afghanistan in ihrem vollen Ausmaß sichtbar werden.

An diesem ersten Tag jedoch war noch gar nichts klar. Ich kehrte ins Hotel zurück. Mir blieben 75 Minuten, um einen Artikel von 1 500 Wörtern zu verfassen, und ich aß Schokolade und trank eine Cola nach der anderen, um wach zu bleiben. Dann nutzte ich die Zeit, bevor die Redakteure mich mit Rückfragen und Unklarheiten bombardieren würden, und rief Vita über das Satellitentelefon an.

»Wo hast du denn bloß gesteckt?«, schrie sie.

»Ich habe halb Afrika und ein Viertel von Europa durchquert«, murmelte ich. »Die Botschaft in Nairobi ist in die Luft geflogen. Hast du das denn nicht mitbekommen?«

»Am Rande«, fauchte sie. »Ich habe hier ein paar andere Sorgen. Chipo wäre fast gestorben.« Ich horchte auf. Vita klang genauso erschöpft, wie ich mich fühlte.

»Was?«

Sie gab mir eine kurze Zusammenfassung der Ereignisse der letzten Woche, erzählte von der Notaufnahme, dem Krankenhaus und dem Pflegemarathon zu Hause und endete schließlich mit Dr. Paz' Empfehlung, dass Chipo bei uns bleiben solle.

»Was? Etwa für immer?«

»Für immer.«

»Mein Gott, Baby, ich hatte ja keine Ahnung. Warum hast du mich denn nicht angerufen?«

»Wann denn? Und wie? Wer kann dich denn jemals erreichen? Ich habe zwei Tage und drei Vermittlungsstellen dafür gebraucht, um dein Hotel in Kinshasa ausfindig zu machen, und dann warst du längst weg. Du bist doch ständig an irgendeinem abgelegenen Ort oder auf dem Weg irgendwo anders hin, und ich kann dich nicht erreichen, bis du anrufst. Als ich deine Nachricht gehört habe, habe ich mir gedacht, du wirst wohl früher oder später in Nairobi einlaufen.«

Das saß. Dort, in meinem Hotelzimmer, erinnerte ich mich daran, wie es sich angefühlt hatte, das Kind im Arm zu halten, wie federleicht es gewesen, wie schwer ihm allein das Atmen gefallen war. Ich spürte wieder, wie die kleine Hand sich um meinen Finger geschlossen hatte, und ich schaute zum Fenster hinaus. Wie hatte ich nur fortgehen können? Was hatte ich mir dabei gedacht? Wenn Vita nicht gewesen wäre, wäre Chipo gestorben, das wurde mir jetzt klar. Und das bedeutete im Grunde nur, dass sie nicht mehr leben würde, wenn man sie mir überlassen hätte. Es fiel mir schwer, etwas zu sagen.

»Ist sie stabil?«

»Ja, ich glaube schon. Aber sie schlaft nie mehr als eine Stunde am Stück. Mavis hilft mir. Morgen kommen irgendwelche Sozialarbeiter, um einen Sozialbericht zu erstellen. Aber Dr. Paz hat ganz klar gesagt, dass Chipo nicht ins Chinyaradzo zurück soll.«

Das Tempo, mit dem sich das alles entwickelt hatte, war überwältigend. Ich war vor sieben Tagen von zu Hause aufgebrochen – da hatten wir uns gerade dazu bereit erklärt, uns an den Wochenenden so viel wie möglich um ein Kind zu kümmern, das wir kaum kannten. Und jetzt sollten wir plötzlich die Pflegeeltern eines schwer kranken Kindes sein. Dr. Paz hatte keinen Zweifel daran gelassen, wie groß die Verantwortung war, die wir damit auf seine Bitte hin übernahmen. Ich konnte nur immer wieder versichern, dass ich nicht gefahren wäre, wenn ich gewusst hätte, wie krank Chipo tatsächlich war, doch das klang lahm und wie eine Ausrede, wenn nicht sogar wie eine glatte Lüge. Und wen wollte ich damit auch überzeugen? Vita wusste besser als jeder andere Mensch, dass meine Arbeit mein Leben bestimmte. Ich arbeitete nicht nur für meinen Gehaltsscheck. Diese Schwindel erregende Mixtur aus Energie, Kreativität und Neugier war ein Teil von mir. Sie war meine Droge.

Die Sozialarbeiter hatten Vita inzwischen mitgeteilt, dass das Empfehlungsschreiben von Dr. Paz die strengen Adoptionsregelungen größtenteils außer Kraft setzen werde. Es sei problemlos möglich, ein Kind in Chipos Zustand in Pflege zu nehmen oder auch zu adoptieren. In wenigen Wochen, so hatte man Vita gesagt, werde der Pflegeantrag die Behörden durchlaufen haben. Die Adoption sei danach nur noch eine reine Formsache.

Uns blieb kaum Zeit, um uns darüber klar zu werden, was wir da auf uns nahmen, und wir hatten auch keine Lust dazu. Ein paar Minuten später legten wir auf, nachdem Vita mir versichert hatte, dass alles in Ordnung sei. Ich sagte die Worte *Eltern* und *Vater* vor mich hin und versuchte, mich daran zu gewöhnen. Ich bestellte Champagner beim Zimmerservice und versuchte, die Energie für eine kleine, einsame Feier aufzubringen. Aber dann schlief ich auf meinem Stuhl ein, obwohl ich komplett angezogen war und alle Lichter brannten, weil ich ja noch darauf wartete, dass man mich aus der Redaktion zurückrief. Ich war viel zu müde, um den Champagner zu trinken.

Drei Stunden später wachte ich mit heftigen Magenkrämpfen auf. Ich wollte ins Badezimmer, doch mein linkes Knie, auf das die Männer in Kinshasa eingeschlagen hatten, gab unter mir nach, und ich fiel mit einem Plumps zu Boden. Ich kroch ins Badezimmer und musste mich heftig übergeben. Anschließend zog ich mein durchgeschwitztes Hemd aus und betrachtete mich im Spiegel. Mein Rücken war grün und blau von den Schlägen, die ich auf dem Parkplatz abbekommen hatte. Mir war schwindelig, und meine Gelenke schmerzten so, dass ich kaum aufstehen konnte. Nach einer halben Stunde gab ich den Versuch auf, ins Bett zurückzukommen. Ich rollte mich auf dem Boden des Badezimmers zusammen und schob mir ein Handtuch als Kissen unter den Kopf. Ich hatte Fieber, und Albträume von erschreckender Klarheit suchten mich heim. Im Traum ging ich noch einmal durch die Leichenhalle, doch diesmal lag nicht die verstümmelte junge Frau mit dem hellroten Nagellack auf dem Tisch, sondern ein kleines Mädchen, das ich einmal in einer Leichenhalle in Sarajewo gesehen hatte. Die Kleine war bei einem Bombenangriff verwundet worden; sie war höchstens fünf Jahre alt. Das Loch in ihrer Brust hatte einen Durchmesser von kaum zwei Zentimetern. Sie war beileibe nicht der erste Mensch, den ich sterben gesehen hatte, und dennoch hatte ihr Gesicht sich in mein Gedächtnis gegraben: das schwarze Haar, das ihr aus der Stirn fiel, der offene Mund, aus dem kein Ton mehr kam, der Kopf, der leblos hin- und herwackelte, als ein Mann sie aufhob und schreiend mit ihr in das nächste Krankenhaus rannte. Dieses eine Bild des Krieges führte mein Gehirn mir immer dann in einer Endlosschleife vor, wenn ich unter starker Anspannung stand oder depressiv war. Und auch jetzt stand es mir wieder vor Augen, nur lag das Kind diesmal in der Leichenhalle von Nairobi, und auf dem Stahltisch gleich nebenan lag ein winziger Körper. Als ich mich mit den langsamen Bewegungen des Träumenden näherte, sah ich, dass es Chipo war. Ihr Körper war entstellt. Sie lag in einer Lache ihres eigenen, getrockneten Blutes.

Erschrocken fuhr ich hoch. Unten am Rücken und in meinem Nabel sammelte sich Schweiß; ich fuhr mir mit der Hand über den Nacken, und sie war patschnass. Dann musste ich mich noch einmal übergeben. Mit schwankenden Schritten ging ich im Hotelzimmer auf und ab, schüttelte immer wieder den Kopf, um den Nebel darin zu vertreiben, und öffnete die Balkontür, um frische Luft ins Zimmer zu lassen. Bald schlief ich wieder ein, allerdings nur, um erneut dieselben Bilder vor mir zu sehen. Wieder schreckte ich hoch, und diesmal blieb ich wach. Um vier Uhr morgens rief ich bei der Rezeption an und fragte nach einem Arzt. Dreißig Minuten später rief mich ein Arzt mit italienischem Akzent zurück. Er sagte, ich solle um 7 Uhr 30 in seine Praxis kommen, und beschrieb mir den Weg. Drei Stunden lang sah ich zu, wie die Zeiger der Uhr Stückchen für Stückchen vorrückten, dann raffte ich mich auf, wankte nach unten und stieg in ein Taxi.

»Eine Lebensmittelvergiftung«, sagte der Arzt, nachdem er mich untersucht hatte. »Ihr Herzschlag ist stark verlangsamt. Ich zähle achtunddreißig Schläge pro Minute. Der Puls ist schwach und der Blutdruck sehr niedrig. Waren Sie schon einmal so krank?«

»Ich hatte mal eine Art Typhusinfektion, im Irak. Man hat nie herausgefunden, was es genau war.«

»Nun ja. Ich denke, Sie sind völlig dehydriert und befinden sich außerdem in einem fortgeschrittenen Zustand der Erschöpfung. Sie sehen furchtbar aus.« Er verschrieb mir ein Antibiotikum und außerdem ein Mittel, das den Magen beruhigen sollte. »Bleiben Sie ein paar Tage auf Ihrem Zimmer, ruhen Sie sich aus, und dann fliegen Sie nach Hause. Sie werden sich sehr schlecht fühlen. Aber machen Sie sich keine Sorgen, ich denke nicht, dass Sie daran sterben werden.«

Ich murmelte, das sei ja zumindest mal eine gute Nachricht, fügte aber hinzu, dass ich nicht auf Safari hier sei, sondern um über den Bombenanschlag zu berichten. Ich könne nicht einfach im Hotel bleiben. Er zuckte die Achseln. »Dann nehmen Sie eine Plastiktüte mit«, sagte er. »Es wird Ihnen nämlich wirklich nicht gut gehen.«

An den folgenden Tagen berichtete ich wie jeder andere Korrespondent von den wichtigsten Entwicklungen, obwohl das Fieber immer schlimmer wurde. Rose, die Frau, die unter den Trümmern verschüttet war, starb wenige Stunden, bevor man sie befreien konnte, während ihr Mann neben dem Schuttberg stand und um ein Wunder betete. Das FBI stürmte das Hilltop Hotel, ein Männerwohnheim mit Zimmern für acht Dollar die Nacht in einem der schlimmsten Viertel von Nairobi; dort, vermutete man, war die Bombe gebaut worden. Angeblich hatten sich sechs oder sieben Männer in die Zimmer A-107 und B-102 eingemietet, dort Teile der Bombe gebaut, sie nach unten gebracht und auf einen Lastwagen geladen. Da hatten sie die Bombe zusammengesetzt und waren dann zum Botschaftsgebäude gefahren. Drei von ihnen waren offenbar bei der Explosion ums Leben gekommen. Die übrigen vier wurden später festgenommen und bei der Gerichtsverhandlung in Manhattan verurteilt. Osama bin Ladens »Internationale Islamische Front für den heiligen Krieg gegen Juden und Kreuzritter« ließ über eine arabische Zeitung folgende Warnung verlauten: »So Gott will, werden die kommenden Tage zeigen, dass Amerika ein düsteres Schicksal bevorsteht.«

Unterdessen nahm ich in vier Tagen fast fünf Kilo ab. Mir war die ganze Zeit so schwindelig, dass ich beim Schreiben ein Auge geschlossen halten musste, um nicht aus dem Gleichgewicht zu geraten. Und immer und immer wieder dachte ich an ein Erlebnis zurück, das sich am zweiten Tag meines Aufenthalts in Nairobi zugetragen hatte.

Ich war noch einmal zur Leichenhalle zurückgekehrt. Viele Familien warteten dort, hatten noch Hoffnung oder hatten sich bereits in ihr Schicksal ergeben. Vor der Tür der Halle, in die man die verstümmelten Überreste vom Schauplatz des Attentats brachte, sah ich einen Mann, den ich schon am Tag zuvor dort gesehen hatte. Er trug einen schwarzen Anzug, ein weißes Hemd, eine Krawatte, eine Weste und eine Nelke im Knopfloch. Neugierig geworden, sprach ich ihn inmitten des Gestanks und der Fliegen an. Er sagte, er sei John Mungai, Pastor der Apostolic Faith Church in Nairobi. Ich hatte zu diesem Zeitpunkt kein Interesse daran, einen Geistlichen zu interviewen, und wollte mich gerade verabschieden, da fuhr er leise fort: »Aber ich bin nicht als Pastor hier. Ich komme wegen Margaret.«

Ich fragte, wer das sei.

»Meine Tochter.« Er hielt inne und kramte in seiner Brieftasche. Dann hielt er mir ein Foto hin. Es zeigte eine junge Frau mit strahlendem Lächeln. Sie trug eine weiße

Bluse mit Spitzenkragen. Ihr Haar war zu akkuraten Zöpfchen geflochten, sie hatte eine gesunde Haut und fröhliche, braune Augen.

»Sie ist sehr hübsch«, sagte ich.

»Ja, das ist sie«, erwiderte er und begann zu erzählen. »Sie ist unsere Tochter. Zwanzig Jahre ist sie alt. Sie geht zur Sekretärinnenschule im Ufundi House. Ich glaube, die Schule ist im dritten Stock. Jeden Morgen fährt sie mit dem Bus dorthin, und abends kommt sie mit dem Bus zurück. Sie wohnt noch bei mir und ihrer Mutter. Letzten Freitag hat sie den Bus genommen, und dann gab es den Bombenanschlag. Wir haben zu Hause auf sie gewartet. Wir waren sicher, dass sie wiederkommen wird, aber sie ist nicht gekommen. Wir sind ins Krankenhaus gegangen, dann in die verschiedenen Kliniken. Und schließlich sind wir hierher gekommen.«

Er musterte all die blutigen Leichenteile nach einem Anzeichen, ob sie nicht vielleicht einmal zu seiner Tochter gehört hatten, selbst abgetrennte Gliedmaßen. Und jeden Tag ging er durch den Raum mit den Leichen, um sicherzugehen, dass er sie nicht übersah.

»Natürlich beten wir für sie und hoffen weiter«, sagte er. »Aber inzwischen wünsche ich mir nur noch, dass sie gefunden wird, damit wir ihr unsere Liebe mit auf den Weg geben und uns von ihr verabschieden können.« Er griff nach meiner Hand und schüttelte sie, dann beugte er sich näher zu mir heran und flüsterte: »Jede Nacht, mein Bruder, kommt sie im Traum zu mir und ruft um Hilfe. Ich sehe sie dort, gefangen unter den Trümmern. Sie ruft um Hilfe, aber niemand kann ihr helfen. Ich höre sie, aber ich kann sie nicht finden, ich kann nicht zu ihr.« Er starrte mich an. Sein Gesicht war nur wenige Zentimeter von meinem entfernt. Ich wusste nicht, was ich tun sollte. Wir waren umringt von einigen gut gekleideten Männern und Frauen, von denen ich annahm, dass sie zu seiner Familie gehörten, dazwischen ein paar Reporter und Fotografen. Es war ein merkwürdig intimer Moment in diesem öffentlichen Raum, und Mungai schien das plötzlich ebenfalls zu merken. Er ließ meine Hand los.

»Haben Sie Kinder, Mr Tucker?«

Die Frage traf mich ganz unerwartet. Es war der Tag, nachdem Vita mir die Neuigkeiten über Chipo mitgeteilt hatte.

»Ja«, sagte ich schließlich. »Also … ja. Ich habe eine Tochter.«

»Wie alt ist sie, wenn ich fragen darf?«

»Noch nicht einmal ein Jahr.«

»Und es geht ihr gut?«

»Sie ist wunderschön.«

»Sie müssen sie lieben, jeden Tag«, sagte er leise.

Kapitel 7

Lebenszeichen

Fast einen Monat war ich fort gewesen, als ich schließlich völlig entkräftet nach Harare zurückkehrte, und was ich dort vorfand, war zutiefst beunruhigend. Vita hatte seit Wochen selten mehr als eine Stunde am Stück geschlafen, und ihr leerer Blick hätte jedem kriegsmüden Marine alle Ehre gemacht. Chipo ging es ein paar Stunden lang gut, doch dann begann sie wieder, zu keuchen und nach Luft zu ringen. Ihre Atmung war so unregelmäßig, und sie schrie dabei so heftig und schlug so wild um sich, dass Vita sie wieder in die Babytragetasche gelegt und diese nachts neben sich aufs Bett gestellt hatte. Die Tasche verhinderte, dass Vita im Schlaf auf sie rollte, und Chipo war ihr trotzdem so nahe, dass sie zumindest durch den Geruch merken musste, dass jemand bei ihr war. Nach meiner Rückkehr schlief Chipo in ihrem Tragekorb zwischen uns. Das Babybett, das wir gekauft hatten, blieb unbenutzt.

Ihr Atem war so fein wie Nebel und entsprechend schwer zu hören. Tagsüber trug ich sie in einem Autokindersitz von Zimmer zu Zimmer und stellte sie neben meinen Schreibtisch, während ich meine Ausgaben in

Kinshasa und am Schauplatz des Attentats zusammenstellte. Vita versuchte, Chipo so viel Nahrung wie möglich einzuflößen. Sie zeigte mir, wie ich die Milch anwärmen, das Fläschchen halten und dafür sorgen sollte, dass sie auch jeden Tropfen davon trank. Ich übernahm die Nachtschicht, und Vita versuchte, den Schlaf nachzuholen, den sie bitter nötig hatte. In den frühen Morgenstunden, wenn Chipo wieder nach Atem rang, hielt ich sie an die Brust gedrückt, setzte mich mit ihr in einen Lehnstuhl und zog eine Decke über uns beide. Dann nickte ich ein, eingelullt von der Bewegung ihrer Brust, die sich hob und senkte, hob und senkte wie kleine Wellen im Meer des Schlafes. Ich war überzeugt davon, dass ich sofort aufwachen würde, wenn diese regelmäßige Bewegung aus dem Gleichgewicht geriet. Ich zeichnete ihren Schlafrhythmus auf, für den Fall, dass ein Arzt diese Informationen einmal brauchen sollte. Ein Beispiel: Um neun im Bett, wach um 22.45 Uhr, 0.10 Uhr, 1.20 Uhr, 1.50 Uhr, 2.55 Uhr, 4.20 Uhr, 5.40 Uhr und schließlich endgültig um 6.20 Uhr. Jedes Mal nahm ich sie dann auf den Arm, klopfte ihr auf den Rücken, um den Schleim zu lösen, wanderte mit ihr durch das Haus und wiegte sie wieder in den Schlaf. Ich gewöhnte mir an, nach draußen zu gehen und mich mit Tofa Kachidza, dem Nachtwächter, zu unterhalten, der selbst zwei Kinder hatte. Manchmal nahm er Chipo auf den Arm, spazierte mit ihr über das Grundstück und sang ihr leise etwas auf Shona vor, während ich mir Wasser aus dem Swimmingpool ins Gesicht spritzte, um wach zu bleiben. Kurz nach Sonnenaufgang stand ich dann schon wieder in der Küche und machte Wasser warm, um die Milch und einen nährstoffreichen Babybrei namens Cerelac zuzubereiten, den

Chipo zum Frühstück bekam. Ich stellte sie in ihrem Tragesitz auf die Anrichte, und sie sah mir dabei zu, wie ich in der Küche herumhantierte. Dabei hatte sie ihre drei Finger im Mund, und die andere Hand schloss sich um ein Milchfläschchen, das sie noch kaum alleine halten konnte, weil sie zu schwach war. Manchmal versuchte sie, das Fläschchen und die Finger gleichzeitig in den Mund zu bekommen, und brachte damit ihren Hunger ebenso wie ihr Bedürfnis nach Geborgenheit zum Ausdruck. In diesen zermürbenden Stunden sang ich alles, was mir in den Sinn kam: Kinderlieder, an die ich mich vage erinnerte, bekannte Jazz-Songs und manchmal sogar die eine oder andere Ballade von Johnny Cash, die ich noch aus meiner Kindheit kannte.

»I keep a close watch on this heart of mine«, sang ich eines Morgens, während der Kaffee durchlief, klopfte dabei mit einer Hand den Rhythmus des Liedes auf meinem Oberschenkel und brachte mein Gesicht ganz dicht an Chipo heran. *»I keep my eyes wide open all the time.«*

Sie starrte mich fasziniert an.

Vita kam in die Küche. »Was um alles in der Welt machst du denn da?«, fragte sie.

»Ich versuche, sie zu einer Reaktion zu animieren.«

»Na, hoffen wir, dass sie nicht anfängt zu schreien. Lieber Himmel, damit machst du ihr doch Angst.«

»Singe ich so schlecht?«

»Wenn du singst, fangen die Hunde an zu heulen, mein Schatz.«

Ich wusste nicht mehr recht weiter; weder Vita noch ich selbst hatten große Erfahrung mit Kindern, geschweige denn mit schwer kranken Kindern. Vita war in Detroit eine begeisterte Tante gewesen und hatte ihre kleinen Nichten oft bei sich übernachten lassen. Ich hatte hin und wieder ein paar Windeln gewechselt, wenn eine befreundete, allein erziehende Mutter mal in der Klemme saß, aber mehr auch nicht. Wir hatten nicht einmal ein vernünftiges Babybuch. Vita hatte die einzigen Ratgeber zur Kinderpflege gekauft, die in den örtlichen Buchläden zu haben waren, aber die waren hoffnungslos veraltet. Freunde aus den USA schickten uns per Express ihre Ratgeber, in denen auch Schlafprobleme und Unterernährung behandelt wurden, und wir lasen sie.

Weil Chipos Atmungsprobleme anhielten, ging ich in die Stadt, um ein Buch über Herz-Lungen-Wiederbelebung bei Babys zu kaufen. Ich suchte in drei Geschäften, fand aber nichts. Schließlich stellte Dr. Paz Vita eine Broschüre der australischen National Sudden Infant Death Syndrome Council (Nationale Beratungsstelle zum plötzlichen Kindstod) von 1996 zur Verfügung, die auch nach Simbabwe geschickt worden war. In Notfällen sollte man die Nummer 000 wählen, die ich als das australische Äquivalent zur amerikanischen 911 interpretierte. Ich hatte keine Ahnung, wie die entsprechende Nummer in Simbabwe lautete, aber nach Vitas Erfahrungen mit den Sanitätern bei ihrem Autounfall kam diese Möglichkeit in der Praxis ohnehin nicht in Frage: Im Notfall auf solche Hilfe angewiesen zu sein, erschien uns ebenso nutzlos wie beängstigend. Also vertiefte ich mich in die Broschüre. Sie enthielt Zeichnungen, die zeigten, wie man eine Herzmassage bei einem Baby durchführt – man verwendet nur zwei Finger dazu –, wie man es auf die Seite dreht, um die Luftröhre frei zu bekommen, wie man eine Verstopfung in der Kehle mit einem Finger löst. Anschließend sollte man das Baby auf den Rücken legen, den Kiefer mit einer Hand stützen und es fünf Mal kurz über Mund und Nase beatmen, dann 15 Mal Druck auf den Brustkorb ausüben und dabei nicht mehr als zwei Zentimeter tief drücken. Anschließend sollte man es weitere zwei Male beatmen und dann den ganzen Vorgang wiederholen.

Die Vorstellung, dass Chipos Leben davon abhängen könnte, wie gut oder schlecht wir solche Maßnahmen ausführten, brachte mich zum Nachdenken. Ich setzte mich an den Computer und rief über das quälend langsame simbabwische Internet die Website des *Journal of the American Medical Association* auf. Dort suchte ich nach den Begriffen »Lungenentzündung« und »Babys« und bekam Dutzende von Treffern – die sich allerdings fast ausschließlich auf die Behandlung von HIV-Infektionen bezogen. Offenbar gehörten Lungenentzündungen bei Neugeborenen und Babys zu den häufigsten Warnsignalen, die auf eine HIV-Infektion hinwiesen.

Das bereitete mir große Sorgen. Niemand wusste etwas über Chipos leibliche Mutter oder ihren Vater. Aber ein paar einfache Rechnungen konnten Aufschluss darüber geben, wie hoch die Wahrscheinlichkeit war, dass sie das Virus in sich trug. In Simbabwe erwies sich eine von vier Schwangeren, die zur Geburtsvorsorge ins Krankenhaus kamen, als HIV-positiv – auf diesen Tests basierte sogar der geschätzte Anteil von HIV-Infizierten im Land. Entsprechend lag die Wahrscheinlichkeit, dass Chipos Mutter infiziert war, bei eins zu vier, genau wie bei allen anderen Kindern, die zu dieser Zeit in Simbabwe zur Welt kamen. Die Umstände, unter denen man Chipo gefunden hatte, wiesen allerdings darauf hin, dass ihre

Mutter in Schwierigkeiten gewesen war, und das erhöhte die Wahrscheinlichkeit.

Im subsaharischen Afrika gab es nur wenige grundlegende Studien zur HIV-Übertragung von Mutter zu Kind; es war also schwer einzuschätzen, wie Chipos Chancen standen, falls ihre Mutter tatsächlich infiziert gewesen sein sollte. Den verfügbaren Studien war zu entnehmen, dass etwa 39 Prozent der infizierten Frauen das Virus an ihre Kinder weitergaben. Das konnte auf drei unterschiedliche Weisen geschehen. Die erste Infektionsmöglichkeit bestand noch während der Schwangerschaft. Unter bestimmten Umständen konnte das Virus in die Plazenta eindringen, vor allem, wenn die Mutter unter einer Infektion der Vagina oder des Gebärmutterhalses litt. In westlichen Ländern war diese Art der Infektion recht selten, doch in der Dritten Welt, wo der Frauenheilkunde nicht die gleiche hohe Bedeutung zugemessen wurde, kam das sehr viel häufiger vor. Und in Simbabwe leistete die Vorliebe für »trockenen Sex« der Möglichkeit von Entzündungen und Verletzungen der Vagina zusätzlich Vorschub. (Beim trockenen Sex wird versucht, die Vagina vor dem Geschlechtsverkehr so trocken wie möglich zu halten, was vor allem durch das Einführen bestimmter Mittel oder Spülungen kurz vor dem Verkehr erzielt wird.)

Der zweite und sehr viel häufigere Infektionsweg verbarg sich im Trauma der Geburt. Die Fruchtblase platzt, die Wehen beginnen, das Kind bewegt sich durch den Geburtskanal und atmet dabei möglicherweise Blut und andere Flüssigkeiten ein. Je länger es dem mütterlichen Blut ausgesetzt bleibt, desto höher ist die Wahrscheinlichkeit einer Infektion. Als Chipo ins Chinyaradzo gebracht wurde, hatte sie zwei Tage nach der Geburt immer noch Reste des Blutes ihrer Mutter sowie Teile der Nabelschnur und der Plazenta am Körper; eine solche Zeitspanne zogen die Herausgeber medizinischer Zeitschriften ganz sicher nicht in Erwägung.

Die dritte Infektionsquelle war das Stillen, das für etwa ein Drittel aller Mutter-Kind-Infektionen verantwortlich war. Da ihre leibliche Mutter Chipo gleich nach der Geburt ausgesetzt hatte, ließ sich zumindest diese Möglichkeit ausschließen.

Doch ihre Krankheitsgeschichte seit ihrer Geburt war äußerst beunruhigend. Sie las sich wie ein Paradebeispiel für die bösartigste Form der Krankheit. In den ersten paar Wochen hatte sie über 33 Prozent ihres Körpergewichts verloren. Ihre Atmung war unregelmäßig und schwach. Sie wurde von Durchfällen geplagt und war mindestens einmal an Lungenentzündung erkrankt; vielleicht war eine solche Krankheit ja auch der Grund für einen der früheren Krankenhausaufenthalte gewesen. Ich las den Bericht darüber, woran man eine mögliche HIV-Infektion bei Babys erkennt, mit wachsender Angst. »Die Kinder HIV-infizierter Mütter sollten umgehend als solche erkannt werden, damit prophylaktische Maßnahmen ergriffen werden, bevor die Kinder an PCP (kindlicher Pneumocystis-carinii-Pneumonie) erkranken können.« Nun, eine Lungenentzündung hatte sie – aber musste das gleich heißen, dass sie HIV-positiv war?

Je länger ich las, desto schlimmer wurde es, bis mir schließlich ein Punkt am Ende einer Auflistung von Symptomen förmlich entgegensprang: »Vermindertes Wachstum sowie ein Ausbleiben der neurophysiologischen Entwicklung können typische Erscheinungsformen einer HIV-Infektion bei Kindern sein.« Chipos Gewichtskurve, die immer weiter nach unten wies, stand mir noch allzu klar vor Augen – und natürlich auch die Tatsache, dass sie kaum Reaktionen zeigte.

Bei Babys kommen zwei Verlaufsformen der HIV-Infektion vor. Die erste und zumindest in der westlichen Welt am meisten verbreitete Form verläuft in etwa so wie bei Erwachsenen: Nach der Infektion kann das Virus mehrere Jahre lang ruhen, bevor es sich zu einer ernsthaften Aids-Erkrankung entwickelt. Kinder mit dieser Infektionsform zeigen kaum Krankheitssymptome, solange sie klein sind, und bleiben meistens bis zum Teenageralter am Leben.

Die zweite Verlaufsform, die vielleicht 20 Prozent der westlichen Aids-Fälle in der Kinderheilkunde ausmacht, ist ernster und führt schnell zum Tod: »Innerhalb der ersten ein bis zwei Lebensjahre entwickelt sich rasch eine schwere Immunschwäche, die sich in verschiedenen opportunistischen Infektionen sowie häufig auch in schweren kognitiven Störungen äußert, wenn das Virus das Gehirn angreift. Solche Kinder entwickeln sich schlecht, und die Prognosen sind düster. Fast alle sterben im Kleinkindalter.«

Schweigend saß ich an meinem Schreibtisch. Chipo schlief neben mir in ihrem Kindersitz. Ich betrachtete sie ein paar Minuten lang und fühlte mich so hilflos wie nie zuvor und bis ins Mark verängstigt. Ich sah die Gefahren, die sie bisher überstanden hatte und die ihr nun vielleicht noch bevorstanden, in diesem Moment klar vor mir, sehr viel klarer noch als an jenem ersten Tag im Waisenhaus. Ich zeichnete eine Tabelle mit drei Spalten auf einen Schreibblock mit gelbem Papier. Über die linke Spalte schrieb ich »Einfach nur krank«. Über die mittlere Spalte schrieb ich: »HIV+ (langsamer Verlauf)« und über die rechte: »HIV+ (schwerer Verlauf)«.

Ich klopfte mit dem Stift auf den Block. In welche Spalte würde man, nach einer objektiven Analyse der vorliegenden Informationen, ein Häkchen setzen müssen? Ich dachte einen Augenblick darüber nach, und die Antwort gefiel mir gar nicht. Also schloss ich die Tür zu meinem Arbeitszimmer, griff zum Hörer und rief eine alte Freundin in Detroit an.

Kathryn Moseley ist Kinderärztin und zertifizierte Neonatologin; sie ist auf schwer kranke Babys spezialisiert und hat große Praxiserfahrung mit schwarzen Kindern. Ihr Studium hat sie in Harvard und an der University of Michigan absolviert. Auf dem selbst gewählten Nummernschild ihres Autos steht TWO-KGS, »zwei Kilogramm«, das Gewicht, mit dem man Babys von der Intensivstation entlässt. Wir waren gut befreundet. Nach dem dritten Klingeln nahm sie in ihrem Büro am Henry Ford Hospital in Detroit den Hörer ab.

Sie jubelte auf vor Begeisterung, als sie hörte, dass Vita und ich ein Baby zu uns genommen hatten, wurde aber schnell wieder ernst, als ich ihr erzählte, dass es sich um ein sehr krankes Kind handelte. Chipo, erzählte ich, wog jetzt knapp unter zwei Kilo …

»Ein Neugeborenes!«, fiel mir Kathy ins Wort.

»Ich fürchte, sie ist fast vier Monate alt«, erwiderte ich.

»Oh«, sagte sie. »Das ist schlecht.«

»Ja. Und sie hat Lungenentzündung.«

»Oh.«

»Und sie war zwei Mal im Krankenhaus – inzwischen sogar drei Mal: wegen der Lungenentzündung und davor wegen ständigem Erbrechen, Dehydrierung und Durchfall. Ursprünglich hat sie etwas über drei Kilo gewogen. Aber als wir sie ins Krankenhaus gebracht haben, war sie auf unter zwei Kilo abgemagert.«

»Das heißt, sie hat in nicht mal zehn Wochen mehr als ein Kilo abgenommen?«

»Äh, ja. Stimmt. Ihr Bauch war ganz aufgebläht. Für mich sah es nach Marasmus aus, aber ich bin kein Arzt, und es wurde nicht ausdrücklich so diagnostiziert. Außerdem schläft sie selten länger als eine Stunde am Stück.«

»Was sagt der Arzt vor Ort?«

»Dass sie ziemlich krank ist.«

»Kannst du sie zu mir bringen? Oder vielleicht zu einem Arzt in London?«

»Vergiss es. Sie hat keine Papiere.«

Kathy schwieg einen Augenblick.

»Ich muss dir ja wohl nicht sagen, dass das alles gar nicht gut klingt«, sagte sie dann. »Wie sieht es mit der Gesichtsfarbe aus? Und mit den Reaktionen?«

»Die Gesichtsfarbe hat sich gebessert, seit wir sie bei uns haben. Sie wirkt nicht anämisch, falls du das meinst. Aber sie lacht nicht, lächelt nicht einmal. Allerdings folgt sie uns mit den Augen, wenn wir durch den Raum gehen. Und sie greift nach unseren Fingern. Und alle fünfzehn Minuten schreit sie.«

»Gut«, sagte Kathy. »Damit sagt sie euch, dass sie sich nicht wohl fühlt, und das ist die richtige Reaktion. Richtig schlimm wäre es, wenn sie zu schwach zum Schreien wäre.«

Ich fragte sie nach einem HIV-Test und danach, was das für eine weitere Behandlung bedeuten würde.

»Wenn ihr in den Staaten oder in Europa wärt, würde ich natürlich sagen: Lasst sofort einen Test machen«, sagte sie. »Aber nachdem das nicht so ist, brauchen wir gar nicht darüber zu reden. Irgendwann solltet ihr einen machen lassen, aber damit braucht ihr euch wirklich nicht zu beeilen. Die Testverfahren für Babys sind noch vergleichsweise neu, und die älteren Tests, die man bei euch da unten bestimmt noch verwendet, führen in vielen Fällen zu falschen Ergebnissen, sowohl positiv als auch negativ. Grundsätzlich können wir davon ausgehen, dass sie entweder infiziert oder nicht infiziert ist. Aber das hat keine Auswirkungen auf das, was ihr zum jetzigen Zeitpunkt jeden Tag machen müsst.«

»Und das wäre?«, fragte ich.

»Füttert das Kind!«, brüllte sie förmlich ins Telefon, und ich musste wider Willen lachen. Das war fast wortwörtlich derselbe Auftrag, den ein Arzt bereits vor zwei Monaten auf ihre Krankenakte geschrieben hatte, es entsprach auch dem, was Dr. Paz gesagt hatte, und dem, worum sich Vita seither auch gewissenhaft bemühte. »Je besser genährt sie ist, desto schneller entwickelt sich auch ihr Immunsystem. Das ändert natürlich nichts an der potenziellen HIV-Infektion, aber es hilft, sie davor zu schützen. Dann wird sie auch länger schlafen. Ich nehme an, sie wacht nach einer Stunde auf, weil sie solchen Hunger hat. Steckt ihr jedes Mal etwas in den Mund, sobald sie ihn aufmacht.«

Eine Stunde später stand ich schon im Laden und räumte alle Babygläschen aus den Regalen, die vorrätig waren. Ich kaufte drei riesige Dosen des Babymilchpulvers Nan und schachtelweise Babybrei. Wir hatten Chipo bereits vorher oft gefüttert und ihr immer wieder Milch gegeben. Doch jetzt starteten wir die große Fütterungskampagne. Ich stand um sechs mit ihr auf, bereitete mit heißem Wasser den Babybrei zu, mischte noch einen Teelöffel Erdnussbutter darunter für die Extradosis Eiweiß, und dann ging es los. Patricia Wicks, Vitas beste Freundin aus Kindertagen, kam mit dem Flugzeug aus Dallas und brachte einen Koffer mit, der bis zum Rand mit der neuesten Babynahrung und Vitaminpräparaten aus den USA gefüllt war. Chipo saß in ihrem Hochstuhl und aß und aß, bis sie schließlich, berauscht vom Brei, über der Schüssel einschlief.

So verging eine Woche, dann eine zweite und eine dritte. Chipo schien es einen Nachmittag und manchmal auch einen ganzen Tag lang besser zu gehen; sie wirkte aufmerksamer und weinte weniger. Doch dann fing sie wieder an zu husten und zog sich in sich selbst zurück, schlief oder nahm keine weitere Notiz von ihrer Umgebung. Unsere Versuche, sie zum Lachen oder wenigstens zum Lächeln zu bringen, waren weiterhin etwa so erfolgreich wie eine schlechte Varieteevorstellung vor einem unnachgiebigen Publikum. Sie schaute uns so ausdruckslos an, als hielte sie uns für zwei leicht gestörte Erwachsene, die langsam vollkommen überschnappten.

Hätte die Regierung um Robert Mugabe sich ernsthaft mit der Aids- und der Waisenproblematik auseinander gesetzt, dann hätte sich die Situation im Land nicht in dieser Weise verschlechtert. Doch die Regierung ignorierte die Warnsignale bereits seit mehr als zehn Jahren. Aids wurde von höher gestellten Regierungsbeamten so gut wie nie thematisiert, und wenn doch, dann nur als eine Krankheit, »die von Weißen in die Welt gesetzt wurde, um die Schwarzen zu vernichten«, wie es Vizepräsident Joshua Nkomo am Grab seines erwachsenen Sohnes formuliert hatte. Mit dieser bitteren Bemerkung hatte 1997 zum ersten Mal ein hoher Regierungsbeamter zugegeben, dass ein Mitglied seiner Familie der Krankheit zum Opfer gefallen war.

Den Waisen wurde unterdessen praktisch gar keine Beachtung geschenkt. 1995, als die Epidemie bereits seit mehreren Jahren wütete, verabschiedete die Regierung eine »Nationale Richtlinie zur Pflege und zum Schutz von Waisen« (National Policy on the Care and Protection of Orphans). Sie enthielt umfassende Anweisungen, wie Sozialarbeiter und ländliche Dorfgemeinschaften mit dem nicht abreißenden Strom von Waisenkindern zu verfahren hätten. Doch in den folgenden vier Jahren, während das Land mit einem Schlag an die Spitze der weltweiten Liste der Nationen schoss, die am schlimmsten von Aids betroffen waren, und die Zahl der Waisen sich verdoppelte, konnte Mugabes faktischer Ein-Parteien-Staat – seine Partei ZANU-PF, die »Zimbabwe African National Union (Patriotic Front)«, kontrollierte die gesamte Exekutive und hatte 147 der insgesamt 150 Sitze im Parlament – sich nicht dazu aufraffen, weitere Maßnahmen auch nur anzuregen, geschweige denn durchzuführen. Wie Hilfsorganisationen berichteten, hielt das Bildungsministerium weiterhin an der Regelung fest, dass Kinder ohne Geburtsurkunde keine Schulen besuchen durften. Damit wurden fast alle verwaisten und ausgesetzten Kinder aus dem staatlichen Bildungssystem ausgeschlossen, und ein großer Teil der Bevölkerung würde ohne Schulbildung aufwachsen und entsprechend auch keine Berufsausbildung erhalten.

Und anstatt die medizinische Versorgung zu verstärken, als die Geißel Aids zu Beginn der Neunzigerjahre auf das Land niederging, ließ die Regierung zu, dass das staatlich geförderte Gesundheitssystem, um das der ganze Kontinent sie einst beneidet hatte, im Chaos versank. Zwischen 1990 und 1998 verließen über 450 Ärzte das Land – darunter auch unser Vermieter. Von Januar 1996 bis Juni 1997 kündigten einem Bericht zufolge 890 Krankenschwestern mit der Begründung, dass ihre staatlichen Gehälter kaum die Mietkosten deckten. Gleichzeitig stellte die ZANU-PF weniger als zwei Prozent des Staatshaushalts für die Gesundheitsversorgung ab, nicht einmal halb so viel, wie sie in die Verteidigung investierte.

Doch während die Regierung in Apathie verfiel, unternahmen Großfamilien und Einzelpersonen außerordentliche Anstrengungen, um sich um die verwaisten Kinder zu kümmern. Nach einer Studie, die die UNICEF 1999 in den Provinzen Masvingo und Mwenezi im Süden Simbabwes durchführte, gab es in diesen Gegenden 11 514 Waisen oder Kinder, die aus anderen Gründen Zuwendung brauchten. Mehr als 11 000 davon waren von Verwandten aufgenommen worden – also über 95 Prozent. Das Waisenschutzprogramm in Masvingo, das von der Chief Charumbira Community getragen wurde, musste mit einer äußerst geringen staatlichen Unterstützung auskommen, und doch war es nur eines von zahlreichen Projekten, durch die arme Leute sich bemühten, denjenigen zu helfen, denen es noch schlechter ging.

Um zu begreifen, in welchem Ausmaß die Krise das Land belastete, muss man sich nur einen kleinen Vergleich vor Augen führen. In Ruanda und Simbabwe gab es zu Anfang des letzten Jahrzehnts des zwanzigsten Jahrhunderts etwa denselben Prozentsatz an Waisenkindern. Während der folgenden zehn Jahre durchlebte Ruanda eine der gewalttätigsten Phasen des ganzen Jahrhunderts. In Simbabwe dagegen herrschte Frieden. Am Ende des Jahrzehnts war nach den Angaben der U.S. Agency for International Development der Waisenanteil in Simbabwe höher als der in Ruanda. In beiden Ländern hatten mehr als 25 Prozent aller Kinder mindestens einen Elternteil verloren. In Sambia, wo die Aids-Epidemie ebenfalls tobte, lag der Prozentsatz von Kindern unter 14 Jahren, die mindestens einen Elternteil verloren hatten, bei 34,3 Prozent.

Die UNICEF zeichnete zusammen mit anderen internationalen Hilfsorganisationen ein erschreckendes Bild der Zustände im südlichen Teil des Kontinents. »Am augenfälligsten wird die HIV-Problematik anhand der ungewöhnlichen Familienstrukturen: ein Großvater umgeben von seinen Enkelkindern, ein Familienoberhaupt im Teenageralter, Verbünde von Geschwistern, Cousins und Cousinen, sterbende Erwachsene, die von ihren Kindern gepflegt werden ... Die Gefahr von Unterernährung und Entwicklungsstörungen liegt bei Waisen sehr viel höher. ... Häufig führen die emotionale Verletzlichkeit und die finanziell unsichere Situation der Waisenkinder zu sexuellem Missbrauch, oder sie werden auf andere Weise ausgebeutet, z. B. zur Prostitution gezwungen, um ihr Überleben zu sichern.«

Im Jahr nach Chipos Geburt berief PACT, eine große internationale Organisation für Entwicklungshilfe, eine Konferenz in Simbabwe ein, um sich mit der Waisenproblematik auseinander zu setzen. Die Organisation brachte 78 öffentliche und private Gruppierungen sowie nationale und internationale unabhängige Wohltätigkeitsorganisationen zusammen, um gemeinsam mit ihnen herauszufinden, wie diese schreckliche Entwicklung zustande gekommen war. Im abschließenden offiziellen Konferenzbericht hieß es: »Obwohl die Waisenproblematik sehr ernst ist, schenkt die Regierung dieser Krise weiterhin keine Beachtung.« Tatsächlich hatte es seitens der Regierung drei Gesetzesvorschläge gegeben, von denen kein einziger umgesetzt worden war: eine Richtlinie zur Pflege von Waisenkindern, ein Gesetz zum Schutz und zur Adoption von Kindern und ein Gesetz für die Sozialarbeiter. »Die Regierungsbehörden, die sich mit der Waisenproblematik befassen sollen, werden offensichtlich nicht damit fertig. Das ›National Aids Coordination Programme‹ konzentriert sich nur darauf, ein Bewusstsein für Aids zu entwickeln, tut aber nichts für die Waisen. Die Sozialbehörde kann nur etwa 3 000 Kinder pro Jahr unterstützen. ... Und um die Lage noch weiter zu verschlimmern, fehlen der Sozialbehörde die Mittel – die Regierung schuldet ihr umgerechnet 454 000 US-Dollar. Die Hilfe, die zur Verfügung gestellt werden kann, bleibt deshalb weit hinter dem zurück, was erforderlich wäre.«

»Mabasa«, ein trauriges Lied von Oliver Mtukudzi, der zu den bekanntesten Musikern des Landes gehört, fing den herrschenden Zeitgeist in Simbabwe ein und lief fast ununterbrochen im Radio. Es ist ein Klagegesang auf die herrschende Krise und lautet in der Übersetzung etwa folgendermaßen:

Die Tränen sind versiegt
Wir trauern schweigend
Der Tod hat jeden Sinn verloren
Begräbnissen fehlt die Würde
Alle sterben um uns her
Wer fühlt noch mit den anderen
Wenn wir alle jeden Tag den Tod im Haus
haben?
Wer betrauert wen?
Wer bestattet wen?

In der ersten Zeit, als Chipo bei uns war, war unser gesetzliches Sorgerecht für sie, trotz der Empfehlungen von Dr. Paz, genauso unbeständig wie das Papier, auf dem es stand. Einige Zeit, nachdem Vita Chipo nach Hause geholt hatte – ich war noch mit dem Bombenanschlag in Nairobi beschäftigt –, war der Sozialarbeiter Douglas Chapara gekommen, um einen Sozialbericht anzufertigen. Da die Behorde ihm kein Auto zur Verfügung stellte und Vita zu beschäftigt war, um ihn abzuholen, fuhr ihn der Leiter der Behörde, Tony Mtero, mit dem wir vor einiger Zeit zu Abend gegessen hatten, persönlich zu uns. Tony wollte sichergehen, dass unter diesen außergewöhnlichen Umständen auch alles seine Richtigkeit hatte.

Chapara stellte Vita die übliche Litanei von Fragen: familiärer Hintergrund, Motivation, ein Kind in einer Notsituation aufzunehmen, Einkommen, Bildung, Familienstand und so weiter. Er inspizierte das Haus und Chipos Lebensbedingungen. Zwei Stunden lang machte er sich Notizen. Dann füllte er ein vergilbtes Formular mit vorgedrucktem Text aus. Es trug die Überschrift:

Gesetz zum Schutz und zur Adoption von Kindern (Abschnitt 33).

Sorgerecht: Übertragung nach Paragraph 15 des Gesetzes (Paragraph 8 der Regelung zum Schutz und zur Adoption von Kindern von 1972).

Das Formular enthielt folgenden Text:

Mr und Mrs N. & V. Tucker

Sie sind berechtigt, das BABY CHIPO bei sich aufzunehmen und bei sich zu behalten, ein Kind/~~Jugendlicher,~~ das/~~der~~ mutmaßlich der Pflege bedarf, gemäß den unter Paragraph 17 des Gesetzes getroffenen Vorkehrungen. Das oben genannte Kind darf während der Gültigkeitsdauer dieser Berechtigung in Gewahrsam behalten werden, bis es gemäß den Vorgaben unter Paragraph 18 des Gesetzes einem Jugendgericht vorgeführt werden kann.

Es war ein Standardformular – man brauchte nur die Namen einzusetzen –, und Tony Mtero unterschrieb es. Satzungsgemäß war es allerdings nur zwei Wochen gültig.

Die letzte Frage, die der Sozialarbeiter Vita stellte, bevor er ging, lautete: »Der Vater … ist er ständig abwesend?«

Fünf Minuten später rief Vita mich in Nairobi an. Und während meine Kollegen ihre Berichterstattung von dort fortsetzten – die USA hatten begonnen, Raketen auf den Sudan abzufeuern, der angeblich Terroristen unterstützte – oder sich wieder der Krise im Kongo widmeten, flog ich zurück nach Hause. Kurz bevor er Feierabend machte, stand ich in Douglas Chaparas Büro, stellte mich freundlich vor und hoffte, damit zur Genüge gezeigt zu haben, dass ich keineswegs »ständig abwesend« war.

Eines Freitagmorgens zwei Wochen später, am 14. und letzten Tag der Gültigkeit der Sorgerechtserklärung, fuhr ich zu einem Komplex aus einstöckigen Gebäuden mit Blechdächern im Zentrum von Harare. Die Flure waren düstere Gänge mit kahlen Wänden, von denen bereits der Putz abblätterte, die Büros heruntergekommene, rechteckige Räume mit einfachen Schreibtischen und überquellenden Aktenschränken. Das also war die Sozialbehörde.

Ich ging hinein und machte mich auf die Suche nach Chapara. Seit zwei Tagen versuchte ich bereits, ihn anzurufen, war aber nicht durchgekommen. Es stellte sich heraus, dass er in ein anderes Büro gezogen war, und ich hatte keine Ahnung, wo sich das befand. Am Empfang war niemand, also klopfte ich wahllos an Türen und fragte mich durch. Das dauerte eine Viertelstunde, doch schließlich hatte ich das Büro gefunden. Auf mein Klopfen hin antwortete niemand, und die Tür war verschlossen. Ich wartete zehn Minuten. Dann ging ich den Flur entlang und klopfte wieder an verschiedene Türen, bis ich die stellvertretende Behördenleiterin, Florence Kaseke, ausfindig gemacht hatte. Ich stellte mich vor und fragte sie, ob sie wisse, wann Chapara wiederkomme. Sie wusste es nicht. Ich fragte sie, wer es denn sonst wissen könne, und sie erwiderte, auch das wisse sie nicht. Ich wartete eine weitere Viertelstunde, schrieb dann meine Telefonnummer auf einen Zettel, hängte ihn an die Tür des Büros und ging. Zwei Stunden später rief ich an, erreichte jedoch niemanden in der Zentrale. Kurz vor Mittag kehrte ich in das Gebäude zurück, hatte aber erneut kein Glück – ebenso wenig um zwei und um drei.

Schließlich erwischte ich ihn um zwanzig vor fünf, als er gerade das Gebäude verlassen wollte. Ich fragte ihn, ob er mir eine neue Sorgerechtserklärung ausstellen könne, und er erwiderte, er betreue unseren Fall nicht mehr. Ich fragte ihn überrascht nach dem Namen des neuen Zuständigen. Er sagte, das wisse er nicht. Es ging bereits auf Behördenschluss zu, und ich hatte Angst, die Sorgerechtserklärung auslaufen zu lassen, selbst wenn es nur für ein Wochenende war. Florence Kaseke, die stellvertretende Leiterin, hatte zwar gelächelt, als ich mich vorgestellt hatte, doch dieses Lächeln war nur ein falsches Zähneblecken gewesen, wie es Bürokraten in aller Welt offenbar stets parat haben. Als ich gerade überlegte, was ich jetzt tun sollte, sah ich Mtero auf dem Flur und rannte ihm nach. Er stellte mir eine neue Erklärung aus und versprach herauszufinden, wer den Fall jetzt betreute.

Es wurde September, und wir brachten Chipo zu ihrer wöchentlichen Untersuchung bei Dr. Paz. Vita legte sie auf die stählerne Waagschale, und der Zeiger der Waage stand schwankend auf etwas mehr als vier Kilo still. Innerhalb von vier Wochen hatte sich ihr Gewicht mehr als verdoppelt. Sie sah aus wie eine Bowlingkugel mit Armen und Beinen. In der Nacht rasselte es nicht mehr ganz so bedrohlich in ihren Lungen. Zwei Wochen später behelligte ich die Sozialbehörde von neuem, und man stellte uns eine weitere Notfall-Sorgerechtserklärung aus. Chipo nahm weitere 200 Gramm zu. Inzwischen schlief sie fast zwei Stunden am Stück.

Nur wenige Tage später war ich wieder bei der Arbeit; diesmal reiste ich nach Uganda. Auf dem Flug von Harare nach Kampala saß ich neben Johnnie Carson, dem ehemaligen US-Botschafter in Simbabwe, und versuchte, mich wieder auf die politische und gesellschaftliche Lage in Afrika zu konzentrieren. Carson, vermutete ich, flog nach Kampala, um die dortigen Wahlen zu überwachen. Ich selbst musste schnellstmöglich hin, weil das FBI dort eine Razzia bei einer islamischen Wohltätigkeitsorganisation durchgeführt hatte, die verdächtigt wurde, als Deckmantel für eine Gruppe mutmaßlicher Täter im Zusammenhang mit den Botschaftsanschlägen zu dienen. Ich war gerade dabei, im Grand Imperial Hotel einzuchecken, als draußen auf der Straße eine improvisierte Siegesfeier für einen der Kandidaten in Gang kam. Zusammen mit Adonia Ayebare, meinem geschätzten Kollegen und Dolmetscher für diese Region, zog ich drei Tage lang durch die muslimischen Viertel der Stadt und versuchte herauszufinden, was dem FBI tatsächlich an Beweisen vorlag. Eines Abends saß ich in meinem Zimmer und schrieb, um den Redaktionsschluss einzuhalten, da klingelte das Telefon. Ich meldete mich und tippte dabei ununterbrochen weiter.

»Chipo hat *gelächelt!*«, rief Vita am anderen Ende der Leitung.

Sie hatte Chipo gerade gewickelt, sich spontan vorgebeugt und sie mit der Nase am Bauch gekitzelt. Da hatten Chipos Augen aufgeleuchtet, und ihre Mundwinkel waren nach oben gewandert.

Sie hatte Grübchen. Wer hätte das gedacht? Sie war fast ein halbes Jahr alt.

Kapitel 8

Wurzeln in Mississippi

Eines Sonntagmorgens schob ich Chipo in ihrem Sportwagen durch die Straßen unseres Viertels in Harare, um ein wenig frische Luft und Sonne zu tanken. Da kam uns eine Frau entgegen, die stocksteif stehen blieb. »Was machen Sie denn da?«, fragte sie und verzichtete ganz auf jegliche Form der Begrüßung.

»Ich gehe spazieren«, sagte ich.

»Ich meine, was machen Sie mit dem Baby?«, fragte sie und bemühte sich wacker um ein Lächeln.

»Dieselbe Antwort, Ma'am: Ich gehe spazieren.«

»Ist das Ihr Baby?«

»Jeden Tag, den Gott werden lässt«, sagte ich und ging weiter.

Ich wusste genau, was sie gemeint hatte, auch wenn ich das nicht zugab, denn mir waren schon häufig ähnliche Fragen von Simbabwern gestellt worden. Offene und verstohlene Blicke, manchmal auch entgeistertes Starren – ich wusste nur allzu gut, was das alles zu bedeuten hatte. *Was macht der Weiße da mit dem schwarzen Baby? Hat er gerade behauptet, er sei der Vater? Für wen hält er sich eigentlich?* Vita erlebte so etwas natürlich nie; Chipo und sie hatten einen fast identischen Hautton. Und wenn die Leute in Harare hörten, dass sie Chipo adoptieren wollte, zogen sie nicht einmal die Augenbrauen hoch. Offenbar können die Leute mütterliche Instinkte sehr viel leichter nachvollziehen als väterliche, vor allem, wenn dabei Rassengrenzen überschritten werden. Ich wurde auf ganz unterschiedliche Weise mit dieser Tatsache konfrontiert, vor allem von Schwarzen; das lag allerdings meines Erachtens nur daran, dass neugierige Weiße immer fürchteten, man könne ihnen solche Reaktionen als rassistisch auslegen. Es war auch keineswegs immer böse gemeint – im Gegenteil, die meisten Fragen waren durchaus freundlich –, aber es gab doch häufig Gelegenheiten, bei denen mich Wildfremde in aller Öffentlichkeit nach dem Kind in meinem Arm fragten.

Einmal nahm ich Chipo an einem Dienstagabend mit zum Pizzaservice, weil ich Freunde zum Monday Night Football erwartete. Die Spiele wurden in Harare um drei Uhr früh am Dienstag im Kabelfernsehen übertragen. Wenn ich in der Stadt war, nahm ich sie auf Video auf und lud für den Abend ein paar Freunde zu Pizza und Bier ein. Ich setzte Chipo auf die Theke, während wir auf die Bestellung warteten. Da ich der einzige Kunde war, streckte die junge Kassiererin die Hand aus, streichelte Chipo über den Arm und fragte: »Wessen Baby haben Sie denn da mitgebracht?«

»Meines«, sagte ich.

Sie zog die Augenbrauen hoch. »Das ist Ihr Baby?«

»Ja.«

Ihr Lächeln gefror, und ihr Blick wanderte über Chipos Haar, ihre Haut, ihre breite Nase. Dann warf sie mir einen scheuen Blick zu. »Aber die Mutter ist sicher sehr schwarz?«, flüsterte sie schließlich.

»Und wie«, sagte ich, lehnte mich über die Theke und fuhr in vertraulichem Ton fort: »Sie kommt aus Detroit.«

»Ooooh«, hauchte das Mädchen.

Mir machte es durchaus Spaß zuzuschauen, wie die Leute sich in solchen Situationen wanden, doch das war beileibe nicht der Grund dafür, dass ich Chipo gleich von Anfang an als meine Tochter betrachtete. Der Schlüssel zu diesem kleinen Geheimnis liegt in meiner Familiengeschichte, und sein einziges sichtbares Zeichen ist der Nachname, den ich trage.

Als mein Vater ein paar Tage alt gewesen war, wurde er, wie es hin und wieder vorkommt, von seinem Vater verlassen, einem gewissen Clayton Tucker. Clayton lebte mit meiner Großmutter Gladys in den rötlichen Hügeln im Norden Mississippis, an einer winzigen Kreuzung von Schotterstraßen, die den Namen Gum Branch trug. Sie befand sich am Rande des Tombigbee National Forest und war und ist auf keiner Karte verzeichnet; nichtsdestotrotz gibt es sie, und dort lebte meine Großmutter auch weiterhin im kleinen Haus der Familie.

Eine verlassene junge Frau mit einem Baby hatte im ländlichen Mississippi zu Zeiten der Depression keine allzu guten Aussichten, um es einmal milde auszudrücken, und so sah man es mit Erleichterung, als Gladys einen mageren, drahtigen Mann namens Pete Gazaway heiratete. Auf der Suche nach Arbeit wanderten Gladys und Pete mit meinem Vater im Schlepptau fast zehn Jahre lang kreuz und quer durch den Norden von Mississippi. Sie zogen vom Holzfällerlager in eine gepachtete Farm, dann arbeiteten sie auf einer der Farmen des

Parchman-Gefängnisses, wurden schließlich sesshaft und eröffneten einen kleinen Lebensmittelladen in der Nähe des Flussdeltas. Pete war ein kleiner, aber durchaus aufbrausender Mann. Einmal geriet er bei einem Viehmarkt vor einer Scheune in der Nähe von Louisville in eine Prügelei mit einem sehr viel größeren Mann. Für Pete sah es schlecht aus, bis er den Mann schließlich am Kopf packte und ihm ein Stück Ohr abbiss. Ein Arzt versuchte einzugreifen, doch Gladys schlug ihn bewusstlos. Später ließ sie sich von Pete scheiden und zog nach Texas. Für uns war sie eine Fremde, eine gelegentliche Stimme am Telefon, die anrief, um meinen Vater zu beschimpfen. Das tat sie jedes Mal, wenn sie schlecht gelaunt und betrunken war, und beides kam nicht gerade selten vor. Eines Nachmittags rief sie an und teilte uns mit, sie wolle wieder heiraten, diesmal einen Einwanderer aus Deutschland. Um Mitternacht meldete sie sich noch einmal in sturzbetrunkenem Zustand und verkündete: »So, jetzt hab ich auf den Hurensohn geschossen.« Auch diese Ehe hielt nicht lange – Schüsse so bald nach der Hochzeit verheißen einfach nichts Gutes, nicht einmal im tiefen Süden.

Meine Mutter entstammte einer inzwischen verarmten Südstaatenfamilie. Ihr Ur-Urgroßvater hatte zu Zeiten des Bürgerkriegs eine Plantage besessen, die den Namen Rest Easy trug. Er hieß Charles Brown, und es heißt, er sei irgendwann um 1890 mit einer freigelassenen Sklavin durchgebrannt. Der Name der Frau ist nicht überliefert. Seine Ehefrau und die Kinder, die er zurückließ, verloren bald darauf die Plantage und das Familienvermögen. Meine Großmutter Catherine starb, als ich drei Jahre alt war, und mein Großvater Augustus arbeitete zeit seines Lebens auf den Baumwollfeldern eines anderen Plantagenbesitzers.

Für eine seit so langer Zeit verarmte Region ist das eine ganz normale Familiengeschichte; das einzig Bemerkenswerte daran ist, dass ich bis ins Teenageralter nichts davon wusste. Meine Eltern waren immer sehr konservativ und fanden es ungehörig, die dunklen Kapitel der Familiengeschichte aufzudecken, vor allem vor den Kindern. Ich glaube, ich war schon auf dem College, als ich zum ersten Mal den Namen Clayton Tucker hörte. Als Kind wäre ich nie auf die Idee gekommen, dass Pete Gazaway, der Mann, den mein Vater »Papa« nannte, vielleicht gar nicht mein Großvater war. Im vergilbten Fotoalbum der Familie fanden sich Fotos von der Hochzeit meiner Eltern; auf einem rückt Pete meinem Vater vor der Trauung den Kragen zurecht, auf einem anderen steht er als Trauzeuge neben ihm. Jedes Jahr feierten wir Thanksgiving bei Pete und Bonnie, seiner zweiten Frau, und am ersten Weihnachtstag kamen sie uns besuchen. Bonnie war ein kleines, etwas rundliches Persönchen in einem einfachen Hauskleid, und in ihrem schwarzen Haar zeigten sich jedes Jahr ein paar weitere graue Strähnen. Ihr Gesicht war, nach all den Jahren Arbeit in der prallen Sonne, von Falten durchzogen, doch ihre Augen strahlten immerzu. Sie hatte 16 Geschwister, besaß keinen Führerschein und war in der Lage, blitzschnell hinter dem Haus ein Huhn zu fangen und ihm den Hals umzudrehen. Eine knappe Stunde später brutzelte es dann bereits in der Pfanne. Sie sagte nicht viel, aber jedes Mal, wenn wir sie besuchten, drückte sie mir einen Vierteldollar in die Hand, mit dem ich mir im Laden Süßigkeiten kaufen sollte, und zwinkerte mir dabei verschwörerisch zu. Man spürte ihre Wärme, wenn man sie umarmte, und sie erwiderte jede Umarmung bereitwillig.

Pete und sie lebten auf einer kargen, kleinen Farm, etwa zwanzig Kilometer von unserem Haus entfernt. Eine Schotterstraße führte dorthin, und wenn man ihr gut wollte, konnte man behaupten, die Farm befinde sich in der Nähe der Kleinstadt Bradley – es wäre aber sicher zutreffender gewesen zu sagen, dass sie mitten in der Pampa lag. Im Sommer luden Shane und ich schon kurz nach Sonnenaufgang Plastikeimer und Leinensäcke in den Kofferraum unseres klapprigen, alten Kombis. Um diese Tageszeit war es im Schatten der Bäume noch kühl, und das Gras und die staubigen, schmalen Straßen waren nass vom Tau, der in der Nacht gefallen war. Aus dem Radio erklang Country-Musik, die von Rauschen unterbrochen wurde, wenn meine Mutter von der asphaltierten Straße ab und erst in die eine, dann in die nächste Schotterstraße einbog, bis wir schließlich am Ziel waren und das kleine Holzhaus mit dem Hühnerstall im Hinterhof und einem kleinen Ventilator mit blauen, roten, grünen und gelben Bändern im offenen Küchenfenster erreicht hatten. Wir sprachen immer nur von *GrandaddyPeteund-Bonnie*, als wäre das alles ein Wort. Bonnie kam nach draußen und wunderte sich, dass wir so spät kamen. »Es ist schon sieben«, rief sie mit gerunzelter Stirn. »Der Tag ist ja schon halb rum.« Dann setzte sie einen breitkrempigen Sonnenhut auf, und wir gingen in den anderthalb Hektar großen Garten. Der Morgen begann sich zu entfalten, die Sonne stand hoch am Himmel und brannte erbarmungslos, und die Feuchtigkeit ringsum war wie etwas Lebendiges, das uns mit nassen Fingern in die Hosenbeine und unter die T-Shirts fuhr und uns seine schweißnasse Hand über Mund und Nase legte. Erst waren die Wachsbohnen dran – der Rücken schmerzte schon vom Bücken –, dann kamen die leuchtend gelben Kürbisse, die sich in der Stadt für »bares Geld«, wie Bonnie sagte, verkaufen ließen. Und schließlich die langen Reihen von Schwarzaugenbohnen, grünen Bohnen, Mais, Okra und Grünkohl und die Wassermelonen. Den Nachmittag verbrachten wir in Bonnies kühlem Haus und putzten und schälten, was wir geerntet hatten. Lange Jahre gab es keine Klimaanlage, und erst Mitte der Siebzigerjahre wurde das Haus mit fließendem Wasser ausgestattet. Vorher ging man auf die Außentoilette gleich neben dem Hühnerstall, und zum Duschen liefen wir etwa 300 Meter die Straße entlang bis zum so genannten »alten Haus«, einer Bretterbude, an deren Rückwand ein Schlauch hing. Man zog sich aus und blieb dicht an der Hauswand, direkt unter dem Wasserstrahl, damit man von der Straße aus nicht gesehen wurde.

Im Herbst zerlegten wir Baumstämme zu Feuerholz. Pete half uns dabei, ein ledriger Mann im Overall oder in Arbeitshosen und einem alten Hemd. Er hatte immer eine Winston im Mundwinkel und ein Päckchen in der Brusttasche. Ich liebte ihn natürlich, denn er brachte mir alles Mögliche bei, erzählte von Schlangen, Fischteichen und von der Rotwildjagd. An den kühlen Spätnachmittagen im Herbst saß ich im Wald neben ihm, wenn wir uns vom Holzhacken ausruhten, und sog seinen Geruch nach Schweiß, Zigaretten und alten Kleidern ein, während er erzählte.

Jahre später, bei einem meiner seltenen Besuche zu Hause, fuhr ich eines Morgens wieder dorthin, um Bonnie zu helfen, Apfeltaschen für meine Eltern zu backen.

Pete war ein paar Jahre zuvor gestorben, und sie lebte allein im Haus. Sie stand immer noch auf, bevor es hell wurde, und wartete bereits auf mich, als ich vor dem Haus hielt, inmitten einer rötlichen Staubwolke, die sich auf den Wagen senkte. Die Hühner hinter dem Haus waren inzwischen verschwunden, ebenso wie die Kühe auf der Weide. Bonnie war die meiste Zeit allein mit ihren Quizshows und »Geschichten«, wie sie die Seifenopern im Fernsehen nannte. Wir setzten uns zum Äpfelschneiden an den Esstisch, nur zwei Schritte von der Küchentür entfernt, in dem Zimmer, in dem ich so viele Tage meiner Kindheit verbracht hatte. Bonnie machte kein Licht, sondern ließ einfach nur das erste Tageslicht durch die Fenster hereinfallen. Staubflocken tanzten in der Luft. Durch die Fliegentüren drang ein leichter Wind herein, der bereits an den Herbst denken ließ. Wir unterhielten uns ein Weilchen – immer wieder unterbrochen von ihrer Feststellung, ich sei wirklich kein sonderlich begabter Apfelschneider –, und schließlich brachte ich den Mut auf, ihr etwas zu sagen, das ich bis dahin noch niemandem erzählt hatte: Von all meinen Verwandten, sagte ich, war sie mir die Wichtigste, und ich liebte sie so sehr wie kaum einen anderen Menschen, den ich kannte. Sie versuchte, ihre Mundwinkel davon abzuhalten, sich zu einem Lächeln nach oben zu ziehen, und teilweise gelang ihr das sogar. Dann sagte sie, ich solle lieber aufpassen, sonst würde ich mir noch den Daumen abschneiden.

Auf dem Heimweg öffnete ich die Blechdose mit den Apfeltaschen und nahm mir zwei heraus. Es waren die letzten, die Bonnie je für mich backen sollte.

Und obwohl ich inzwischen die ganze Familiengeschichte kenne, obwohl ich weiß, dass Pete und Bonnie nur mein ehemaliger Stiefgroßvater und seine zweite Frau waren, habe ich sie doch nie so gesehen. Sie waren meine Großeltern – das wusste ich, weil mein Herz es mir sagte.

Dieses Gefühl von Familienbindungen, die über Blutsverwandtschaft und denselben Nachnamen hinausgingen, verstärkte sich in meiner Generation noch. Als ich fünf Jahre alt war, verbrachte meine Cousine Cathy Brown einige Zeit bei uns. Ihre Eltern befanden sich mitten in einem scheußlichen Scheidungskrieg. Als sie vor unserer Tür stand, sagten meine Eltern nicht: »Eure Cousine kommt zu Besuch«, sondern: »Eure Schwester bekommt dieses Zimmer.« Und in mehr als drei Jahrzehnten haben wir nie anders von ihr gesprochen und sie nie als etwas anderes betrachtet. Jahrelang war ich der Jüngste in der Familie, bis meine Eltern eine junge Immigrantin aus Indien kennen lernten. Sie hieß Vanishree Rudraswamy und versuchte, sich allein in den USA durchzuschlagen. Inzwischen nennt Vani meine Eltern »Mom« und »Dad«, fährt in den Ferien zu ihnen, und wenn ich sie neuen Freunden vorstelle, entscheide ich mich immer für die einfachste Variante: »Das ist meine kleine Schwester.«

Was nun den miesen Hund betrifft, dem wir unseren Nachnamen verdanken – Clayton Tucker –, so wohnte er sein Leben lang keine 150 Kilometer von uns entfernt, wie mein Vater Jahre später herausfand. Seine Kinder aus anderen Ehen erfuhren erst nach Claytons Tod von der Existenz meines Vaters, weil in irgendwelchen unwichtigen Papieren ganz unten in einer Kiste von einem zurückgelassenen Sohn die Rede war. Clayton selbst hatte meinen Vater niemals angerufen oder auf andere

Weise Kontakt mit ihm aufgenommen; er hatte sich nie für uns interessiert, obwohl er mit dem Auto in zwei Stunden bei uns gewesen wäre.

Und mein Vater hat es ihm mit gleicher Münze zurückgezahlt. Nachdem er meiner Mutter einmal – und nur dieses eine Mal – zu Anfang ihrer Beziehung von seiner Familie erzählt hatte, sprach er nie mehr von seinem leiblichen Vater, nicht mit seiner Frau, nicht mit seinen Freunden und natürlich erst recht nicht mit seinen Kindern.

Diese Entschlossenheit, durch die der leibliche Vater schließlich praktisch ausgelöscht wurde, fasziniert mich bis heute. Die Konsequenz daraus war natürlich, dass Pete in seiner Rolle als Vater und Großvater weiter gefestigt wurde. Nebenbei betrachtet, offenbart sich darin, was Familie und Liebe bedeuten bzw. nicht bedeuten.

Ich habe diese Weltsicht übernommen. Obwohl ich einen Großteil meines Lebens damit verbracht habe, winzige Details für Zeitungsartikel von 800 Wörtern zu recherchieren, obwohl meine Notizen für dieses Buch zwei Aktenschränke füllen, habe ich doch nie auch nur einen Finger krumm gemacht, um etwas über meinen *richtigen* Großvater zu erfahren. Ich weiß noch nicht einmal, wie er aussah, und es interessiert mich auch gar nicht. In meiner Familie ist Clayton Tucker, unser aller Gründervater, nicht mehr von Bedeutung.

Als Vita und ich heirateten, glaubte ich, meine Familie verloren zu haben, so eng die Beziehung auch einmal gewesen sein mochte. Ich hatte mich bereits einige Jahre vor unserer Heirat von meinen Eltern entfremdet; uns trennten widerstreitende Ansichten zu Themen wie

Hautfarbe, langen Haaren, Ohrringen und Tätowierungen. Mir war klar, dass sie eine schwarze Schwiegertochter nicht gerade freudig willkommen heißen würden. Mischehen waren in Mississippi bis 1969 verboten gewesen, und für die Generation meiner Eltern war eine solche Durchmischung der Rassen etwas zwischen unnatürlichem Verhalten und Sünde. Aber die Zeit tut so manche Wirkung. Im Jahr nach unserer Hochzeit besuchten Shane und meine Mutter uns in Polen. Als Shane und ich eines Nachmittags joggen gingen, zog meine Mutter Vita neben sich auf das Sofa.

»Du sollst wissen, Vita, dass ich viel gebetet habe. Und ich weiß jetzt, dass ich mich in der Rassenfrage getäuscht habe«, sagte sie. »Ich habe mich ganz einfach getäuscht. Anders kann ich das nicht sagen. Ich bin wohl einfach anders erzogen worden. Aber ich möchte, dass du weißt, wie Leid mir das alles tut. Ich entschuldige mich bei dir, und ich hoffe, du kannst das akzeptieren. Ich wollte deine Gefühle nicht verletzen.«

»Ich habe das auch nicht als etwas Persönliches aufgefasst«, erwiderte Vita vorsichtig. »Wir kannten uns ja gar nicht, also konnte es eigentlich nichts mit mir zu tun haben. Wenn du grundsätzlich Probleme mit Schwarzen hast, dann hat das wohl eher etwas mit dir zu tun.«

»Das hatte es auch«, sagte meine Mutter. »Aber das ist vorbei.«

Danach verlief der Besuch noch sehr harmonisch. Die beiden kehrten schließlich nach Hause zurück, und meine Familie fand sich mit den Gegebenheiten ab – wenn auch aus sicherer, transatlantischer Entfernung.

Doch als wir Chipo zu uns nahmen, hatte das eine bemerkenswerte innerfamiliäre Annäherung zur Folge.

Mein Vater, der wusste, was es bedeutete, als Kind im Stich gelassen zu werden, fasste eine spontane Zuneigung zu ihr. Er beantragte sofort ein Visum und kaufte ein Flugticket nach Harare. Er schien vergessen zu haben, dass er normalerweise nicht dazu zu bewegen war, weiter als bis nach Memphis im Norden oder Tuscaloosa im Osten zu reisen. Meine Mutter und er reisten 38 Stunden lang nonstop – von Mississippi über Atlanta, London und Johannesburg bis nach Harare –, um ihr einziges Enkelkind kennen zu lernen. Die Rassenfrage, einer der Grundpfeiler des Lebens in Mississippi, schien plötzlich eine untergeordnete Rolle zu spielen, und die Schwierigkeiten, die wir miteinander gehabt hatten, gehörten einer grauen Vergangenheit an. Während dieses Aufenthalts erzählte meine Mutter mir die Geschichte von Charles Brown, meinem Ur-Ur-Urgroßvater, der mit einer freigelassenen Sklavin durchgebrannt war, und so erfuhr ich schließlich auch von diesem kleinen Familiengeheimnis. Charles und seine Geliebte waren sowohl aus der Familiengeschichte als auch aus der Geschichte des Staates Mississippi verschwunden und hatten eine Frage zurückgelassen, die auch mehr als ein Jahrhundert später ungeklärt war. Niemand wusste, was aus ihnen geworden war, erzählte meine Mutter uns beim Abendessen, während ich in verblüfftem Schweigen lauschte.

Vita fand das alles höchst amüsant.

»Einmal alle hundert Jahre muss eben einer in der Familie mit einer Schwarzen durchbrennen und sie heiraten«, rief sie kichernd. »Und du hast gedacht, du bist der Pionier. Dabei wiederholst du nur die Familiengeschichte, mein Schatz.«

Sie gab mir einen Kuss auf die Nasenspitze.

Einige Zeit später, als meine Eltern wieder nach Mississippi zurückgekehrt waren, ging mein Vater zum 50-jährigen Abschlusstreffen seiner High-School-Klasse. Es fand in Clarksdale statt, einer verschlafenen kleinen Stadt mitten im Herzen des Deltas, die vor allem durch die erstaunliche Anzahl von Blues-Musikern berühmt geworden ist, die dort gelebt hatten.

Die Menschen, die sich in dem kleinen Festsaal versammelt hatten, waren allesamt Weiße Ende sechzig; sie gehörten zu der Generation, die früher so erbittert gegen die Rassenintegration und die Bürgerrechtsbewegung gekämpft hatte. Nach dem Essen bekam jeder Gelegenheit, den ehemaligen Klassenkameraden zu erzählen, was von all den Dingen, die er in dem halben Jahrhundert, seit sie zusammen zur Schule gegangen waren, erlebt hatte, das Wichtigste und Bedeutendste gewesen war.

Meine Mutter saß neben meinem Vater und fragte sich im Stillen, was er wohl erzählen würde. Er war als Erster in der Familie – sowohl seiner eigenen als auch ihrer – aufs College gegangen. Er hatte sogar eine Doktorarbeit zum Thema Viehzucht geschrieben, und heute sagte jeder »Dr. Tucker« zu ihm. Er hatte es in seinem Beruf weit gebracht und war im Cooperative Extension Service der zweithöchste Beamte im Staat – eine recht einflussreiche Position in dieser ländlichen Gegend.

Doch als er an der Reihe war, stand mein Vater auf und sagte nichts von alledem. »Ich bin sehr stolz, euch mitteilen zu dürfen, dass ich eine Enkelin habe. Sie heißt Chipo und kommt aus Simbabwe«, sagte er.

Dann setzte er sich wieder.

Meine Mutter war sprachlos. Und dann hätte sie ihn am liebsten geküsst.

Kapitel 9

Kinder der Trockenzeit

Doch nur, weil wir Chipo bereits als Mitglied des Tucker-Clans betrachteten, hieß das noch lange nicht, dass andere die Dinge genauso sahen. Die Frage, der wir uns jetzt stellen mussten, lautete, wie wir es schaffen sollten, die ganze Sozialbehörde bis hinauf ins Ministerium dazu zu bringen, einer Adoption zuzustimmen, die Chipo auch vor dem Gesetz zu unserer Tochter machen würde. Die anfänglichen Zusicherungen, die Vita erhalten hatte – alles werde problemlos vonstatten gehen –, erwiesen sich schon bald als Unsinn. Ich dachte an Tony Mteros warnende Worte, und das hielt uns davon ab, sofort eine Adoption zu beantragen. Wir wussten, dass ein solcher Antrag umgehend abgelehnt werden würde. Nachdem wir ein paar Wochen lang über die beste Vorgehensweise beraten und außerdem einige Recherchen zur Gesetzeslage durchgeführt hatten, beschlossen wir, uns von der anderen Richtung zu nähern. Wir füllten die notwendigen Formulare aus, um Pflegeeltern zu werden, wie Tony es uns damals im Restaurant geraten hatte. Es gab kein Gesetz, dass Ausländern diesen Status untersagte; die Behörde musste zwar auch der Pflegeelternschaft zustimmen, und ein Gericht musste den Vorgang legalisieren, doch das Ganze war längst nicht so vielen Restriktionen unterworfen wie eine Adoption.

Eine neue Sozialarbeiterin, Florence Sibanda, besuchte uns, um einen weiteren Sozialbericht anzufertigen, und wir beantworteten all ihre Fragen und füllten die nötigen Formulare ein zweites Mal aus. Sie war sehr nett, aber praktisch nie in ihrem Büro anzutreffen. Einmal hatte sie mir die Akten all ihrer Fälle gezeigt – die schmalen Ordner türmten sich fast dreißig Zentimeter hoch – und zu mir gesagt: »Mr Tucker, Ihr Fall ist einer von diesen hier. All diese Leute wollen mich sprechen. Wenn Sie wollen, dass ich etwas für Sie tue, müssen Sie mich eben suchen.«

Das meinte sie ganz ernst, und ich hatte keinerlei Hemmungen. Wahrscheinlich bin ich in meiner gesamten beruflichen Laufbahn keinem öffentlichen Beamten so eisern auf den Fersen geblieben wie Florence Sibanda. Sie musste mir nur alle zwei Wochen eine neue Sorgerechtserklärung unterschreiben, ein Vorgang, der eigentlich kaum dreißig Sekunden in Anspruch nahm. Nur war ihre Unterschrift leider schwerer zu bekommen als die eines Mafiabosses. Sie weigerte sich, Termine zu vereinbaren, ging nicht ans Telefon, reagierte auf keine der mehreren Dutzend Nachrichten, die wir ihr zukommen ließen, und hielt sich nicht an die üblichen Bürozeiten. Ich versuchte, sie im Büro zu erwischen, im Gerichtssaal, in der Mittagspause, wenn sie morgens ins Büro kam oder wenn sie abends nach Hause ging. Ich fing immer schon mittwochs an, ihr aufzulauern, damit ich sie bis zum Freitag, wenn die Frist verstrich, auch wirklich einmal erwischt hatte – und wenn ich unterwegs war, übernahm Vita diese Aufgabe. Wenn ich an der Reihe war und sie am Donnerstagmittag noch nicht ausfindig gemacht hatte, nahm ich mein Handy, mein Notebook und ein paar Akten mit in die Behörde. Dann saß ich im Schneidersitz in dem düsteren Gang vor Mrs Sibandas Büro auf dem Boden, führte von dort aus meine Interviews und rückte beiseite, wenn jemand vorbei wollte.

Florence Sibanda war außerdem nicht bereit, uns eine vollständige Auflistung der Unterlagen zu geben, die für den Antrag auf Pflegeelternschaft nötig waren – beispielsweise unser Trauschein, unsere Geburtsurkunden, Gehaltsnachweise, polizeiliche Führungszeugnisse, Empfehlungsschreiben und so weiter. Stattdessen erwähnte sie hin und wieder das eine oder andere Papier, das sie benötigte. Dann zogen wir los, besorgten das Entsprechende und kamen damit zurück, worauf ihr noch ein paar weitere Unterlagen einfielen.

Um ein polizeiliches Führungszeugnis zu bekommen, musste man bei Kingston's, der staatlichen Buchhandelskette, ein Formular für die Fingerabdrücke erstehen, damit zum nächsten Polizeirevier fahren und dort seine Fingerabdrücke nehmen lassen. Anschließend musste das Formular der Sozialbehörde zur Überprüfung vorgelegt werden. So betraten wir eines späten Nachmittags das Polizeirevier in Borrowdale, um unsere Fingerabdrücke nehmen zu lassen. Ein Beamter winkte uns in den hinteren Teil des Gebäudes. Neben ihm stand eine junge Frau. Sie trug Jeans und sah ein wenig zerzaust aus. Er nahm ihre Fingerabdrücke auf dem Gang, gleich neben einem Wasserschlauch, und rollte ihre Finger dafür einzeln über ein Stempelkissen und dann über das weiße Papier. Dann entfernte er sich einen Augenblick. Während sie sich unter dem Wasserstrahl die Hände wusch, um die Tinte zu entfernen, musterte sie uns von Kopf bis Fuß und überlegte offensichtlich, was ein Weißer mit einem Pferdeschwanz und eine Schwarze mit Dreadlocks hier wohl zu suchen hatten.

»Weswegen sind Sie hier?«, fragte sie uns schließlich.

»Wir wollen Pflegeeltern werden«, sagte Vita. »Und Sie?«

»Wegen Sex.«

»Ist das jetzt etwa auch ungesetzlich?«

»Nur, wenn man Geld dafür nimmt.«

Sie drehte sich um und ging, und Vita gab mir einen Stups und flüsterte: »Na los, Schatz, mach ihr ein Angebot. Vielleicht geht da ja was.« Ich versuchte, mir das Lachen zu verbeißen, und gab ihr meinerseits einen gespielt vorwurfsvollen Schubs, und dann lachten wir beide – zum ersten Mal seit einem Monat.

Es war nicht leicht, Entspannung zu finden, obwohl sich Chipos Gesundheitszustand zu stabilisieren schien. Im Chinyaradzo war die Lage immer noch genauso aussichtslos wie zuvor. Tadiwanashe Mtero, der in einem der Bettchen gegenüber von Chipo geschlafen hatte, starb im Krankenhaus an fortwährendem Durchfall und Erbrechen. Er war das 14. Baby, das in diesem Jahr gestorben war.

Und nicht genug damit, dass diesen Todesfällen immer noch nicht nachgegangen wurde – nein, die Regierung schien außerdem einen Punkt erreicht zu haben, an dem ihr der Strom ausgesetzter Kinder geradezu lästig wurde. In den staatlich kontrollierten Zeitungen tauchten immer häufiger Artikel auf, die die erstaunte Öffentlichkeit darüber informierten, dass sie sich dieses Problems gefälligst selbst anzunehmen habe. »Kommunen müssen benachteiligten Kindern helfen«, so lautete die Schlagzeile eines Artikels in der regierungstreuen SUNDAY MAIL. Er war tief im Innern der Zeitung verborgen, obwohl er einige bemerkenswerte Tatsachen enthielt. »Die Sozialbehörde hat sich in den vergangenen sieben Monaten mit etwa 10 500 Waisen befasst. Angeblich nimmt eines der Waisenhäuser in Harare in der Woche mindestens vier ausgesetzte Kinder auf. Diese Kinder wurden in der Regel von der Polizei oder von Passanten aufgefunden. Seit März diesen Jahres wurden in der Provinz Harare 91 Fälle ausgesetzter Kinder bekannt.« Diese Zahlen wären überall unglaublich gewesen, und in einem Staat mit elf Millionen Einwohnern klangen sie geradezu unfassbar. Doch die statistischen Angaben fanden sich erst ganz am Ende des Artikels. Der Hauptteil, abgefasst im typischen Stil des staatlichen Journalismus, las sich wie eine Gardinenpredigt der Regierung an das Proletariat: »Obwohl sich die Regierung mit Hilfe der Sozialbehörde darum bemüht hat, benachteiligte Kinder in staatlichen Institutionen unterzubringen, fehlen ihr nun die Mittel dazu, und die meisten der verfügbaren Häuser sind nach eigenen Angaben bereits überfüllt. Nun ist es an den Kommunen, die Regierung ihrer Last zu entheben und der Not dieser Kinder ein Ende zu setzen«, begann der Artikel. Florence Kaseke, die stellvertretende Leiterin der Sozialbehörde, die ich bereits kurz kennen gelernt hatte, wurde mit den Worten zitiert: »Unser traditionelles System zur Versorgung von Kindern, die staatliche Unterstützung benötigen, erscheint zunehmend unzulänglich, ineffizient und unangebracht.«

Der Artikel war aus ganz unterschiedlichen Gründen bemerkenswert. Es war mir vollkommen schleierhaft, wie die Nachrichtenredakteure dazu gekommen waren, ihn im Innenteil einer Zeitung zu platzieren, die auf der Titelseite mitunter groß und breit von einem ordentlichen Regenschauer berichtete. 91 ausgesetzte Kinder innerhalb von sechs Monaten, in nur einer Provinz! Man wollte das fast für einen Druckfehler halten. Außerdem stach die Bereitschaft, die Wahrheit zu verdrehen, geradezu schmerzhaft ins Auge: Wie die UNICEF-Studie gezeigt hatte, wandten sich die Leute an die staatlichen Waisenhäuser, gerade weil die Familienverbände mit den ausgesetzten Kindern bereits überfordert waren, und nicht, weil sie nicht mit dem Problem behelligt werden wollten. Die Regierung musste sich in der Tat mit einer hohen Inflationsrate und einigen sehr ernsthaften Finanzproblemen auseinander setzen, doch der Grund dafür war ganz bestimmt nicht darin zu suchen, dass zu viel Geld für Waisenkinder ausgegeben wurde. Entweder interessierte es Präsident Mugabe nicht, oder es kam ihm gar nicht in den Sinn, dass er mit der Entsendung von über 8 000 simbabwischen Soldaten »zum Schutz von Leib und Leben der Bevölkerung im Kongo« in den dortigen Bürgerkrieg möglicherweise das Schicksal der Kinder seines eigenen Staates besiegelte, die seines Schutzes am meisten bedurften.

Wir gaben uns nicht der Illusion hin, in diesem riesigen Apparat Veränderungen bewirken zu können. Doch die schnell aufeinander folgenden Todesfälle im Waisenhaus erschütterten uns, und wir hofften, wenigstens an diesem einen Ort die Sterblichkeitsrate ein wenig senken zu können, indem wir uns für eine bessere medizinische

Versorgung der Kinder einsetzten. Das Ziel schien zu sein, die Kinder bis zum Alter von drei Jahren durchzubringen; danach sank die Sterblichkeitsrate rapide. Und so gingen wir wieder und wieder zu Makro Cash and Carry, der städtischen Supermarktkette, und kauften 300 große Dosen Babymilchpulver, Dutzende Flaschen mit Vitaminpräparaten, über 1000 Windeln, dosenweise Babypuder und Hautcreme, Abfalleimer, Wäschekörbe und einen elektrischen Wasserkocher für die Küche.

Eines Nachmittags, als ich gerade ein paar Sachen ins Waisenhaus gebracht hatte – wir hatten Chipo erst vor kurzem zu uns genommen –, erzählte mir Stella von einem weiteren Fall, der dem von Chipo sehr ähnlich war. In Norton, einem Bauerndorf etwa 30 Minuten außerhalb der Stadt, war ein Neugeborenes in einer Abfalltonne am Straßenrand gefunden worden. Nachdem man uns Chipo so schnell überlassen hatte, waren Vita und ich zu diesem Zeitpunkt noch geradezu lächerlich optimistisch, was unsere Chancen betraf, Kinder in Pflege nehmen oder auch adoptieren zu können, und das Schicksal dieses Kindes rührte mich. Stella rief den Sozialarbeiter vor Ort an, und ich fuhr los, um mich mit ihm zu treffen.

Das Zentrum von Norton bestand aus einer staubigen Straße mit ein paar vereinzelten Geschäften in Betonbauten und einem Großhandel für Bauernbedarf, vor dessen Tür Laster parkten und ein paar Männer im Schatten saßen. Es hätte ohne Weiteres auch eine der kleinen Städte am Mississippidelta sein können, die ich aus meiner Kindheit kannte. Wenig später wurde aus der asphaltierten eine Schotterstraße, die sich an einer Reihe kleiner

Häuser vorbeischlängelte. Eine Kurve nach links, eine nach rechts, dann fuhr ich unter ein paar Schatten spendenden Bäumen hindurch und hielt vor einem kleinen, rechteckigen Gebäude. Ein paar Hunde erhoben sich träge vom staubigen Boden, schnüffelten an meinen Füßen und wedelten zögernd mit dem Schwanz. Ich stand vor dem Ngomi-Gemeindehaus, mit Reihen von Bänken darin und ganz vorne einer kleinen Bühne. Dahinter befand sich ein kleiner, blechgedeckter Anbau, ein einziger Raum mit einem Betonfußboden, der der örtlichen Zweigstelle der Sozialbehörde als Büro diente. Drinnen waren fünf Stühle, zwei Tische, vier Aktenschränke, eine Schreibmaschine, ein Telefon und ein Beamter. E. W. Matinyadze erhob sich und gab mir lächelnd die Hand. Er war ein ernster Mann und erzählte mir rasch, was geschehen war.

Am Stadtrand von Norton standen einige große Müllcontainer. Drei Tage zuvor wollte jemand dort seinen Abfall deponieren, als er Babygeschrei hörte. Er schaute in die Tonne hinein, und dort, zwischen den Abfällen, lag ein zappelndes Neugeborenes. Die Nabelschnur hing noch an ihm, und es schrie aus voller Kehle.

»Der Arzt sagt, der Kleine muss zwischen fünf und sieben Stunden dort gelegen haben, nach der Unterkühlung zu urteilen und den vielen Ameisenbissen«, sagte Matinyadze. »Aber gut, dass er so gezappelt und genau im richtigen Moment so viel Lärm gemacht hat! Ein kleiner Glückspilz. Hätte er geschlafen, und jemand hätte eine Mülltüte auf ihn geworfen, hätten wir ihn bestimmt nie gefunden.«

Man hatte den kleinen Jungen ins Krankenhaus gebracht. Die Sozialarbeiter dort hatten ihn Ferai genannt, ein beliebter Name, der übersetzt *Glück* bedeutet. Ich fuhr zum Krankenhaus, um ihn mir anzuschauen, und erklärte der überraschten Krankenschwester, Matinyadze habe es mir erlaubt. Sie kam mit einem Bündel weißer Decken zurück, und mittendrin lag ein schlafender kleiner Junge. Seine Finger waren unvorstellbar winzig, und die Haut an den Lidern so dünn, dass man jedes einzelne Äderchen sehen konnte. Ich hielt ihn ein paar Minuten im Arm, dann bedankte ich mich bei der Schwester und fuhr zurück nach Hause.

»Was hältst du von einem kleinen Jungen?«, fragte ich Vita und erzählte ihr von Ferai. Wir waren von Chipos Betreuung bereits sehr in Anspruch genommen, aber sein Schicksal war so traurig, dass es uns grausam vorkam, nein zu sagen. Vita holte einmal tief Luft, dann lachte sie. »Du weißt doch, dass ich gern einen kleinen Jungen hätte«, sagte sie.

Wir warteten darauf, dass man Ferai ins Chinyaradzo bringen würde. Und diesmal, beschlossen wir, wollten wir bei unserem Antrag ganz korrekt vorgehen, anders als bei den dramatischen Umständen, unter denen Chipo zu uns gekommen war. Niemand sollte uns westliche Arroganz vorwerfen können. Als er nach ein paar Tagen immer noch nicht dort war, fuhr ich zum Waisenhaus und fragte Stella, wo er bleibe. Sie führte ein paar Telefonate.

»Oh«, sagte sie dann. »Ferai ist gestorben.«

Ich starrte sie an.

»Ja, im Krankenhaus. Es ist sehr traurig.«

Ich wusste nicht, was ich sagen sollte. Ich verließ ihr Büro und stieg in meinen Jeep. Mir war übel, und ich klopfte mit den Fingern aufs Lenkrad. Ich hatte ihn im Arm gehalten. Hätte ich ihn nicht sofort ins Trauma

Center bringen sollen, wie Vita es mit Chipo gemacht hatte? Hätte ich nicht jeden Tag hinfahren und nach ihm sehen sollen? Natürlich war mir das jetzt alles klar. Aber niemand hatte mir gesagt, dass er krank war. Es war nur von einer leichten Unterkühlung die Rede gewesen, und jetzt war er fort, tot und begraben. »Dabei hatte ich ihn doch schon«, sagte ich immer wieder laut zu mir selbst.

Ich wusste nicht, wie ich es Vita sagen sollte. Ich fuhr die Auffahrt entlang und stellte den Motor ab, dann blieb ich ein paar Minuten in der Stille sitzen.

Schließlich ging ich hinein. Vita machte gerade Abendessen. »Hey«, rief sie und warf mir einen kurzen Blick über die Schulter zu.

Ich lehnte mich an den Kühlschrank. »Ferai hat es nicht geschafft«, sagte ich. »Er ist im Krankenhaus gestorben, bevor er überhaupt ins Chinyaradzo kommen konnte. Stella hat es mir gerade gesagt.«

Vita hielt in der Bewegung inne und stand ganz still. Sie schaute starr geradeaus. In der Pfanne zischten die gehackten Zwiebeln. Für einen langen Augenblick hörte man nur das Ticken der Uhr an der Wand. Dann sah Vita wieder hinunter auf den Herd und begann, in der Pfanne zu rühren. Sie hielt die Lippen fest zusammengepresst. Ich ging aus dem Raum.

Wir sprachen nie mehr darüber. Es war einfach zu deprimierend und erinnerte uns zu sehr daran, wie vergänglich auch Chipos Leben sein konnte.

Doch in den folgenden Tagen wuchsen meine Trauer und meine Schuldgefühle ins Unermessliche. Wenn ich sofort gehandelt hätte, wäre der kleine Junge jetzt noch am Leben. Das war eine Tatsache, und der Gedanke überfiel mich immer wieder, ganz von selbst, wenn ich unter der Dusche stand, wenn ich gerade ein Interview führte oder gleich, wenn ich morgens aufwachte. Ich konnte das Gefühl nicht abschütteln, versagt zu haben, und auch nicht die Trauer, die gleich dahinter wartete wie ein Flüstern im Wind.

Trotzdem halfen wir weiterhin im Waisenhaus, und bald fühlten wir uns zu einem lebhaften, fröhlichen kleinen Mädchen namens Erica hingezogen. Sie war neun Monate alt. Ihr Haar war so kurz geschoren, dass es fast wirkte, als hätte sie eine Glatze. Sie hatte ein schiefes Lächeln, das sie uns fast ständig zeigte, ihr Hautton war heller – man vermutete, dass sie ein Mischlingskind war –, und auch sie hatte keine Familienangehörigen. Wir stellten den Antrag, sie von Zeit zu Zeit nach Hause holen zu dürfen. Stella warf einen Blick in ihre Akte, und es wurden Wochenendbesuche vereinbart.

Erica kam Ende September an einem schönen Wochenende zum ersten Mal zu uns. Vita nahm sie mit ins Badezimmer und zog sie aus, wie sie es auch mit Chipo am ersten Tag gemacht hatte. Erica war sehr viel gesünder, aber trotzdem unterernährt. Vita zog ihr frische Kleider an, kam mit ihr in die Küche und wärmte ein bisschen Milch für sie auf. Bald zeigten sich auch ihre gesundheitlichen Probleme. Sie litt unter einer heftigen Darminfektion, die stinkenden Durchfall verursachte. Wir behandelten die Infektion und versuchten, sie mit regelmäßigen Mahlzeiten und einem Milchfläschchen nach dem anderen aufzupäppeln, was im Waisenhaus nicht möglich war. Vita saß mit ihr auf dem Sofa und wiegte sie, Erica drückte den Kopf in Vitas Halsbeuge, und schließlich nickten sie beide ein. An den Nachmittagen setzten wir die beiden Mädchen zusammen auf eine

Spielmatte, und sie waren beide so klein, dass sie problemlos ins selbe Bettchen passten. Wir schliefen nicht viel in diesen Nächten, da immer entweder die eine oder die andere wach war oder auch beide und schließlich wir alle. Trotzdem verbrachte Erica ein zweites Wochenende bei uns, dann ein weiteres, und schließlich zankten sich die beiden um dasselbe Fläschchen.

»Sie benehmen sich schon wie richtige Schwestern«, rief Vita lachend.

Doch dann forderte das Waisenhaus Erica zurück.

Ein Ehepaar aus Deutschland wolle sie adoptieren, erklärte Stella am Telefon. Sie würden am nächsten Tag aus den Provinzen nach Harare kommen, und wir sollten Erica sofort zurückbringen. Wir waren sprachlos. Von diesem Paar war nie die Rede gewesen – und sie sollten Erica adoptieren, obwohl man uns erzählt hatte, das sei praktisch unmöglich? All das Gerede über kulturelle Wurzeln und Tabus, und jetzt kam plötzlich dieses Paar, das wir noch nie im Waisenhaus gesehen hatten, einfach auf der Durchreise vorbei und holte sich »sein« Kind ab.

Wir ließen die beiden Mädchen ihren Mittagsschlaf beenden. Als sie wach waren, zogen wir Erica schweigend an und brachten sie zurück ins Chinyaradzo. Natürlich waren wir froh, dass sie ein Zuhause haben würde, aber wir hatten gehofft, dass sie es vielleicht bei uns finden würde. Hin- und hergerissen zwischen Traurigkeit und Zorn vermuteten Vita und ich, dass da etwas nicht mit rechten Dingen zuging.

Am nächsten Tag rief ich den Mann an, sobald er in der Stadt war, und fragte ihn, wie sie das angestellt hätten. Er erklärte, es sei alles ganz einfach gewesen. Er arbeitete bei einer regierungsunabhängigen deutschen

Hilfsorganisation in einer der benachbarten Provinzen und erzählte, sie seien zur dortigen Zweigstelle der Sozialbehörde gegangen, hätten die Adoptionsanträge ausgefüllt, dann habe man sie ins Chinyaradzo geschickt, und sie hätten sich für Erica entschieden. Anschließend seien sie in die Provinz zurückgekehrt und hätten die verbleibenden Formulare ausgefüllt. Insgesamt habe es etwa sieben oder acht Monate gedauert, sagte er. Er war sehr nett und absolut ehrlich und sagte, sie hätten sich sehr gern mit uns getroffen, würden aber schon am nächsten Tag das Land verlassen.

Vollkommen verblüfft legte ich auf. Man hatte uns immer und immer wieder erklärt, man müsse zunächst eine Bindung aufbauen, das Kind erst einmal in Pflege nehmen – und zwar mindestens zwei Jahre, wie uns ein Sozialarbeiter erst kürzlich mitgeteilt hatte –, bevor man überhaupt an eine Adoption denken konne. Chipo lebte inzwischen seit vier Monaten bei uns, und die einzige Autorisierung, die wir besaßen, waren die Notfallsorgerechtserklärungen, die alle zwei Wochen erneuert werden mussten. Pflegeelternschaft? Das konnte noch Monate dauern, wenn man es uns überhaupt genehmigen würde. Und eine Adoption? Lag in weiter Ferne. Und dieses Paar hatte den gesamten Prozess bereits durchlaufen und würde am Montag schon außer Landes sein. Und schlimmer noch: Stella hatte ganz offenbar davon gewusst, es uns aber verheimlicht. Sie hatte zugelassen, dass wir Erica jedes Wochenende nach Hause geholt und eine Bindung zu ihr aufgebaut hatten, und kein Wort gesagt.

»Und wenn das jetzt auch bei Chipo so ist, was dann?«, fragte Vita.

Doch wir konnten das Problem nicht lösen und mussten mit dieser Angst leben. Die Leute, die uns helfen wollten, konnten es nicht, und die, die uns helfen konnten, riefen uns nicht einmal zurück. Uns blieb nichts anderes übrig, als durchzuhalten, möglichst keine Fehler zu machen und weiterhin im Schneckentempo den Antrag für die Pflegeelternschaft voranzutreiben.

Die Depressionen und Erschöpfungszustände, die ich bereits während der Rebellion in Kinshasa und beim Bombenanschlag auf die Botschaft in Nairobi verspürt hatte, verdichteten sich nun zu einem Zustand, für den ich kaum noch Worte fand. Chipo schlief sehr viel besser, und ihr Gewicht hatte sich verdreifacht. Vita bekam neuen Auftrieb durch diese Entwicklung und dadurch, dass sie jeden Tag die ganze Zeit über mit Chipo zusammen war. Aber ich war ständig unterwegs, und die Sorgen, die ich mir um Chipo machte, begannen ernstlich an mir zu zehren. In einem Hotelzimmer nach dem anderen wachte ich mitten in der Nacht auf und wollte automatisch nachschauen, ob es ihr gut ging. Doch ich war allein. Wenn ich dann endlich wieder einschlief, quälten mich Albträume. Ich träumte, dass Chipo aufhörte zu atmen, während ich schlief. Dann wachte ich auf, und sie war tot – genau wie Ferai, der gestorben war, während ich unbeschwert durch die Stadt kurvte. Vita kam mit meinen Reisen zwar zurecht, weil sie tagsüber Hilfe von Mavis bekam, aber auch sie litt im Grunde darunter.

Wenn ich in Harare war, schlief Vita sehr tief und holte das Schlafdefizit nach, das sie aufgebaut hatte, während sie sich allein um alles kümmern musste. Ich dagegen wachte auch zu Hause drei bis vier Mal pro Nacht schweißgebadet auf und war kein bisschen entspannter als unterwegs. Chipo schlief inzwischen in einem Babybett, das neben unserem Bett stand. Jedes Mal, wenn ich aufwachte, ging ich zu ihrem Bett, schaute hinein, berührte ihre Wangen, ihren Hals, ihre Handgelenke, fühlte ihr den Puls und prüfte, ob sie atmete. Dann legte ich mich wieder hin und ermahnte mich selbst, mich zusammenzureißen – aber neunzig Minuten später schreckte ich schon wieder schweißgebadet hoch. Ich hatte das Gefühl, mir über nichts mehr sicher sein zu können. Ich war so durcheinander, dass das Verfassen eines Artikels zu einem wahren Marathon wurde, der mir Kopfschmerzen verursachte. Seit den Prügeln, die ich in Kinshasa bezogen hatte, trug ich eine Schiene am Knie; ich nahm immer mehr ab, fuhr aber weiter kreuz und quer durch den Kontinent und schrieb einen Bericht nach dem anderen. Bald war ich schon wieder im Südwesten von Nigeria und saß in einem kleinen Boot mit einem Grüppchen äußerst missgelaunter junger Männer, die die Mitarbeiter westlicher Ölfirmen kidnappten und Ölplattformen der Firmen Chevron und Texaco kaperten.

Es gab zwei Gruppierungen, die einander in und um Warri bekämpften, einer heruntergekommenen, aber wichtigen kleinen Flussstadt am Nigerdelta. Junge Männer aus der Volksgruppe der Ijaw, die in dieser Region in der Mehrheit waren, hatten darauf aufmerksam gemacht, dass die Sümpfe ihrer Heimat heftig verunreinigt wurden, während die Regierung und die Ölfirmen allen Profit für sich behielten. Also hatten sie begonnen, die Ölplattformen zu besetzen. Am Abend vor meinem Aufbruch nach Warri rief ich aus Lagos zu Hause an und fand Vita in Hochstimmung. Sie hatte einen hinreißenden kleinen Jungen gesehen, der gerade ins Chinyaradzo gekommen war.

»Er heißt Robert«, erzählte sie mir am Telefon. »Und er ist wunderschön, Schatz. Seine kleinen Füße und Hände – und du solltest erst mal seine Augen sehen!« Sie lachte auf. »Riesengroße braune Murmeln!« Sie war offensichtlich schon ganz vernarrt, und selbst vom anderen Ende des Kontinents her wirkte es ansteckend. Wie Erica, Ferai und Chipo war auch er ganz ohne Familie, berichtete Vita weiter. »Wir haben einfach nicht früh genug gesagt, dass wir uns für Ferai und Erica interessieren. Darum habe ich Stella jetzt schon gesagt, dass wir ihn nach Hause holen wollen, sobald du wieder hier bist. Allein kann ich nicht mit ihm und Chipo fertig werden. Aber er ist es, Schatz. Das ist unser kleiner Sohn.« Sie sprach die letzten drei Worte ganz langsam aus, wie Wasser, das von einem Stein herabtropft.

»Schon gut, schon gut«, rief ich lachend. Ich befand mich in einem Stadium so tiefer Erschöpfung, dass ich mir beim besten Willen nicht vorstellen konnte, mich um zwei Babys zu kümmern. Aber wir wollten ein zweites Kind, und Robert konnte schließlich nicht warten. Die Erinnerung an Ferai nagte noch an mir. »Ich bin hier gerade an einer Geschichte dran. Lass mich das fertig machen, dann breche ich die Reise ab.«

»Komm so bald du kannst, Schatz«, erwiderte sie.

Zwei Tage später stieg ich mit meinem Kollegen Peter Cunliffe-Jones von der Agence France-Presse in das kleine Boot, in dem bereits fünf junge Männer saßen, Landsleute der Geiselnehmer. Einer von ihnen saß hinter uns und warf den Yamaha-Außenbordmotor an. Er hatte ein Repetiergewehr auf den Knien. Die vier anderen hatten drei Maschinenpistolen und ein Jagdgewehr bei sich.

Wir glitten in die schmale Bucht hinein, vorbei an langen Reihen verrosteter Öltanks; dann wurde der Fluss zu einem breiten Kanal, und ringsum am Ufer sah man nichts als Unterholz und Sümpfe. Wir waren nur noch wenige Kilometer vom Atlantik entfernt, als das Boot plötzlich in einen kaum 45 Meter breiten Nebenarm einbog. Hinter einer Biegung sahen wir einen Einbaum zwischen den dichten Mangrovenwurzeln, aus dem uns zwei junge Mädchen mit ausdruckslosen Gesichtern anstarrten. Dann bogen wir rasch in einen weiteren kurvigen Nebenfluss ein. Das Boot schaukelte heftig, die Männer saßen angespannt im Bug, und hinter uns schwappte eine morastige Welle empor. Ich beugte mich vor und brüllte Peter ins Ohr, um den Fahrtwind zu übertönen: »Sag mir doch noch mal, warum sie uns nicht als Geiseln nehmen werden.«

»Weil sie wissen, dass unsere Arbeitgeber kein Lösegeld für uns zahlen würden«, brüllte er zurück.

Wir näherten uns der Batan Flow Station, einer kleinen stählernen Ölplattform am Rand eines hölzernen Anlegestegs. Sie wurde seit über dreißig Jahren von Shell betrieben, die einen Pachtvertrag mit der Regierung hatten, und wirkte ausgesprochen sauber und modern. Doch gleich daneben befand sich das Dorf Diebiri mit seinen strohgedeckten Holzhütten, die genau den gegenteiligen Eindruck machten. Die Leute, die dort wohnten, hatten keinen Strom, kein elektrisches Licht, keine Schule, kein Krankenhaus und kein fließendes Wasser. Dann ging es weiter zwischen Sümpfen und stehenden Gewässern hindurch. An jedem Anlegesteg standen schwer bewaffnete Teenager, doch die Geiseln bekamen wir nicht zu Gesicht. Es war bereits spät am Nachmittag, als wir wieder in unserer kleinen Bucht anlegten. Aber ehe wir aussteigen konnten, stürzten unsere Fahrer bereits auf uns zu; sie standen halb im Wasser, rufend und gestikulierend. »In Jesse hat es ein furchtbares Benzinfeuer gegeben«, riefen sie. »Hunderte Tote.«

Also rannten wir gleich weiter zum Wagen und kämpften uns so schnell wie möglich durch das Verkehrschaos von Warri auf die schmale Autobahn. In der Ferne sahen wir bereits eine drohende Säule aus öligem schwarzem Rauch. Viele Kilometer weiter, am Rand einer Straße, die an einem dicht mit Gestrüpp bewachsenen Gebiet vorbeiführte, ging ein Weg in den Wald hinein. Wir ließen uns von Anwohnern erzählen, was passiert war, und eilten dann zu einer kleinen Lichtung, immer näher heran an die Feuersäule, die fast zehn Meter in den Himmel ragte.

Zwei Nächte zuvor waren Diebe auf die Lichtung gekommen, um eine kleine Kraftstoffstation anzuzapfen, die die größte Pipeline des Landes versorgte. Sie hatten eine Tankladung voll abgepumpt, um das Benzin auf dem Schwarzmarkt zu verkaufen. Dann waren sie verschwunden, ohne das Ventil wieder zuzudrehen. Hunderttausende Liter Kraftstoff flossen in die unterirdische Kammer und liefen schließlich nach draußen über, sodass sich ein See aus hochexplosivem Benzin bildete. Und da es sich dabei um einen in Nigeria seltenen und entsprechend teuren Rohstoff handelte, waren Hunderte von Menschen aus den angrenzenden Dörfern am Fluss gekommen, um es in Kanister und Eimer, ja sogar in Töpfe und Pfannen abzuschöpfen.

Dann hatte es den Funken gegeben.

Keiner der Überlebenden wusste, wo er hergekommen war. Man vermutete, dass es eine Zigarette gewesen sein könnte oder die Fehlzündung eines altersschwachen Motorrads. Was immer auch der Grund gewesen sein mochte, der Funke verwandelte den Benzinsee in ein Meer aus Feuer. Über 24 Stunden später flackerten die Flammen aus der zerstörten Ölstation immer noch in der Dämmerung, und ihr Schein beleuchtete Dutzende von Leichen, die so nah am Feuer gewesen waren, dass man sie nicht mehr hatte wegreißen können. Die Leiche einer Frau trug noch ihr Baby auf dem Rücken.

Als wir dort ankamen, war ein Bulldozer dabei, ein paar hundert Meter weiter eine Grube auszuheben. Ein großer Haufen verkohlter Leichen lag bereits darin. Arbeiter mit nackten Oberkörpern, denen in der Hitze der Flammen und des nigerianischen Nachmittags der Schweiß hinunterlief, zogen sich Atemmasken über Mund und Nase und schützten ihre Hände mit roten Gummihandschuhen. Dann luden sie jede Leiche einzeln auf einen Schubkarren, schoben ihn zum Rand der Grube und kippten ihn vornüber. Die Leiche rollte heraus und fiel auf den Grund der Grube.

Zum Fluss hin, nicht einmal hundert Meter weiter hinein ins Gestrüpp, hing hier und da ein Stück Stoff an den niedrigeren Ästen. Ein paar Meter weiter fand man ein weiteres Stückchen, dann noch eines, und schließlich sah man einen verkohlten Körper zwischen den Sträuchern liegen, wo er zu Boden gefallen war, nachdem er die brennenden Kleider abgestreift hatte. Die Leute waren zum Fluss gelaufen, weil sie in ihrer Verzweiflung glaubten, Wasser könnte ein Benzinfeuer löschen. Einige hatten es geschafft. Sie waren in den Fluss gesprungen, aber das Benzin hatte sich auch auf der Wasseroberfläche ausgebreitet, und sie brannten wie Zunder. Ihre entstellten Leichen lagen zwischen dem Schilf und den wirren Sträuchern am Flussrand. Manche Körper waren durch die große Hitze aufgeplatzt.

Ich konnte mir keine Notizen mit dem Füller machen. Der Schweiß rann mir in Strömen über die Hände und auf das Papier und verschmierte die Tinte, sobald ich etwas geschrieben hatte. Also zog ich einen Bleistift hervor und schrieb eifrig mit, was mir einer der anwesenden Ärzte erzählte. Mindestens 800 Menschen, vielleicht sogar über 1000, waren bei lebendigem Leib verbrannt. Es war der schwerste Unfall im Zusammenhang mit der Ölförderung in der nigerianischen Geschichte.

Kurz nach Einbruch der Dunkelheit ging ein heftiges Unwetter nieder, und Ströme von Regen peitschten durch die Straßen. Mir blieben etwa 90 Minuten bis Redaktionsschluss. Also klappte ich auf dem Rücksitz des Wagens mein Notebook auf und tippte im schwachen Licht des Bildschirms, während das Auto über die Straßen schlingerte. Als wir im Hotel ankamen, hatte es aufgehört zu regnen. Ich trug einen Stuhl und das Satellitentelefon in den Hof des Hotels hinaus, dann richtete ich die flache Satellitenschüssel auf einen Satelliten über dem Atlantik und drückte die entsprechenden Funktionstasten, um meinen Artikel an einen Server in Washington zu senden, der ihn direkt auf den Schreibtisch meiner Redakteurin weiterleiten würde.

Doch die Verbindung kam nicht zustande, weder beim

ersten Versuch noch beim vierten. Ich versuchte es mit einer anderen Verbindung in den USA, die zu einem Server in Mississippi führte und die ich auf meinen Reisen immer als letzten Ausweg und als eine Art Glücksbringer betrachtet hatte. Doch auch das klappte nicht. Fluchend ging ich zu einer kleinen, von Palmen umstandenen Lichtung hinüber und drehte die Schüssel in die andere Richtung. Diesmal peilte ich einen Satelliten im Osten an, der sich am ganz anderen Ende des Kontinents befand, irgendwo über dem Indischen Ozean. Ich drückte die notwendigen Tasten. Nichts. Ein zweiter Versuch. Nichts. Ein dritter Versuch – und diesmal begannen die kleinen runden Lämpchen oben links an meinem Bildschirm fröhlich zu blinken, das Zeichen, dass eine Verbindung bestand. Ich lehnte mich ermattet zurück und sah zu, wie der Artikel gesendet wurde. Dann fuhr ich den Computer herunter und streckte mich auf meinem Plastikstuhl aus. Seit 28 Stunden hatte ich nichts mehr gegessen. Mein Hemd, meine Hose, meine Socken – alles war durchgeweicht und stank nach Schweiß. Das Restaurant des schmuddeligen, kleinen Hotels hatte längst geschlossen, und der Fahrer war auch schon fort. Aber um diese Zeit hätte man in Warri ohnehin kein offenes Restaurant mehr gefunden. Ich brachte den Computer und das Satellitentelefon zurück in mein Zimmer, schloss die Tür ab und betrat im Mondlicht die Hotelbar. Dort bestellte ich zwei gekühlte Flaschen Bier der nigerianischen Marke Star, die man aus großen grünen Flaschen trinkt, und eine Packung Erdnüsse. Während ich auf das Wechselgeld wartete, näherte sich mir eine mollige Prostituierte mit einem schockierend tiefen Ausschnitt und einem schiefen Lächeln.

»Das erste Mal ist umsonst«, sagte sie.

»Nein, danke«, erwiderte ich, nahm meine Bierflaschen und humpelte zur Tür. Ich kehrte in mein Zimmer zurück, holte das Satellitentelefon heraus, baute es im Hof auf und rief zu Hause an, um zu hören, wie es Vita, Chipo und Robert ging. Ich war total erschöpft und konnte kaum noch sprechen, geschweige denn denken. Aber ich wollte mit jemandem reden, um die Hitze, den Gestank und die Bilder vom Brandschauplatz zu vertreiben. Jetzt, als ich mich einen Augenblick entspannen konnte, sah ich alles wieder deutlich vor mir. Die Leichen im Licht der Flammen, die bis aufs Gewebe verbrannten Körper, das Geräusch, wenn sie in die Schubkarren geworfen wurden. Das Telefon klingelte lange, und schließlich sprang der Anrufbeantworter an. Ich hatte gerade angefangen, eine Nachricht zu hinterlassen, da nahm Vita ab. Ihre Stimme klang nicht nur müde. Irgendetwas war nicht in Ordnung.

»Es ist wegen Robert«, sagte sie.

»Was ist mit ihm?«

»Er ist tot.«

Es war, als hätte ich gerade einen Autounfall gehabt, wäre betäubt vom Aufprall und unfähig zu sprechen. Ich war weder in der Lage, etwas zu formulieren, noch es auszusprechen. Er war gar nicht so krank gewesen, erzählte Vita. Sie hatte ihn noch vor zwei Tagen besucht und war bis zum Abend dort geblieben. Am nächsten Morgen war es ihm nicht gut gegangen, er hatte gekeucht, gehustet und geschrien. Eine der jungen Betreuerinnen wurde damit beauftragt, ihn ins Krankenhaus zu bringen. Sie band ihn sich auf den Rücken, ließ sich zur Notaufnahme fahren und setzte sich dort zum Warten hin. Als sie endlich an der Reihe war, atmete er schon nicht mehr. Sie hatte im Wartezimmer gesessen und nicht gemerkt, dass er starb, und wäre sicher auch zu schüchtern gewesen, um Hilfe zu rufen. Sie hatte den kleinen Leichnam im Krankenhaus gelassen und war ins Waisenhaus zurückgekehrt.

Als man Vita benachrichtigt hatte, war er bereits beerdigt.

Vita begann jetzt, haltlos zu weinen. Nie zuvor hatte die Stimme meiner Frau so hoffnungslos geklungen wie in diesem Augenblick, das hörte ich selbst durch das Rauschen in der Leitung hindurch. Und mir fiel einfach nichts ein, was ich sagen konnte.

Während ich den Geräuschen am anderen Ende der Leitung lauschte und durch die Blätter der Palmen hindurch den Mond betrachtete, schienen meine Gedanken ins Bodenlose zu fallen.

Plötzlich erinnerte ich mich an all die Leichen in verschiedenen Stadien der Verwesung, die ich in den vergangenen sechs Monaten gesehen hatte – bei 1200 hatte ich aufgehört zu zählen –, und dann an die der letzten sechs Jahre, all die Menschen, die vor meinen Augen getötet worden waren oder im Sterben lagen, all die brutal vergewaltigten Frauen, mit denen ich in den verschiedensten Sprachen unzählige Interviews geführt hatte, das Gesicht des Verurteilten auf dem elektrischen Stuhl in Florida, kurz bevor ihm die Kapuze über den Kopf gezogen wurde.

Ich erinnerte mich an einen Gedanken, den ich vor langer Zeit gehabt hatte und der mich schließlich hierher, in diesen Hof im Südwesten Nigerias geführt hatte: die Vorstellung, dass sich an den elendsten Orten der

Welt eine Wahrheit finden ließe. Diese Vorstellung war ein entscheidender Bestandteil meiner Weltsicht, und ich hatte mich danach gerichtet, seit ich in Mississippi erwachsen geworden war und langsam zu begreifen begann, wie die Dinge wirklich waren.

Und jetzt saß ich hier, viele Jahre und viele Orte später. Ich musste doch jetzt viel mehr wissen. Ich musste doch inzwischen irgendwelche entscheidenden Lektionen gelernt haben ...

Ich lauschte dem Knacken in der Leitung, und es sagte mir nur, dass ich nicht da gewesen war. Nicht da. Ferai war tot, weil ich nicht da gewesen war. Robert war tot, weil ich nicht da gewesen war. Und hätte man sie mir überlassen, wäre auch Chipo, meine Tochter, jetzt tot, weil ich nicht da gewesen war. Es gibt prägende Augenblicke im Leben, in denen man endgültig verurteilt wird und an die man sich später immer erinnert. Für mich war das ein solcher Augenblick. Es gab kein Berufungsgericht, und ich würde den Rest meines Lebens Zeit haben, darüber nachzudenken.

Ich legte den Hörer auf. Dann beugte ich mich vor, weil ich mich übergeben musste.

Kapitel 10

»*Abgelehnt*«

Die folgenden Tage waren so düster und lähmend, wie ich es noch nie zuvor erlebt hatte. Ich arbeitete weiter, reiste weiter, obwohl ich nicht mehr wusste, warum ich das eigentlich tat. Auf den vier- oder fünfstündigen Flügen kreuz und quer durch den Kontinent arbeitete ich nicht mehr die dicken Ordner mit Hintergrundinformationen zum jeweils nächsten Auftrag durch. Stattdessen schaute ich, ein Glas Bourbon in der Hand, aus dem Fenster, betrachtete die Gewitterwolken oder sah zu, wie es dunkel wurde, und irgendwie vergingen damit zwei oder drei Stunden, während die Ordner noch immer ungeöffnet auf dem Sitz neben mir lagen. Durch Roberts Tod war etwas in mir zerbrochen und auch in Vita und in unserer Beziehung. Wir erwähnten nie auch nur seinen Namen, und doch hing sein Tod ständig über uns, ein unsichtbarer und unaussprechlicher Einfluss, der sich über unser Leben senkte wie die Schatten eines späten Nachmittags. Wortlos, wie es bei Paaren häufig geschieht, waren wir uns darüber einig, dass wir nicht mehr versuchen würden, ein weiteres Kind zu uns zu nehmen. Das war vorbei, und die unregelmäßigen Atemzüge, die Chipo am Leben hielten, wurden etwas Greifbares für uns, Spinnweben des Lebens, die ein zufälliger Windhauch jederzeit fortwehen konnte.

Ich dachte immer und immer wieder an John Mungai und seine tote Tochter in der Leichenhalle von Nairobi. Das Bild des kleinen toten Mädchens aus Sarajewo suchte mich ständig in meinen Träumen heim. Ich konnte mit niemandem über diese Dinge sprechen, nicht einmal mit Vita, die doch seit bald zehn Jahren meine engste Vertraute war. Sie zog sich in ihren eigenen Schmerz und ihre eigenen Erinnerungen zurück. Mit jedem Tag spürten wir, wie wir in unseren Sorgen um Chipos Gesundheit und den Befürchtungen, ob wir sie weiter behalten durften, immer paranoider wurden. Die Sterblichkeitsrate der Babys im Chinyaradzo war unvermindert hoch. Beauty Chiwasa, die von allen nur Sarah genannt wurde, und Mable Kachembere starben im Krankenhaus an »Husten und Durchfall«. Mit ihnen erhöhte sich die Zahl der Todesfälle bei den unter Zweijährigen innerhalb der letzten elf Monate auf 17 beziehungsweise 18.

Etwa zur selben Zeit, während die Innenstadt von Harare von Krawallen erschüttert wurde und die Polizei mit Schlagstöcken und Tränengas dagegen vorging, merkten wir, wie tief der Sumpf, in den wir da geraten waren, tatsächlich war. Nur ein paar Wochen, bevor die Sozialbehörde versuchen sollte, uns Chipo wegzunehmen, wurde uns klar, dass die zunehmend schlechtere politische und gesellschaftliche Lage in Simbabwe nicht nur eine nationale Tragödie war, sondern eine Reihe scheinbar unzusammenhängender Ereignisse, die, neben zahllosen anderen Auswirkungen, auch unsere Bemühungen, Chipo zu adoptieren, in einen absurden Wettlauf mit der Zeit verwandeln würden. Plötzlich wurde hart gegen Journalisten vorgegangen, eine Entwicklung, die schon bald für internationale Schlagzeilen sorgen sollte, und ich fing an, nach Wegen zu suchen, um Chipo unbeschadet außer Landes zu bringen. Ich dachte zuerst als Vater und erst an zweiter Stelle als Journalist, und das war ja auch ganz natürlich; es hatte nur den kleinen Schönheitsfehler, dass wir immer noch kein Schriftstück besaßen, das Chipo vor dem Gesetz zu unserem Kind erklärt hätte. Damals hielt ich das noch für ein lästiges Ärgernis, dem ich keine weitere Bedeutung zumaß. Aber schon wenige Wochen später sollte ich einen Fall von tragischer Ironie erleben, der jeder griechischen Tragödie alle Ehre gemacht hätte: Mein Beruf, den ich so liebte und der es mir ermöglicht hatte zu gehen, wohin ich wollte, sollte nun plötzlich der Grund dafür sein, dass man uns Chipo wegnahm.

Anfang Januar 1998 hatte Mugabes Regierung den staatlich kontrollierten Preis von Maismehl über Nacht um 21 Prozent erhöht. Krawalle waren die Folge gewesen, bei denen sechs Menschen ums Leben gekommen waren. Jetzt, Ende Oktober, erhöhte die Regierung die Preise für Brot und Fleisch um 30 Prozent. Wie bei der ersten Preiserhöhung wurde auch diese per Dekret entschieden. Eine Woche später verkündete die Regierung eine Erhöhung der staatlich kontrollierten Benzinpreise um 67 Prozent, gültig ab sofort.

Krawalle folgten.

Die Betreiber von Taxi- und Kleinbusunternehmen verlangten für eine einfache Fahrt ins Zentrum fast doppelt so viel wie zuvor: zehn Simbabwe-Dollar, was damals einer Summe von etwa 27 Cent entsprach. Die

Pendler reagierten, indem sie Steine auf Taxis und Busse warfen, anstatt den höheren Fahrpreis zu zahlen. Die Besitzer der Fahrzeuge wiederum stellten sich auf den wichtigsten Durchgangsstraßen quer und versperrten die Zufahrt zum Stadtzentrum. Niemand gelangte zur Arbeit. Autos, die die Barrikaden dennoch passierten, wurden mit Steinen beworfen, andere angezündet. Überall stieg Rauch auf. In Chitungwiza, dem ärmsten Vorort von Harare, wurden keine Polizisten, sondern Soldaten eingesetzt, um die Scharen von jungen Männern im Zaum zu halten, die Autos und Taxis attackierten. Die Demonstranten setzten daraufhin einen Militärlaster in Brand. Die Bereitschaftstruppen und die schwer bewaffneten Soldaten schlugen brutal zurück.

Es war der zweite Krawall, der die Hauptstadt innerhalb von elf Monaten heimsuchte, doch die Gettos waren keineswegs der Hauptschauplatz nationaler Unzufriedenheit. Über 61 Prozent der Bevölkerung befand sich jenseits der Armutsgrenze, nachdem das Pro-Kopf-Einkommen in nur einer Generation beträchtlich gesunken war. Die meisten Menschen, die noch in ländlicheren Gegenden lebten, konnten sich aus der zermürbenden Armut nicht mehr befreien, und das führte zu Unterernährung, höherer Kindersterblichkeit und einer niedrigeren Lebenserwartung, die mit jedem Jahr weiter sank. Zu Anfang des Jahrzehnts war Simbabwe noch an 111. Stelle auf dem UNO-Index der Entwicklungsländer gewesen. Acht Jahre später war es auf Rang 130 abgesunken.

Inmitten dieser Krise rief uns eines Morgens Ende November Stella Mesikano zu Hause an. Sie war sehr aufgeregt und sprach lange mit Vita. Ich hörte Vita vom Gang her bis ins Wohnzimmer brüllen.

Schließlich legte sie auf und kam zu mir ins Zimmer gestürmt. »Erinnerst du dich noch an diese Kaseke, die stellvertretende Leiterin der Sozialbehörde?«

»Ja?«

»Stella sagt, die hat unseren Pflegeantrag abgelehnt. Sie verlangt, dass wir Chipo sofort ins Waisenhaus zurückbringen.«

»Sie verlangt *was?«*

»Wir sollen Chipo zurückbringen!«, brüllte Vita mich mit vorgerecktem Oberkörper an. »Sie glaubt, wir hätten jemanden bestochen. Zu Stella hat sie gesagt, unsere Akte sei absolut indiskutabel. Wir haben keine Chance. Absolut keine.«

»Jemanden *bestochen?«,* schrie ich zurück. »Damit wir das kränkste Kind im ganzen Waisenhaus mit nach Hause nehmen können? Damit wir – wie lange? – vier Monate warten können, während in unserem Fall absolut nichts vorangeht? Was hat die denn für eine Vorstellung von Bestechung?«

Vita versuchte, die Tränen zurückzuhalten, was sich aber als vergeblich erwies. Sie rannen ihr aus den Augenwinkeln und über die Wangen – harte, glänzende Tropfen, zu gleichen Teilen aus Wut und Verzweiflung geboren. Sie stampfte zurück ins Schlafzimmer und warf dabei die Türen hinter sich ins Schloss. Chipo war dort, das wusste ich, und Vita schloss jede Tür zwischen ihr und den Menschen, die da kommen würden.

Zitternd nahm ich den Hörer ab und tätigte einen Anruf. Ich hatte einen wohl gesinnten Menschen in der Behörde gefunden, der mir nun berichtete, was dort wirklich vor sich ging, nicht nur das, was man uns sagte. Mein Informant bestätigte, was Stella uns bereits erzählt hatte. Florence Kaseke schien von einer Art vorsätzlicher Amnesie befallen zu sein. Jetzt, da es Chipo besser ging, hatte sie offenbar vergessen, dass das Kind einmal schwer krank gewesen war. Sie hatte vergessen, dass Dr. Paz uns gebeten hatte, Chipo bei uns aufzunehmen. Sie hatte Stella erklärt, es sei doch sehr merkwürdig, dass wir noch gar nicht als Pflegeeltern anerkannt seien, das Kind aber schon bei uns zu Hause hätten. Und so war ihr der Verdacht gekommen – ja, daran bestand eigentlich kein Zweifel –, dass irgendjemand uns Chipo verkauft haben musste.

Also hatte sie unsere Akte mit dem Vermerk »Abgelehnt« versehen, sich geweigert, weitere Unterlagen zu bearbeiten, und schließlich Stella angerufen und ihr gesagt, wir müssten Chipo zurückbringen. Stella, die bereits mehr Kinder im Waisenhaus hatte, als sie versorgen konnte, hatte geantwortet, das sei vollkommen widersinnig. Nun wollte sie in zwei Tagen mit Mrs Kaseke bei uns vorbeikommen, um die Sache zu besprechen. Sie hatte Vita gewarnt, dass das keine Garantie für irgendetwas sei. Aber es gab uns immerhin ein paar Tage mehr Zeit und außerdem die Möglichkeit, uns zu verteidigen.

Ich konnte nicht begreifen, wie Florence Kaseke zu einer solchen Entscheidung gekommen war. Es zeigte deutlich, wie die Behörde organisiert war und wie man uns dort betrachtete. Niemand hatte uns gegenüber jemals ein Wort über diese angeblichen Unregelmäßigkeiten verloren. Niemand hatte angedeutet, dass es Probleme geben könnte. Mrs Kaseke, eine kleine, rundliche Dame, hatte gelächelt und war freundlich gewesen, zumindest solange wir in ihrem Büro saßen. Und dennoch hatte sie eines Tages Stella angerufen, die nicht einmal für die Behörde arbeitete, und ihr gesagt, sie solle Chipo zurückholen. Angesichts ihrer Position als Gerichtsbeamtin, deren Aufgabe es sein sollte, stets im Interesse der ausgesetzten Kinder zu entscheiden, war ihre Haltung noch viel unverständlicher. Im Waisenhaus hatte Chipo über ein Drittel ihres Geburtsgewichts verloren, war drei Mal ins Krankenhaus gekommen und wäre fast gestorben. Seit sie bei uns war, hatte sich ihr Gewicht beinahe vervierfacht, sie hatte gelernt zu lächeln und zu lachen, nach Dingen zu greifen und zu reagieren. Dass die Beamtin, die für ihr Wohlergehen sorgen sollte, es für geboten hielt, sie ins Waisenhaus zurückzuschicken, ergab keinen Sinn.

Aber nach meinen Erfahrungen mit dem Leiter der Grenzkontrollbehörde, mit Mrs Kaseke und den düsteren, antiwestlichen Leitartikeln, die immer häufiger in den staatlichen Medien auftauchten, wurde es zunehmend offensichtlicher, dass Mugabes Regierung möglichst wenig mit Amerikanern zu tun haben wollte – und diese Haltung sollte schon bald ganz offen vertreten werden. Es gab also keinen Grund, daran zu zweifeln, dass das, was Mrs Kaseke Stella gesagt hatte, ernst gemeint war.

Und dennoch: Chipo würde auf keinen Fall ins Waisenhaus zurückkehren, ganz egal, was Florence Kaseke dazu sagte. Theorie und Realität sind häufig zweierlei. Ich hatte bereits zu viele Länder in Anarchie versinken sehen, um nicht zu wissen, dass Menschen oft zu verzweifelten Maßnahmen gezwungen sind, sobald das Gesetz dehnbar wird. Doch bisher hatte ich über so etwas nur berichtet und es nicht am eigenen Leib erfahren. Jetzt, da ich auf der anderen Seite stand, war ich erstaunt darüber, wie sehr sich diese beiden Perspektiven voneinander unterschieden. Entweder wir brachten Mrs Kaseke dazu, ihre Meinung zu ändern, oder wir würden mit Chipo fliehen müssen, was so mancher sicher als Kidnapping bezeichnen würde.

Und so entwarfen wir einen Notfallplan. Er war recht simpel. Ich rief eine Freundin an, die am anderen Ende der Stadt wohnte. Sie war allein erziehende Mutter und hatte ein paar kleine Töchter und einen ganzen Haufen Nichten und Neffen. Ich schilderte ihr die Lage und fragte sie, ob wir Chipo im Fall einer ernsthaften Krise eine Weile bei ihr unterbringen könnten. »Natürlich«, erwiderte sie. »Ich habe hier so viele kleine Mädchen, da fällt eins mehr nicht weiter auf.«

Ich dankte ihr, legte auf und rief einen Freund an. Er fuhr jedes Wochenende aufs Land, um seine Familie zu besuchen. Ich wiederholte meine Erklärung und fragte ihn, ob er Chipo eventuell mitnehmen könne – Notfalloption Nummer zwei. »Kein Problem«, sagte er.

Am nächsten Tag, keine 24 Stunden vor dem Treffen mit Mrs Kaseke, traf ich mich mit einer dritten simbabwischen Freundin und besprach den nächsten Teil des Planes mit ihr. Falls es hart auf hart kam, sollte sie mit Vita und Chipo im Bus nach Beitbridge fahren, an die Grenze nach Südafrika. Dort überquerten jeden Morgen Marktfrauen die Grenze, um Schmuck und andere Souvenirs zu kaufen, die sie am selben Tag in Harare weiterverkauften. Unsere Freundin sollte die typische Tracht einer Marktfrau anlegen – Wickelrock, langes Hemd und Turban – und sich Chipo auf den Rücken binden wie ihr eigenes, schlafendes Kind. Die Pässe der Händlerinnen wurden selten geprüft, und falls doch, würde der Grenzbeamte nicht erwarten, dass man für ein Kind in Chipos Alter einen Pass bei sich hatte. Vita sollte warten, bis sie die Grenze sicher passiert hatten, und dann selbst hinübergehen. Unsere Freundin würde sie in einer öffentlichen Toilette erwarten und ihr Chipo übergeben. Ich würde mein weißes Gesicht unterdessen aus der ganzen Sache heraushalten, nach Johannesburg fliegen, dort ein Auto mieten und Vita und Chipo einsammeln. Unsere Freundin sollte ein paar Schmuckgegenstände kaufen, dann die Grenze wieder überqueren und mit dem Bus nach Hause zurückfahren.

»Toller Plan«, sagte sie, und ihre Lippen kräuselten sich ein wenig. »Aber was macht ihr dann?«

»Gute Frage«, antwortete ich. »Ich habe keinen blassen Schimmer.«

Doch um ehrlich zu sein, ich glaubte gar nicht, dass es überhaupt so weit kommen würde. Sollte Florence Kaseke am Ende unserer Unterredung versuchen, Chipo mitzunehmen, würde Vita, davon war ich überzeugt, sie mit einem gezielten Kinnhaken zu Boden schlagen und dann über ihr stehen wie Muhammad Ali über Sonny Liston und sie herausfordernd fragen, ob sie es nicht noch mal versuchen wolle.

Kurz nach neun klingelte es am Tor.

Mavis hatte das Haus geschrubbt, bis alles glänzte. Judah hatte den Rasen gemäht und ihn anschließend mit der Nagelschere nachgeschnitten. Vita hatte Chipo so sauber geschrubbt, dass sie fast schon rosig aussah. Ich hatte die medizinischen Berichte, die Notfallsorgerechtserklärungen und alle anderen Unterlagen von der Sozialbehörde in chronologischer Reihenfolge auf dem Couchtisch ausgebreitet.

Nachdem alles bereit war, bat Vita Mavis, Tee zu machen – das verlangte die gesellschaftliche Etikette –, und ich betätigte den Türöffner. Dann ging ich hinaus zur Garagenzufahrt, um Stella und Mrs Kaseke, die dort im Wagen des Waisenhauses vorfuhren, zu begrüßen. Ich hielt ihnen die Türen auf, half ihnen aus dem Wagen und zeigte ihnen meine allerbesten Südstaatenmanieren.

Ein paar Minuten später saßen wir alle im Wohnzimmer um den runden Couchtisch. Mavis schenkte den Tee aus, und jeder versuchte, einen ganz entspannten Eindruck zu machen, als würden wir morgens nie etwas anderes tun. Chipo saß auf Vitas Schoß, zog an ihren Dreadlocks und lachte. Stella machte ein wenig Smalltalk, deutete mit bewundernden Gesten auf die Palmen vor den Fenstertüren. Und dann sagte sie: »Eben habe ich Mrs Kaseke noch erzählt, wie viel Chipo zugenommen hat! Schauen Sie sich doch nur mal die kleinen Pausbäckchen an! Als sie noch im Waisenhaus war, war sie so winzig!«

Vita ergriff die Gelegenheit und begann, Chipos Essgewohnheiten zu erläutern. Ich hielt dazu die Wachstumstabelle hoch, wie bei einer Werbekampagne. Dann reichte ich Mrs Kaseke die Krankenakten aus der Avenues Clinic und aus dem Trauma Center, dazu die Rechnungen über Beträge, die höher waren als die Zuschüsse, die die Regierung dem ganzen Waisenhaus in einem Monat zukommen ließ. Dann reichte ich ihr die Notfallerklärungen, allesamt unterschrieben und gestempelt, im Abstand von jeweils 14 Tagen, und wies darauf hin, dass sie von zwei verschiedenen Sozialarbeitern, Chapara und Sibanda, unterschrieben worden waren und sogar von ihrem Chef, Tony Mtero.

Kaseke saß mit distanziertem Lächeln und übereinander geschlagenen Beinen da; sie war höflich, ließ sich jedoch nicht beeindrucken. Es wurde sofort klar, dass sie diejenige war, die die täglichen Geschäfte in der Behörde regelte, auch wenn Tony Mtero ihr offiziell übergeordnet war, und dass sie auch die Entscheidungen fällte – unglücklicherweise, denn gleich darauf tat sie unsere kleine Präsentation von Chipos Genesung mit einer Handbewegung ab.

»Aber es gibt so viele Kinder, um die man sich kümmern muss«, sagte sie in gelangweiltem Ton. »Chipo ist nicht das einzige.«

Eine Pause entstand. Ich spürte, wie sich ein Netz aus Hitze über meinen Rücken legte und bis zum Hals hinaufkroch. Ein Schweißtropfen rann mir den Nacken herunter.

»Deshalb arbeiten wir ja auch im Chinyaradzo«, murmelte ich. Vita griff wie auf ein Stichwort zu den Unterlagen auf dem Tisch, nahm die heraus, die unsere Spenden dokumentierten – Lebensmittel, Medikamente, Hygieneartikel –, und reichte sie Mrs Kaseke. Ich sah, dass auch ihr Gesicht bereits von Schweiß glänzte, obwohl sie Make-up trug. »Ich bin mir durchaus darüber im Klaren, wie viele bedürftige Kinder es gibt, Mrs Kaseke«, fuhr ich fort und spürte, wie ich wieder an Tempo und Sicherheit gewann. »Wir nehmen auch gerne noch ein weiteres Kind bei uns auf. Auch zwei, wenn Sie wollen, nachdem die Not ja so groß ist. Wissen Sie was? Wählen Sie doch ein Kind für uns aus, Mrs Kaseke. Sie bringen uns ein Kind, und wir nehmen es in Pflege. Sie können es uns schon heute Abend bringen.«

Vita beugte sich vor und sah mich mit hochgezogenen Augenbrauen an, sagte aber nichts.

Ich meinte dieses spontane Angebot durchaus ernst, doch gleichzeitig war es eine nicht eben sehr subtile Falle. Wenn Mrs Kaseke uns ein Kind brachte, konnte sie selbst in Verdacht geraten, bestochen worden zu sein, und würde uns deshalb in Zukunft gegen derartige Unterstellungen verteidigen müssen. Es war ein guter Gedanke, aber ich setzte nicht allzu viele Hoffnungen darauf; und das war auch gut so, denn noch ehe der Tee ein bisschen abgekühlt war, erwies sich, dass Mrs Kaseke nicht darauf hereinfallen würde.

»Aber das ist doch genau der Punkt, Mr Tucker. Sie wurden nicht als Pflegeeltern anerkannt. Das Gesetz ist eindeutig. Kein Kind, das sich in staatlicher Obhut befindet, kann in eine Familie kommen, die nicht vorher anerkannt wurde. Sie wurden nicht anerkannt, und trotzdem haben Sie ein Kind. Viele Eltern hätten gern ein Kind, aber sie haben keines. Es macht keinen guten Eindruck, wenn reichen Amerikanern einfach so ein Kind überlassen wird.«

»Und wo sind diese Eltern, Mrs Kaseke, die sich angeblich darum reißen, ein Kind zu adoptieren?«, fragte Vita, die jetzt zunehmend in Wut geriet. »Nach Ihren eigenen Aussagen in der SUNDAY MAIL fehlt der Regierung das nötige Geld, um sich um die Kinder zu kümmern, und Sie haben Eltern dazu aufgerufen, sich zu melden. Das haben wir getan. Und heute kommen Sie und versuchen, das Kind zurück in ein Waisenhaus zu bringen, von dem Sie selbst gesagt haben, dass es dort zu viele Kinder gibt.«

»Aber Sie sind keine Simbabwer. Die Adoptionsgesetze für Ausländer …«

»Mrs Kaseke, wir haben für Chipo keinen Antrag auf

Adoption gestellt, also spielen unsere Pässe hier keine Rolle«, unterbrach ich sie. »Bleiben wir bei den Tatsachen, die die Dokumente hier vor Ihnen auf dem Tisch belegen. Diese offiziellen simbabwischen Dokumente beweisen«, fuhr ich fort und sprach dabei jedes Wort betont langsam und deutlich aus, »dass die Initiative, Chipo bei uns aufzunehmen, ursprünglich nicht von uns ausgegangen ist. Vita hat sie überstürzt ins Krankenhaus gebracht, nicht zu uns nach Hause. Der dortige Arzt hat uns gebeten, sie aufzunehmen, und Ihre Behörde hat das genehmigt. Danach wurde ein Sozialbericht angefertigt. Anschließend ein zweiter. Wie sich herausgestellt hat, gibt es tatsächlich einen gesetzlichen Weg, Kinder an ihrem Notfallzufluchtsort zu behalten, aber das haben wir erst durch Ihre Behörde erfahren. Die entsprechenden Erklärungen sind nur jeweils vierzehn Tage gültig, und drei verschiedene Mitarbeiter Ihrer Behörde haben sie unterschrieben. Die Anzahl der genehmigten Erklärungen ist unbegrenzt, und es ist nicht gesetzlich vorgeschrieben, dass es sich bei dem Zufluchtsort um das Haus anerkannter Pflegeeltern handeln muss. Inzwischen haben wir einen Antrag auf Pflegeelternschaft gestellt und sämtliche Unterlagen beigebracht, die Mrs Sibanda von uns haben wollte. Die einzige medizinische Meinung dazu stammt von Dr. Paz, und sein Schreiben sagt ausdrücklich, dass Chipo hier sein soll – und nicht im Chinyaradzo.«

Während sich das Gespräch immer weiter in die Länge zog, wanderte Chipo von einem zum anderen. Sie saß erst auf Vitas Schoß, dann auf meinem und dann auf Stellas, die sie schließlich an Mrs Kaseke weitergab. Und da tat Chipo etwas sehr Merkwürdiges, das eigentlich klingt, als hätte man es sich ausgedacht. Als sie auf Mrs Kasekes

Schoß saß, hörte sie auf, zu lachen oder auch nur zu lächeln. Dieser Stimmungswandel kam so plötzlich, wie eine Tür durch einen Windstoß zuknallt. Sie saß da und starrte Mrs Kaseke einfach nur an, fast ohne zu blinzeln. Vita bemerkte es als Erste, dann Stella und schließlich ich.

»Hey, Chip, wie wär's denn mal mit einem Lächeln?«, rief Vita und versuchte, einen leichteren Ton in die inzwischen sehr hitzige Diskussion zu bringen.

Florence Kaseke versuchte zu lachen; dann versuchte sie, Chipo zu ignorieren. Schließlich reichte sie sie entnervt an Stella zurück, und sofort war Chipo wieder das fröhliche kleine Mädchen. Es war ein wenig unheimlich, und Vita und ich tauschten einen Blick. Mrs Kaseke blieb danach keine fünf Minuten mehr. Es schien, als würde sie glauben, Chipo hätte sie mit einem Fluch belegt. Sie brach so unvermittelt auf, dass sie uns ohne ein weiteres Wort über Chipos Status verließ und die Situation fast genau so in der Luft hing wie zu Beginn des Gesprächs. Auf die Bestechungsvorwürfe war sie mit keinem Wort zu sprechen gekommen.

Ich brachte die beiden zurück zum Wagen, hielt Mrs Kaseke die Tür auf und schloss sie hinter ihr, lächelte freundlich und winkte zum Abschied, als sie durch das Tor hinausfuhren. Dann ging ich zu Herbert hinüber, dem Mann, der am Tag vor dem Tor Wache hielt. Ich bat ihn, sich den Wagen und die Leute darin gut anzuschauen, vor allem die Frau auf dem Beifahrersitz. Er sagte, das habe er getan.

»Gut«, sagte ich. »Denn ich will weder den Wagen noch diese Frau je wieder hier sehen.«

Die Sache begann, eine unschöne Wendung zu nehmen.

Kapitel 11

Regenzeit

Kurz darauf begann in Harare der Regen zu fallen, und er schwemmte Stromleitungen, Telefonverbindungen und den Fernsehempfang davon. Straßengräben verwandelten sich an den späten Nachmittagen in reißende Flüsse, Wasser tropfte von den Bäumen und wurde in Schwällen von den vorbeifahrenden Autos emporgespritzt. Der Donner schien direkt über den Baumwipfeln zu grollen, man duckte sich unwillkürlich unter seinem Krachen, und die Teetassen klirrten auf ihren Untertassen. Hunde flitzten davon und verkrochen sich ängstlich. Und dann schlug irgendwo ein Blitz ein, mit der Macht einer Explosion, die Fensterscheiben klirrten, das Licht begann zu flackern und verlosch, und man hörte nur noch den Regen auf das Blechdach trommeln.

An diesen trüben Nachmittagen zogen wir die Vorhänge zurück und sahen zu, wie der Regen in Strömen auf unseren Garten niederging. Er brachte eine unbehagliche Mixtur aus Depression, Verunsicherung und Armut mit sich und das Gefühl, Tausende von Kilometern vom Rest der Welt entfernt zu sein. In Rom oder in Manhattan gingen die Leute jetzt ins Büro, chatteten im Internet und tranken Cappuccino. Hier waren die Telefonleitungen tot, das ganze Land brach zusammen, und es gab kaum Ablenkung. Die Regale in den Buchhandlungen standen voll mit billigen Taschenbüchern, den Memoiren von Prominenten und den Romanen vom letzten Jahr, die sich unter reicheren, weit entfernten Menschen gut verkauft hatten. Die Kinos in den Einkaufszentren zeigten Hollywoodfilme der vorigen Saison, die auf ihrer Rundreise durch die internationalen Einöden und toten Flecken der Filmindustrie hier zuallerletzt Station machten. Am Wochenende waren die Cafés in der Nähe der Kinos am späten Abend brechend voll und erfüllt von lebhaftem Geplauder und dem Klirren von Gläsern. Ein Freund aus Ägypten hatte mir ein Päckchen schicken wollen, doch das Postamt in Kairo hatte sich geweigert, es anzunehmen. Der Beamte hatte einen Blick auf die Zieladresse geworfen und verkündet: »Ein Land namens Simbabwe gibt es nicht.« Dann hatte sein Vorgesetzter das Päckchen öffnen lassen, um es auf Schmuggelware zu untersuchen.

In allen Zimmern unseres Hauses standen Kerzen – dünne Kerzen, dicke Kerzen, hohe Kerzen, kleine Kerzen –, und ihr gelbliches Licht flackerte durch die abendliche Dunkelheit. Chipo betrachtete sie fasziniert.

Und immer noch regnete es.

Der Swimmingpool sah aus, als würde er ununterbrochen mit Maschinengewehrladungen von Regentropfen beschossen. Die Palmen neigten sich unter den Schauern zur Seite. Der Regen fiel in so dichten Schnüren, dass ich kaum weiter sehen konnte als bis zu unseren Jakarandabäumen. Am Hang über unserem Grundstück sammelte sich das Regenwasser zu einem See, gleich hinter unserer Gartenmauer. Der Wasserspiegel stieg auf 30, dann auf

60 und 90 Zentimeter und schließlich auf über einen Meter an, dann brach die Mauer zusammen, und eine wahre Kaskade aus Wassermassen und berstenden Ziegelsteinen ergoss sich über unsere Garagenauffahrt.

Anfang Dezember schickte ich meiner Redaktion folgende E-Mail: »Die Zeitungen hier behaupten, Harare werde von den heftigsten Gewittern seit Menschengedenken heimgesucht. In ein paar Stadtteilen, die eine bevorzugte Behandlung erfahren, geht es noch. Aber unsere Telefonleitungen sind tot oder so stark gestört, dass man kein Wort versteht. E-Mails, Faxe und Anrufe waren mir bisher nicht möglich. Heute haben wir bereits seit vierzehn Stunden keinen Strom. Ich schreibe diese Mail in den letzten paar Minuten, die mein Akku noch halten wird, und werde sie über das Satellitentelefon versenden, dessen Batterien allerdings auch fast leer sind.«

Wir aßen im Restaurant und gingen mit Chipo zur städtischen Bowlingbahn – das Klappern der Kegel und der Lärm brachten sie immer wieder zum Lachen. Vita war die Hauptorganisatorin einer Wohltätigkeitsveranstaltung zur Beschaffung von Schulgeld für verarmte Mädchen: eine Versteigerung geschmückter Weihnachtsbäume. Wir ersteigerten einen, der im Chinyaradzo aufgestellt werden sollte. Mitsamt dem Fernseher, den meine Eltern für die älteren Kinder gespendet hatten, als sie zu Besuch waren, hatten wir damit in diesem Jahr von allen Spendern das Meiste für das wichtigste Waisenhaus des Landes getan.

»Waisenhaus vor ernsthaften finanziellen Problemen«, so lautete die Schlagzeile auf Seite vier des HERALD. »Aufgrund von wirtschaftlichen Problemen und durch die Geißel Aids war die Anzahl der Kinder, die Unterstützung benötigen, in bisher nicht gekannte Höhen gestiegen«, berichtete der Artikel mit dem für die Zeitung typischen, etwas willkürlichen Gebrauch der Zeiten. »Das Heim zählt vor allem zur Weihnachtszeit auf die Großzügigkeit der Öffentlichkeit und der Unternehmen. In diesem Jahr jedoch hat es kein bisschen Zuwendung erhalten.«

Stella wurde mit der Aussage zitiert, dass man inzwischen begonnen habe, Kinder an andere Waisenhäuser zu verweisen. Florence Chitauro, die Ministerin für Öffentlichkeit, Arbeit und Soziales, erklärte, dass die Regierung nicht mehr erübrigen könne als die monatliche staatliche Zuwendung für jedes Kind, die zu diesem Zeitpunkt umgerechnet 3,90 US-Dollar betrug.

Mugabe hielt seine jährliche Rede zur Lage der Nation. Er sagte, die Probleme des Landes seien den Auswirkungen von El Niño auf die allgemeine Wetterlage zuzuschreiben, welche wiederum die Tabakernte beeinflusse, außerdem einer Verschwörung von Finanzspekulanten, die es darauf abgesehen hätten, die Landeswährung noch weiter sinken zu lassen.

Die Toten, die wie Feuerholz in den Leichenhallen gestapelt lagen, erwähnte er mit keinem Wort.

Immer öfter sagten auch die Aids-Aktivisten, dass es nach wie vor schwierig sei, große Teile der Öffentlichkeit dazu zu bewegen, ihre Gewohnheiten den neuen Gegebenheiten anzupassen. Westliche Firmen überschwemmten die Geschäfte mit Kondomen, die für umgerechnet zwei Cent pro Stück zu haben waren. Die Aktivisten und Aids-Entwicklungshelfer in Harare berichteten jedoch, es sei praktisch unmöglich, die Männer dazu zu bringen, sie immer zu verwenden. »Fast jeder in Simbabwe weiß, was Aids ist und wie die Krankheit übertragen wird«, erzählte Andrew Mutandwa, ein bekannter Gesundheitsjournalist. »Das Problem ist, dass sich nur die Allerwenigsten entsprechend verhalten.«

Irene Ncube, eine große, schlanke, hübsche Frau aus der Volksgruppe der Ndebele, schnitt mir alle paar Wochen die Haare, wenn ich zufällig an dem Friseursalon vorbeikam, in dem sie arbeitete. Dann fragte sie mich nach meinen Reisen oder erzählte lustige Geschichten von ihrer halbwüchsigen Tochter, und durch unsere Gespräche blieb ich oft viel länger dort, als es ein einfacher Haarschnitt erfordert hätte. Sie lebte allein, und wenn sie von ihren Dates erzählte, schimpfte sie immer wieder darüber, wie unvorsichtig die Männer im Allgemeinen seien. Eines Tages, als sie mir gerade die Spitzen schnitt, fragte ich sie, ob sie denn »aufpasse« und ob sie schon mal einen HIV-Test gemacht habe. Ihre Miene im Spiegel war genauso fassungslos, als hätte ich ihr ein unmoralisches Angebot gemacht.

»Aber Neely! Kondome? Ein HIV-Test? Hältst du mich etwa für eine Hure?«, flüsterte sie mir schockiert ins Ohr. »Was ist, wenn der Test positiv wäre? Dann könnte ich nicht mehr arbeiten. Ich würde aufgeben und wäre innerhalb von zwei Tagen tot. Erst die ganze Schande, und dann wäre ich tot.«

Ein paar Wochen später reiste ich nach Ruanda. In der nordwestlichen Provinz Ruhengeri, ganz in der Nähe der dicht bewaldeten Grenze zum Kongo, waren in den letzten zwei Jahren über 10 000 Menschen getötet worden. Jenseits der Grenze tobte weiterhin die Rebellion. Hrvoje Hranski, ein Reporter von AP, den ich aus Bosnien kannte, hatte eine Schussverletzung in der Brust davongetragen, als er aus Kisangani berichtete. Er war mit einem Hubschrauber ausgeflogen worden und hatte überlebt. Mit ihm waren in den vergangenen Monaten vier Journalisten aus westlichen Ländern in Afrika beschossen worden. Einer davon, Myles Tierney, war in Sierra Leone angeschossen worden und hatte nicht überlebt.

In Ruhengeri vertrieb die von den Tutsi dominierte Armee etwa 450 000 Menschen aus dem Hügelland und brachte sie in »Umsiedlungsdörfern« in den Tälern unter. Tagsüber durften die Menschen auf ihren Feldern an den Hängen arbeiten. Doch nach Einbruch der Dunkelheit wurde in den Hügeln wahllos gefeuert.

In der Abenddämmerung sah man auf den Wegen eine schweigende Prozession hunderttausender Männer, Frauen und Kinder, die Ackerbaugeräte auf dem Kopf trugen. Soldaten behielten sie wachsam im Auge, und kaum jemand sagte ein Wort. Interviews schienen nicht möglich zu sein, obwohl der Ortsvorsteher uns die schriftliche Erlaubnis dazu erteilt hatte.

Als wir langsam durch die Menge fuhren, trafen wir schließlich eine junge Frau in einem einfachen grünen Kleid, die sich bereit erklärte, zu uns ins Auto zu steigen. Sie legte sich vor dem Rücksitz auf den Boden, sodass sie niemand sehen konnte. Und während der Fahrer den Wagen langsam vorwärts steuerte, ein Auge stets auf den Rückspiegel gerichtet, erzählte sie. Ich blickte starr geradeaus und machte mir dabei Notizen. Sie hieß Anonsiata Mufankusi, kritzelte ich auf meinen Block, war eine Hutu und 24 Jahre alt. Vor einem Monat hatte man sie aus ihrem Zuhause in den Bergen vertrieben. Ihr Vater und ihre drei Brüder waren getötet worden – von wem, wusste sie nicht. Es war dunkel gewesen, und die Män-

Der Weg zu dem Ort, an dem Chipo ausgesetzt wurde.

Hier hat Chipos Retterin den Säugling gefunden.

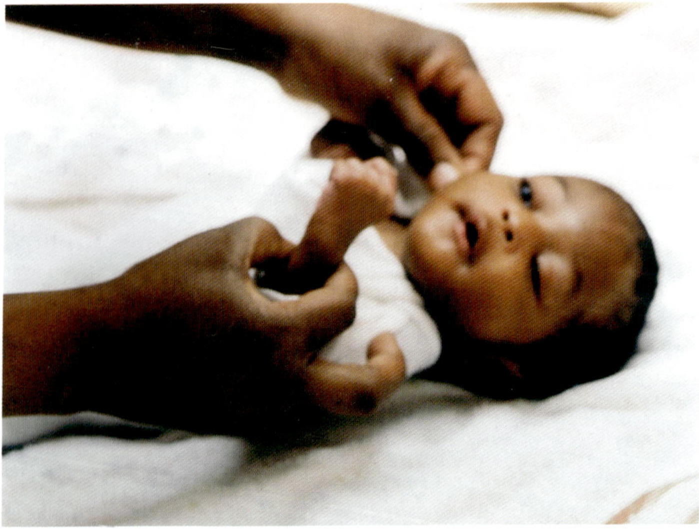

Chipo an dem Tag, als wir sie kennen gelernt haben.

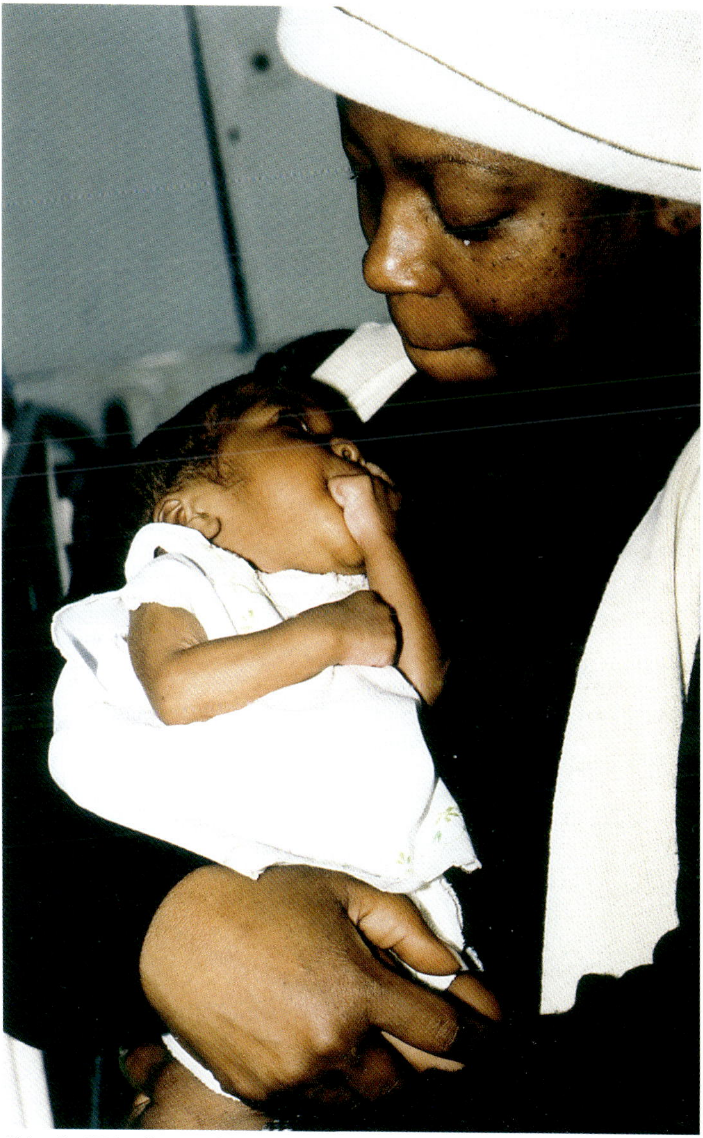

Chipo im Waisenhaus auf den Armen von Vita.

Chipo an jenem einzigartigen Tag, als sie mit ihrer kleinen Hand meinen Finger festhielt.

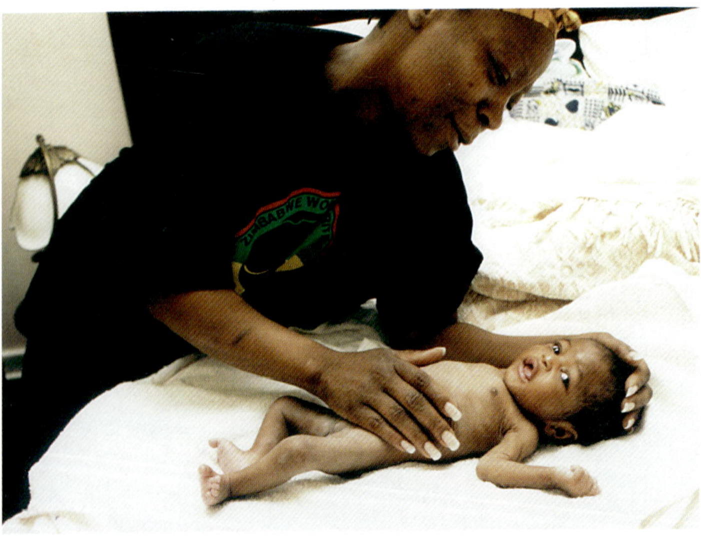

Chipo in ihrem neuen Zuhause. Sie ist noch sehr schwach.

Einige Wochen später geht es Chipo schon viel besser.

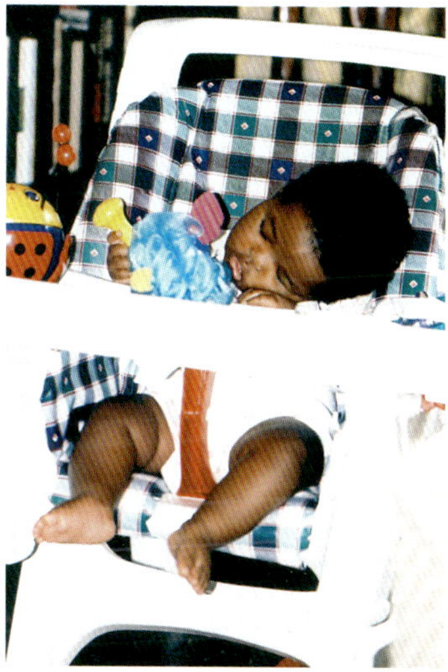

An manchen Tagen ist Chipo nach dem Essen vor Erschöpfung eingeschlafen.

An der Hand von Vita lernt Chipo laufen.

Der Ort, wo Chipo wie durch ein Wunder gefunden wurde.

Vita und Chipo zu Besuch im Waisenhaus. Links sitzt die Direktorin Stella Mesikano.

Der amerikanische Botschafter Tom McDonald und Vita bei der Verleihung des USAID Förderpreises an das Waisenhaus Chinyaradzo. Vita und ich haben die Fördergelder für eine verbesserte Ausstattung des Waisenhauses bestimmt, um der hohen Säuglingssterblichkeit entgegenzuwirken.

Ein glücklicher Vater! Mit Chipo in unserem Garten.

Noch immer warten wir auf die offizielle Genehmigung der Adoption und darauf, dass sich die politische Lage in Simbabwe beruhigt.
Chipo und Vita sind zu Besuch in Mississippi. Chipo auf dem Arm ihres Großvaters.

Unsere glückliche kleine Familie auf der Veranda unseres Farmhauses.

Chipo beobachtet fasziniert die Züge.

Chipo mit der Sozialarbeiterin Florence (links) und unserer Freundin Constance während der Anhörung zur Adoption.

Mit der Sozialarbeiterin Margaret Tsiga wenige Minuten nach der offiziellen Bestätigung der Adoption.

Chipo an dem Tag, als der Adoption stattgegeben wurde.

Chipo wird amerikanische Staatsbürgerin.

Vita und Chipo bei einem Picknick auf dem Rasen vor dem Weißen Haus.

Chipo beim Spielen mit ihrer Kusine im amerikanischen Belle Isle.

Im Sommer 2002 - Chipo, das schönste Geschenk unseres Lebens.

Wir haben uns für das Osterfest schick gemacht.

2004: Meine glückliche Familie.

ner hatten keine Uniform getragen. »Sie haben alle dort umgebracht und die Häuser niedergebrannt. Ich bin weggelaufen. Ich weiß nicht, wer die Mörder waren.« Wir kamen an ein Straßenstück mit besonders vielen Leuten, ich beugte mich nach hinten und öffnete die hintere Tür. Sie schlüpfte aus dem Wagen und verschwand in der Menge, ohne dass wir anhielten.

Sechs Kilometer weiter hielt uns der Wachposten vor dem Lager an. Er verlangte von uns, ihm die Frau zu bringen. Wir hatten keine Soldaten gesehen, es hatte keine Telefone auf der Strecke gegeben, und es war auch kein anderes Auto vorbeigekommen. Ich fluchte innerlich, ohne dem Blick des Soldaten auszuweichen, und fragte mich, wie er das bloß herausgefunden hatte. Dann lächelte ich ihn etwas verwirrt an und behauptete, nicht zu wissen, von wem er spreche. Meinem Fahrer und Dolmetscher, der aus Kigali stammte und sich Charles Africa nannte, stand der Schweiß auf der Stirn, als der Soldat ein paar Befehle brüllte. Charles wendete den Wagen und machte sich auf den Rückweg. Ich fuhr ihn scharf an, wütend, weil er die Anweisungen des Soldaten einfach so befolgte, und schlug ihm vor, etwa zwanzig Minuten in der Gegend herumzufahren, dann zurückzukommen, den Kopf zu schütteln und zu behaupten, wir hätten sie nicht gefunden. Charles gab keine Antwort. »Da ist sie«, sagte er schließlich, als er ihr grünes Kleid am Straßenrand sah. Sie stieg in den Wagen, lächelte und sagte, es sei nicht weiter schlimm. Bevor sie im Wachhaus verschwand, winkte sie uns noch einmal zu. Der Wachposten befahl uns zu verschwinden. Ich erwiderte, ich hätte die Dame hergebracht und werde sie auch wieder zurückbringen. Er schenkte mir keine weitere Beachtung. Ich zog die schriftliche Genehmigung des Ortsvorstehers hervor. Der Soldat wandte sich ab und sagte in scharfem Ton etwas zu Charles, auf Kinyarwanda, der meistgesprochenen Sprache in Ruanda. Dann nahm er das Gewehr von der Schulter und brachte es in Anschlag. Charles trat aufs Gaspedal.

Wir hauten ab. Wir konnten nichts anderes tun.

Dann fuhren wir weiter nach Süden, nach Nyamata. Bei dem Völkermord vor vier Jahren hatten mehr als 1 100 Menschen in der katholischen Kirche des Dorfes Zuflucht gesucht. Die Interahamwe hatten sie mit Macheten und Maschinenpistolen abgeschlachtet.

Jetzt standen ihre Schädel in einem unterirdischen Gewölbe auf langen Regalbrettern aufgereiht. In einem Nebenraum befand sich die verkohlte Mumie einer Frau. Man sah noch Reste eines breiten Gegenstands, der gewaltsam in ihre Vagina eingeführt worden war, und sie schien die Überreste eines Babys an die Brust zu drücken. Beide waren bei lebendigem Leib verbrannt.

Ein kleiner Junge spazierte dort herum. Er hieß Casius Niyonsaba. Er war ein Tutsi, zehn Jahre alt, und am Hinterkopf hatte er eine 15 Zentimeter lange Narbe. Seine Mutter, sein Vater und seine drei Schwestern waren in der Kirche erschlagen worden, direkt hinter dem Altar. Er nahm mich an der Hand und zeigte mir die Stelle. Er hatte nur überlebt, erzählte er, weil seine Mutter auf ihn gefallen war. Die Machete, die sie das Leben gekostet hatte, war durch ihren Körper hindurchgefahren, hatte ihn am Hinterkopf getroffen und eine Kerbe in seinem Schädel zurückgelassen.

Wir fuhren ein paar Kilometer weiter, zu einer anderen Kirche, in der ebenfalls ein Massaker stattgefunden hatte. Die Schädel lagen in 51 Reihen, jeweils elf hintereinander, in einem überdachten Bretterverschlag. Das Innere der Kirche war nach dem Massaker unverändert geblieben: ein grausiges Mahnmal. Überall lagen faulende Säcke mit Getreide und zerfallende Säcke mit Kleidungsstücken. Zerbrochene Ziegelsteine, zersplitterte Knochen und die stinkenden Überreste Dutzender Leichen bedeckten den Boden.

Der Verwalter, ein schlanker, ernster Mann in zerrissenen Hosen und einem abgetragenen Hemd, führte uns hinein. Wir traten auf die wenigen Stellen am Boden, die nicht von Schutt bedeckt waren. Man hatte die Bänke herausgerissen, aber die Stangen, auf denen sie gestanden hatten, waren noch dort, und man ging darauf zwischen den Überresten auf dem Boden hindurch.

Wir standen auf diesen Stangen, während der Verwalter, der den Angriff überlebt hatte, berichtete. Ich bewegte mich ein bisschen und rutschte mit einem Fuß von der Stange ab, schrieb dabei aber immer weiter mit, bemüht, mit der Erzählung Schritt zu halten. Ich bewegte meinen Fuß ein wenig hin und her und stieß schließlich an etwas.

Erst dachte ich, es wäre ein Hühnerskelett, das aus irgendeinem Grund noch nicht in sich zusammengefallen war. Doch dann bückte ich mich und schaute es mir genauer an. Ich traute meinen Augen nicht. Es waren die zersplitterten Reste des Brustkorbs eines Babys. Meine Fußspitze steckte mittendrin, und ich war die ganze Zeit mit den Zehen an den Rippenbogen gestoßen.

Ich ging nach draußen, lehnte mich gegen die Motorhaube des Wagens und wartete, bis der Fotograf mit seiner Arbeit fertig war. Anschließend fuhren wir über die staubigen Straßen zurück nach Kigali. Es gab nicht viel zu sagen.

In dieser Zeit des endlosen Regens und der tiefen Melancholie wurde eines Nachmittags ein brauner Umschlag bei uns abgegeben. Er kam aus Dr. Paz' Praxis und enthielt das Ergebnis von Chipos HIV-Test.

Vita und ich betrachteten den Umschlag, als wäre er eine Schlange, die sich auf unserem Küchentisch wand. Die Freude, die wir in den vorangegangenen Wochen verspürt hatten, als Chipo immer mehr aß und regelmäßiger atmete, sank in sich zusammen wie ein Ballon, aus dem man die Luft herausgelassen hatte. Wir hatten immer gewusst, wie die Chancen standen. Doch jetzt mussten wir ihnen ins Auge sehen. Es war kein Laut im Raum zu hören, selbst die Uhr an der Wand schien stehen geblieben zu sein. Ich sah, wie meine Hand sich zum Tisch hin ausstreckte und nach dem Umschlag griff. Ich drehte ihn in den Händen, ein Mal, zwei Mal. In meinen Schläfen pochte es. Dann riss ich ihn kurz entschlossen auf und nahm das Stück Papier heraus. Ich überflog die Zeilen und Kästchen und die schwierigen medizinischen Ausdrücke, bis mein Blick schließlich an einem einzigen Wort hängen blieb. Es schien in allen Regenbogenfarben zu schillern.

Negativ.

Mit einem Aufschrei warf ich das Blatt in die Luft. Vita schwankte, vergrub das Gesicht in den Händen, dann fing sie an zu lachen. Während der folgenden Jubelfeier – wir rannten durchs ganze Haus und schwenkten Chipo durch die Luft, als hätte sie gerade den entscheidenden Homerun für den Sieg bei der World Series im Baseball erzielt – fragte ich mich, ob die Frau, die Chipo zur Welt gebracht hatte, wohl noch am Leben war. Vielleicht hatte sie bereits gewusst, dass sie an Aids erkrankt war. Vielleicht hatte sie das Kind auch aus ganz anderen Gründen ausgesetzt. Die Frage beschäftigte mich eine Weile, doch dann verschwand sie unter dem Gelächter, dem Jubel und dem Freudentaumel, der für diesen Nachmittag über uns hereingebrochen war, als wären plötzlich lauter gelbe Rosenblätter vom Himmel gefallen.

Kapitel 12

Persona non grata

Noch Tage später erfüllte mich ein solches Gefühl der Erleichterung, dass es sich beinahe anfühlte wie Muskelkrämpfe. Ich stand beispielsweise an der zweigeteilten Küchentür, hatte die obere Hälfte geöffnet und schaute zu, wie der Regen auf die Steine der Terrasse prasselte, und plötzlich begann meine rechte Schulter zu zucken. Dann wanderte das Zucken weiter in den Rücken. Es tat nicht weh – es war, als würde man an den Stimmwirbeln einer Gitarre drehen und zusehen, wie sich die Saiten abrollten. Das Jahr ging zu Ende, es war bald Weihnachten, und ich konnte einfach kein Interesse mehr für meine Arbeit aufbringen, die mich um die halbe Welt geführt hatte und meine naiven Kindheitsträume in die Realität eines Erwachsenen überführt hatte. Ich lief durch das Haus, hielt Chipo hoch über dem Kopf wie eine kleine Superheldin und manövrierte sie im Sturzflug über das Sofa und zwischen den Pflanzen hindurch, und sie wollte gar nicht mehr aufhören zu lachen. Wir kauften uns einen Weihnachtsbaum, brachten Geschenke auf die Post, trafen Freunde zum Abendessen und gingen manchmal sogar tanzen. Ich konnte endlich wieder drei oder vier Stunden am Stück schlafen, ohne aufzuwachen.

In meinem Arbeitszimmer betrachtete ich immer wieder das Testergebnis, als wäre es der Hauptgewinn einer Lotterie. All die gesundheitlichen Probleme, die Chipo gehabt hatte, die Lungenentzündung, der Gewichtsverlust und so weiter, hätten gut Aids-Symptome sein können. Es schien so unwahrscheinlich, dass das Ergebnis trotzdem negativ sein sollte. Wir ließen sie noch mehrmals testen und immer wieder untersuchen, aber es ging ihr prächtig. Wir begannen, uns Gedanken über die hohe Sterblichkeitsrate im Waisenhaus zu machen. Wie oft mochte wohl etwas ganz anderes als Aids, etwas Vermeidbares, die Todesursache gewesen sein?

Bereitwillig schrieb ich einen Artikel über die bekanntesten Bildhauer von Simbabwe, deren Arbeiten aus Speckstein und Granit in Europa und Nordamerika erstklassige Preise erzielten, dann fuhr ich im neuen Jahr noch einmal nach Ruanda, um von dort zu berichten. Deshalb verpasste ich auch den Artikel in einer kleineren Boulevardwochenzeitung in Harare, dessen Wahrheitsgehalt zunächst zweifelhaft schien, der jedoch Simbabwes Absturz ins politische, wirtschaftliche und rechtliche Chaos einleitete. Es war vor allem die Reaktion der Regierung auf den Artikel, die so große Auswirkungen auf das Land im Allgemeinen und unsere Versuche, Chipo zu adoptieren, im Besonderen haben sollte.

Am 10. Januar 1999 brachte der STANDARD einen Artikel, der berichtete, 23 Offiziere der simbabwischen Armee seien verhaftet worden, weil sie einen Putsch gegen Präsident Mugabe geplant hätten. Der Verfasser des Artikels war Ray Choto, der sich einmal bei mir als Assistent beworben hatte und den ich sowohl beruflich als auch privat gut kannte.

Rays Artikel besagte, der Offizierskader habe Mugabe aufgrund seiner eigenmächtigen Entscheidung, die Armee im vergangenen August in den Bürgerkrieg im Kongo zu schicken, stürzen wollen. Mugabe hatte die Entscheidung damals zum rechten Zeitpunkt getroffen. An dem Tag, als Ann und ich von dort aufgebrochen waren, hatten die Rebellen versucht, den Flughafen von Kinshasa einzunehmen, doch dann hatten simbabwische Truppen und Flugzeuge eingegriffen und den Angriff abgewehrt. Aber dieser triumphale Moment war rasch vorbeigegangen, und jetzt befand sich die Armee mitten in einem langwierigen Kampf um die riesigen Regionen im Osten des Kongo.

Auf innenpolitischer Ebene waren diese Nachrichten verheerend. Mugabe hatte das Parlament nicht zu Rate gezogen, geschweige denn die Öffentlichkeit, ehe er die Truppen entsandt hatte. Inzwischen war der Krieg in Misskredit geraten, vor allem bei den Familienangehörigen der Soldaten, die Tausende von Kilometern entfernt und unerreichbar waren.

Rays Artikel war deshalb von so großer Bedeutung, weil er nahe legte, dass die Missstimmung angesichts des Konflikts sich nicht auf die Familienangehörigen der Kämpfenden beschränkte – er unterstellte, dass sich auch in der Armee selbst Zweifel breit machten. Unter den Offizieren, die mutmaßlich in die Sache verwickelt gewesen waren, sollte sogar ein Oberst gewesen sein. Angeblich gab es auch Verbindungen zu einem Kabinettsmitglied und einem Angehörigen des Parlaments. Ray berichtete, die Regierung habe in der Nacht vom 16.

Dezember, also fast einen Monat zuvor, von der Verschwörung erfahren, und man habe 20 000 »loyale« Soldaten in Alarmbereitschaft versetzt. Es wurde nicht ganz klar, ob an diesem Tag einfach nur die Verschwörung aufgedeckt oder auch ein Mordversuch auf den Präsidenten verübt worden war. Die mutmaßlichen Verschwörer waren festgenommen worden und sollten jetzt vor ein Militärgericht gestellt werden, so der Artikel.

Der STANDARD brachte den Bericht auf der ersten Seite. Natürlich sprach die ganze Stadt von nichts anderem, doch außerhalb des Landes wurde der Sache keine große Bedeutung beigemessen. Die südafrikanischen Zeitungen berichteten pflichtschuldig im Innenteil darüber, und die Nachrichtendienste nahmen sie in ihr Programm auf, doch mehr geschah nicht. Die Reaktionen blieben vor allem deswegen aus, weil der angebliche Vorfall sich bereits einen Monat zuvor ereignet und keine erkennbaren Auswirkungen auf das Land gehabt hatte. Zudem war man daran gewöhnt, dass die unabhängigen Zeitungen in Simbabwe in praktisch jeder Ausgabe vom Versagen der Regierung berichteten; die meisten dieser Berichte waren übertrieben oder schlecht recherchiert.

Ich unterhielt mich häufig mit Iden Wetherell, dem Herausgeber des ZIMBABWE INDEPENDENT, der besten Zeitung der Stadt; die World Press Review ernannte Wetherell später zum »Internationalen Herausgeber des Jahres«. Einmal fragte ich ihn, ob die Regierung nichts gegen die beißenden Artikel in seiner Zeitung einzuwenden habe.

»Ach wo«, antwortete er damals. »Die freuen sich doch darüber, was wir über sie berichten. Sie finden es amüsant und fragen sich gegenseitig: ›Hast du schon gelesen, was der INDEPENDENT diese Woche wieder über mich geschrieben hat?‹«

Am 10. Januar fand das alles ein Ende. Rays Artikel schlug ein wie eine Atombombe.

Soldaten stürmten die Redaktionsräume des STANDARD und nahmen Mark Chavunduka, Rays Herausgeber, in Gewahrsam. Dann suchten sie nach Ray. Der Verteidigungsminister, Moven Mahachi, konnte sich in einem Interview mit der BBC kaum noch beherrschen. »Das sind Lügen! *Alles Lügen!*«, brüllte er ins Mikrofon. Dann schrie er weiter, die Journalisten seien »Staatsfeinde« und ethisch mit den Rebellen aus dem Kongo gleichzusetzen.

Mark Chavunduka war zwei Tage später immer noch verschwunden, und die Mitarbeiter seiner Zeitung gerieten zunehmend in Panik. Der Anwalt der Zeitung setzte beim Obersten Gerichtshof eine Verfügung durch, die seine sofortige Freilassung forderte, mit der Begründung, seine Festnahme sei illegal gewesen – schließlich war für Zivilisten nach wie vor die Polizei zuständig und nicht das Militär. Der Richter stimmte zu und befahl der Armee, Mark innerhalb der nächsten halben Stunde auf freien Fuß zu setzen.

Die Armee weigerte sich.

Ein paar Tage später wurde Ray verhaftet. Ein weiterer, nun zutiefst erzürnter Richter verfügte, beide Männer müssten freigelassen werden. Auch diese Verfügung wurde ignoriert. Nach weiterem rechtlichem Hin und Her wurden Mark und Ray schließlich vor Gericht gestellt, wo man sie des Verstoßes gegen den Law and Order Maintenance Act, ein Gesetz zum Schutz von Recht und Ordnung, schuldig befand. Darin lag eine unglaubliche Ironie: Es handelte sich um ein drakonisches Gesetz, das in den Sechzigerjahren von einer überwiegend weißen Regierung verabschiedet worden war, um gegen eine Gruppe afrikanischer Nationalisten vorzugehen – unter der Führung von Robert Mugabe. Man warf den beiden Journalisten »Verbreitung von Furcht und Misstrauen« vor, dann wurden sie bis zum eigentlichen Prozess auf Kaution freigelassen. Im Fall einer Verurteilung mussten sie mit bis zu sieben Jahren Gefängnis rechnen.

Bei einer Pressekonferenz berichteten sie von ihren Qualen. Man hatte ihnen Handschellen angelegt, ihnen die Augen verbunden und sie quer durch die Stadt gefahren. Als ihnen die Augenbinden schließlich abgenommen wurden, befanden sie sich in einer unterirdischen Kühlhalle. Der Offizier, der offenbar die Verantwortung trug, hatte Mark gefragt, was er sehe.

»Ich habe geantwortet: ›Blut an den Wänden‹«, berichtete Mark.

Dann, so erzählten sie weiter, hatten die Vernehmungsbeamten Elektroden überall an ihren Körpern angebracht, selbst an den Genitalien. Einer der Offiziere betätigte einen Schalter und versetzte ihnen einen heftigen Stromschlag. Sie erzählten, anschließend habe man ihnen wieder Handschellen angelegt, ihnen Leinensäcke über den Kopf gezogen und sie dann bis zur Taille in Fässer voller Wasser getaucht. Zwischen diesen Ertränkungsversuchen hatte man sie nach ihren Quellen gefragt. Mark hatte eine Erklärung geschrieben, die über 100 Seiten umfasste.

Ihre Gesichter waren grün und blau und verschwollen. Sie hatten Brandwunden von Zigaretten am ganzen Körper. Rays Füße waren so geschwollen – man hatte ihn mit Holzruten auf die Sohlen geschlagen –, dass er kaum gehen konnte. Aus seinem rechten Ohr floss eine durchsichtige Flüssigkeit.

Mahachi, der Verteidigungsminister, wies alle Andeutungen von Folter weit von sich. »Sie haben sich sicher nur gekratzt«, sagte er.

Inzwischen war durch das Verhalten der Regierung aus einem einzelnen Zeitungsartikel eine interne Verfassungskrise geworden, eine hässliche Geschichte, die auch im Ausland Reaktionen hervorrief. In ganz Afrika, Europa und den Vereinigten Staaten wurde über den Vorfall berichtet. Der britische Außenminister, Tony Lloyd, lud den simbabwischen Hochkommissar, Pavelyn Musaka, in London vor, um sich den Vorfall von ihm erklären zu lassen. In Washington verurteilte James Rubin, der Sprecher des Außenministeriums, die Folter scharf.

Ich kehrte an dem Tag nach Harare zurück, als Mark und Ray vor Gericht standen. Überall herrschte Aufruhr. Dumiso Dabengwa, der Innenminister, kündigte ein hartes Vorgehen gegen Journalisten an. »Es werden drastische Maßnahmen ergriffen werden, um die politische Stabilität im Land zu sichern und das Militär gegen schlechte Presse zu verteidigen«, sagte er. »Ich möchte eine deutliche Warnung an alle Pressevertreter aussprechen, dass das ihnen gewährte Recht zur freien Meinungsäußerung kein Freibrief ist, mit dem Ziel der öffentlichen Unruhestiftung Lügen zu verbreiten.«

In der Zwischenzeit demonstrierten Dutzende staatlicher Richter und Anwälte in ihren Amtsroben gegen diese Maßnahmen. Ein Richter des Obersten Gerichtshofs, der in etwa dem Supreme Court in den Vereinigten Staaten entspricht, schrieb an Mugabe und rief ihn dazu auf, eine öffentliche Erklärung zur Bestätigung der Rechtsstaatlichkeit abzugeben. Er wurde dabei von seinen Kollegen unterstützt, ebenso wie von drei höher gestellten Richtern, die ebenfalls Briefe schrieben.

Mitten in dieser turbulenten Woche, in der ich von einem Interview und einer Pressekonferenz zur nächsten rannte, erreichte uns ein Anruf aus der Sozialbehörde. Florence Sibanda, die für uns zuständige Sozialarbeiterin, hinterließ am späten Freitagnachmittag die rätselhafte Nachricht auf dem Anrufbeantworter, dass wir uns am kommenden Dienstag zu einer »Sorgerechtsanhörung« im Gericht einzufinden hätten. Sie sagte allerdings nicht, vor welchem Gericht, bei welchem Richter oder auch nur um welche Zeit. Prinzipiell schien das eine gute Nachricht zu sein – unser Antrag auf Pflegeelternschaft würde endlich verhandelt werden –, aber was das letztendlich bedeutete, blieb unklar, vor allem wenn man meinen Beruf, die aktuelle politische Lage und die Vorwürfe in Betracht zog, die Mrs Kaseke zwei Monate zuvor gegen uns erhoben hatte. Florence Sibanda war weder am Freitag noch am Montag in ihrem Büro zu erreichen.

Also standen wir am Dienstagmorgen um 7 Uhr 30 in unserem Festtagsstaat vor den verschlossenen Toren des Kommunalgerichts, ein Komplex aus blechgedeckten Gebäuden auf einem abgezäunten Gelände im Stadtzentrum. Vor dem Tor wartete eine große Menschenmenge, und als das Tor sich öffnete, rannten alle los, um als Erste in ihrem jeweiligen Gerichtssaal anzukommen. Wir hatten keine Ahnung, wohin wir mussten, doch wir rannten ebenfalls und versuchten, mit den anderen Schritt zu halten, weil uns nicht viel anderes übrig blieb. Schließlich verteilte sich die Menge auf die verschiedenen Gebäude.

Keines davon war beschildert. Wir wanderten von einem Gebäude und von einer Schlange zur nächsten, bis wir das Jugendgericht gefunden hatten. Dann warteten wir. Eine Stunde später war der Richter immer noch nicht da. Nach einer weiteren halben Stunde rief er an, um zu sagen, dass er es an diesem Tag nicht mehr schaffen werde. Ein Vertreter wurde herbeigerufen, und etwa zu diesem Zeitpunkt erschien auch Florence Sibanda, unsere Sozialarbeiterin. Doch nun hatte niemand den Schlüssel zum Büro des ursprünglichen Richters, in dem die Akten aufbewahrt wurden. Eine halbe Stunde später hatte man den Schlüssel schließlich aufgestöbert.

Unsere Akte allerdings fehlte.

Sibanda sagte: »Ach, so ein Pech. Dann müssen wir es nächste Woche noch einmal versuchen.«

Ich erwiderte so höflich wie möglich: »Nein, verdammt noch mal!« Dann rannte ich los, um unseren Jeep zu holen, fast einen halben Kilometer weit, ein durchgeknallter Weißer, der sich im Zweireiher einen Weg durch den Verkehr bahnte, während ihm die Krawatte über die Schulter wehte. Ich schnappte mir den Wagen, fuhr beim Gericht vor und sammelte Mrs Sibanda ein. Dann rasten wir quer durch die Stadt zu ihrem Büro, vor dem inzwischen Unmengen von Menschen standen, die sie in anderen Angelegenheiten sprechen wollten. Sie drängte sich zwischen ihnen hindurch, holte unsere Akte, und wir fuhren zurück zum Gericht.

Während unserer Abwesenheit war ein anderer Fall dazwischengekommen: eine Scheidung mit einem heftigen Streit um das Sorgerecht. Der Vater hatte die Kinder mitgenommen und bei Verwandten auf dem Land untergebracht. Wenn die Mutter versuchte, ihre Kinder dort zu besuchen, gingen die Verwandten mit Hacken und Beilen auf sie los. Die Sache begann gerade interessant zu werden, als dem Gerichtsdolmetscher schlecht wurde. Er litt unter Magengeschwüren und musste nach Hause. Also musste zuerst Ersatz herbeigeschafft werden.

Inzwischen tappte Mrs Sibanda ungeduldig mit dem Fuß und murmelte höflich, sie habe wirklich noch anderes zu tun. Vita, die verzweifelt versuchte, Chipo in ihrem neuen roten Kleidchen ruhig zu halten, erwiderte, es sei doch schön, dass wir endlich einmal alle etwas gemeinsam hätten. Also unterbrach Mrs Sibanda den Richter, schilderte ihm unseren Fall, und er erklärte sich bereit, die Scheidungsverhandlung für zehn Minuten zu unterbrechen.

Wir nahmen an einem Tisch Platz, und ich merkte plötzlich, dass ich mein Jackett nicht ausziehen konnte: Mein gestärktes weißes Hemd war, vor allem nach meinem Sprint durch den Innenstadtverkehr, inzwischen völlig durchgeschwitzt. Meine Hände zitterten. Vita wirkte ebenso angespannt. Unterdessen stand Mrs Sibanda auf und begann mit ihrem Plädoyer. Sie schilderte den bisherigen Verlauf unseres Falls, zog ein paar Unterlagen hervor und wies darauf hin, wie groß und lebhaft Chipo inzwischen geworden war. Chipo unterstrich das, indem sie versuchte, einen der vom Gericht gestellten Bleistifte aufzuessen. Sibanda schloss mit der Empfehlung, dass Chipo dauerhaft unserem Sorgerecht unterstellt werden solle.

Der Richter schaute nicht einmal auf. Er sagte: »Okay.«

Dann klopfte der Gerichtsdiener auf unseren Tisch, lächelte uns an und sagte: »Sie können jetzt gehen.«

Wir hatten kaum mitbekommen, dass die Anhörung begonnen hatte, und jetzt war sie schon wieder vorbei. »Das war alles?«, fragte Vita ungläubig. »Sieben Monate Arbeit für eine Anhörung von drei Minuten?« Der Richter hatte uns nicht eine Frage gestellt; er schien uns nicht einmal wahrgenommen zu haben.

Wir holten Stella ab, um sie zur Feier des Tages zum Mittagessen einzuladen, und hielten vor einem beliebten griechischen Restaurant, wo ich mich oft mit Informanten zu Geschäftsessen traf. Ich parkte den Wagen und befreite Chipo aus ihrem Kindersitz, und Vita und Stella gingen voraus, um einen Tisch zu besetzen. Doch als ich das Restaurant betrat, sah ich sofort, dass etwas nicht in Ordnung war. Vita war fuchsteufelswild, und Stella blickte peinlich berührt drein.

»Die behaupten, sie hätten keine Tische mehr«, zischte Vita und deutete auf die beiden weißen Kellner, die vor der Tür zum Speiseraum standen.

»Vielleicht sollten wir einfach woanders hingehen«, schlug Stella vor.

Ich schaute durch die Tür. Nicht einmal die Hälfte der Tische war besetzt. Es war bereits halb zwei, man konnte also nicht mehr mit einem großen Ansturm von Mittagsgästen rechnen. Da sah mich der Oberkellner und wurde bleich. »Aber Mr *Tucker*«, rief er, als wäre ich Bill Gates persönlich. »Warum haben Sie denn nicht wie üblich reserviert?« Er schaute jetzt ebenso peinlich berührt drein wie Stella. Dann studierte er gemeinsam mit seinem Assistenten die Reservierungsliste, als handelte es sich um eine Botschaft des Orakels von Delphi. »Ja, doch«, sagte er und tippte mit dem Finger auf die Liste. »Offenbar wird gleich doch noch ein Tisch frei.« Wir wurden sofort zu unseren Plätzen geführt. Während der ganzen Zeit, die wir dort saßen, kamen keine weiteren Gäste mehr.

Das war ein Wermutstropfen an diesem freudigen Tag. Zwei elegant gekleidete schwarze Frauen bekamen keinen Tisch in einem der besseren Restaurants der Hauptstadt eines Landes mit einer zu 99 Prozent schwarzen Bevölkerung. Ich gab ein Trinkgeld von umgerechnet zwei Cent.

Wir waren überglücklich, dass die Frage der Pflegeelternschaft endlich geklärt war, doch in den folgenden Wochen schien es, als wäre bei mir eine Sicherung durchgebrannt. Ich begann, körperlich abzubauen; all die Jahre des Herumreisens und die vergangenen sieben Monate voller Schlafmangel und Erschöpfung schienen auf einmal ihren Tribut zu fordern. Ich war immer schon schlank gewesen, doch jetzt war ich so abgemagert, dass ich richtiggehend knochig wirkte. Ich trug immer noch die Schiene am Knie. In meiner linken Achselhöhle bildete sich ein großer Furunkel. Ein Facharzt in Harare schnitt ihn auf. Am nächsten Morgen war mein Oberarm knallrot und fast auf den doppelten Umfang angeschwollen. Die Haut war hart und faltig. Ich konnte den Arm kaum bewegen, und meine Stirn war heiß von Fieber.

»Oh«, sagte der Arzt, als ich seine Praxis betrat.

Er schnitt mich noch einmal auf, dann überwies er mich in eine Privatklinik, die sich als ehemalige psychiatrische Klinik entpuppte und immer noch von ihrem früheren Patientenstamm frequentiert wurde. Fünf Tage lang lag ich dort, den Arm in einer Schlinge über dem Kopf, auf einem schmalen Bett neben einem etwa 90-jährigen rhodesischen Farmer, der unter Blähungen litt.

Im Zimmer gegenüber wohnte ein psychisch gestörter junger Mann, der nachts durch die Flure geisterte. Mein Arm war furchtbar entzündet; wenn ich mit dem Daumen der rechten Hand auf mein linkes Handgelenk drückte, trat aus dem Einschnitt oberhalb meines Bizeps irgendein bräunlich-gelbes Zeug aus. Die Nachtschwester war weder in der Lage, mir den linken Arm richtig zu verbinden, noch schaffte sie es, mir den Tropf am rechten Arm richtig anzulegen. Nachdem eine Menge von Antibiotikum, die eigentlich auf acht Stunden verteilt sein sollte, in einer Dreiviertelstunde in mich hineingeflossen war, fuhr sie mich an und fragte, ob ich mich etwa umbringen wolle.

Nachts streifte der Verrückte durch die Zimmer, stand am Fußende meines Bettes und starrte mich an.

»Gib mir dein Wasser«, sagte er.

»Okay«, sagte ich und reichte ihm die Flasche.

»Bobby Charlton war ein großer Fußballspieler«, verkündete er und trank einen Schluck aus der Flasche.

»Du musst es ja wissen«, erwiderte ich.

Eines Tages kam mich unsere Freundin Dionne Ferguson besuchen. »Wie ist es denn hier so?«, fragte sie.

»Kennst du den Film *Einer flog über das Kuckucksnest?«*

»Ja?«

»Denk dir die lustigen Stellen weg.«

Schließlich schleppte ich mich wieder nach Hause, wo Vita inzwischen von Laden zu Laden fuhr und versuchte, Maismehl für unsere Hausangestellten und die Wachmänner aufzutreiben. Das »Mealie Meal« oder *sudza,* wie man es hier nannte, war eine stärkehaltige Paste, die aussah wie Kartoffelpüree, aber sehr viel schwerer war.

Man rollte es zwischen den Händen, mischte es unters Fleisch oder in einen Eintopf und aß. Es war das Nationalgericht. Verkauft wurde es in riesigen Plastiktüten zu zwei, fünf, zehn oder noch mehr Kilo. Doch jetzt blieben die Regale in allen Geschäften leer. Es war unvorstellbar. Harare ohne *sudza,* das war wie Peking ohne Reis. Es hatte keine Dürre gegeben, und die Ernten waren gut gewesen. Der Ausschuss der Getreidehändler versicherte, die Silos seien wohlgefüllt. Aber aus irgendeinem Grund war das Netz von Bauern, Müllern, Getreidehändlern und Bahntrassen im Land nicht in der Lage, für ständigen Nachschub zu sorgen.

Das schien selbst den HERALD, das Sprachrohr der Regierung, zu überraschen. »Wir können nicht begreifen, weshalb es in Harare seit drei Wochen kein Maismehl gibt, während doch an jeder Ecke Mais zu haben ist, und auch nicht, warum niemand etwas unternimmt, außer wenn es darum geht, einen Verantwortlichen für diesen Engpass zu finden«, hieß es in einem Leitartikel.

Die Zeitung äußerte den Verdacht, dass die Müller die Produktion verzögerten – was kaum erstaunlich gewesen wäre, denn die Regierung zwang sie, existenzgefährdende Verluste in Kauf zu nehmen, um die Preise künstlich niedrig zu halten. Doch wo das Problem auch immer gelegen haben mochte, es dauerte Wochen, bis der Engpass behoben war.

Nichts davon allerdings dämmte die Angriffe der Regierung auf die Journalisten ein, die inzwischen als Sündenböcke für praktisch alle Missstände im Land herhalten mussten. Während ich untätig im Krankenhaus lag, hatte die Regierung ihre Kampagnen verschärft. Chen Chimutengwende, der Informationsminister, kündigte eine Überarbeitung des nationalen Gesetzes zur journalistischen Praxis an. Sein Ministerium werde die Paragraphen zur Diffamierung und Verleumdung umschreiben und die Akkreditierung neu regeln.

»Wir leben nicht mehr in normalen Zeiten«, teilte er dem HERALD im Rahmen eines Artikels mit, der in einem dicken, schwarz umrahmten Kasten auf der ersten Seite abgedruckt wurde. »Wir haben die Arbeit unabhängiger Medien geduldet; doch ihr Anliegen ist nicht, Zeitungen zu machen, sondern vielmehr, das Land zu zerstören. Uns ist bekannt, dass die Betreiber solcher Zeitungen von rechten Rhodesiern und anderen faschistischen Gruppierungen auf internationaler Ebene unterstützt werden, und wir können nicht einfach dasitzen und zuschauen, wie sie uns vernichten.« Was die Korrespondenten aus dem Ausland betraf, so sagte er, die internationalen, »neo-kolonialistischen« Medienkampagnen seien inzwischen so feindselig geworden, dass die Regierung bereits Delegationen ins Ausland entsende, um »das Land in seinem Verteidigungsfeldzug gegen Erpressung und Einschüchterung« anzuführen.

Weiterhin ließ er keinen Zweifel daran, wo diese rechtsgerichteten Kräfte ihre Basis hätten. »Artikel, die sich gegen Simbabwe richten, können ungehindert erscheinen, vor allem in Großbritannien, den USA, Südafrika und Australien«, erklärte er.

Ich betrachtete das als Chimutengwendes Versuch, seine Wut an uns auszulassen. Mugabe sollte am Samstagabend eine Rede an die Nation halten, und ich glaubte, dass sich darin alles ein für alle Mal klären würde. Er hatte sich seit der Verhaftung der Journalisten aus sämtlichen Diskussionen herausgehalten. Diplomaten und politische Experten vermuteten, dass er sich jetzt ganz als Präsident zeigen werde: unerschütterlich und ungerührt, der Veteran unter den Staatsoberhäuptern des südlichen Afrika.

Noch ganz benommen vom Antibiotikum und von den Schmerzmitteln sank ich am Samstagabend aufs Sofa, um mir die Rede im Fernsehen anzuschauen. Mugabe versuchte keineswegs, präsidial zu wirken. Stattdessen gab er sich als der Lehrer, der er früher einmal gewesen war, und verhielt sich, als müsste er ein paar aufsässige Sechstklässler zurechtweisen. Er teilte dem Land mit, die nationale Sicherheit werde von Richtern, Journalisten und Weißen untergraben – Letztere machten weniger als ein Prozent der Gesamtbevölkerung aus. Dann erklärte er, die Verschleppung von Mark und Ray durch Angehörige des Militärs sei gerechtfertigt gewesen, da die Armee durch einen Zeitungsartikel »voller unverfrorener Lügen« beleidigt worden sei. »Das verabscheuungswürdige Ziel des Artikels war es, die Idee einer Verschwörung in Umlauf zu bringen, damit Zwietracht in der Armee zu stiften und der friedliebenden Bevölkerung von Simbabwe Furcht und Misstrauen einzuflößen«, sagte Mugabe. »Getrieben von standhafter Loyalität und Hingabe an die Verteidigung und Sicherheit unseres Staates sind unsere Soldaten den Quellen dieser Lügen auf den Grund gegangen und haben die Verantwortlichen in Gewahrsam genommen.«

Dann bedachte er auch die vier Richter, die ihn aufgefordert hatten, die Rechtsstaatlichkeit zu bestätigen, mit ein paar Worten. »Das Gerichtswesen besitzt in keiner Form das Recht, dem Präsidenten Befehle zu erteilen, wie es diese vier Richter versucht haben«, erklärte er.

»Dass sie es dennoch getan haben, muss als grobe Taktlosigkeit und als Akt des Leichtsinns betrachtet werden – oder auch, nach meiner Meinung, als ein Akt ungeheuerlicher Dreistigkeit.«

Nach einer weiteren Breitseite gegen die vergleichsweise wohlhabende weiße Minderheit (der er »üble Machenschaften« zum Sturz der Regierung unterstellte) machte er mit den Journalisten weiter. »Sie glauben, die Freiheit zu besitzen, andere ungestraft diskreditieren, verspotten, verleumden und angreifen zu können«, verkündete er. »Das Recht auf freie Meinungsäußerung legen sie böswillig dahingehend aus, dass es auch das Recht umfasst, regierungstreuen Apparaten wie dem Militär nachzuspionieren und die Mitglieder zur Meuterei anzustacheln oder dazu, sich gegen eine korrekt gewählte Regierung zu wenden.«

Der Präsident beschloss seine Rede mit einer Drohung: »Jede Mediengesellschaft, die sich bewusst von der Wahrheit abwendet, verwirkt automatisch ihr Recht auf Öffentlichkeit und darf sich nicht beklagen, wenn außergewöhnliche Maßnahmen gegen sie ergriffen werden.«

Die Ereignisse des vergangenen Monats ließen kaum Zweifel daran, wie solche »außergewöhnlichen Maßnahmen« aussehen würden, und es stand ebenso außer Zweifel, dass Robert Mugabe von nun an darüber entscheiden würde, was die Wahrheit war.

Nach der Rede rief ich John Makumbe an, einen Professor für Politologie an der University of Zimbabwe, der normalerweise kein Blatt vor den Mund nahm, und bat ihn um eine Stellungnahme. Er war ein Albino, ein untersetzter, kräftiger Mann, der sich nicht vor gesellschaftlicher Ächtung fürchtete und für seine messerscharfen Äußerungen bekannt war. »Nun, falls es Ihnen entgangen ist: Der Präsident hat soeben die Jagdsaison auf die unabhängigen Medien eröffnet«, sagte er. »Wir haben es jetzt mit einer Situation zu tun, bei der die Regierung und das Militär auf der einen Seite stehen und das Volk und die Rechtsprechung auf der anderen. Von da aus ist es nur noch ein kleiner Schritt in die Anarchie.«

Ich mochte Makumbe und teilte diese Vorliebe mit vielen anderen Journalisten, die ihn oft um Analysen baten. Nach ein paar Minuten beendete ich unser Gespräch wie üblich mit einem Dank und der Mahnung, er solle auf sich aufpassen. Er lachte sein kurzes, heiseres Lachen. »Ich glaube, Mr Tucker, den Rat brauchen Sie diesmal mehr als ich.«

In der folgenden Woche wurden vier weitere simbabwische Journalisten verhaftet. Der ZIMBABWE MIRROR, eine andere unabhängige Zeitung, berichtete, dass die Leiche eines Soldaten vom Schlachtfeld im Kongo zurückgebracht worden sei. Genauer gesagt, so der Artikel weiter, sei nur sein Kopf zurückgebracht worden. Daraufhin wurden die Journalistin Grace Kwinjeh und der Herausgeber Fernando Gonçalves festgenommen und der Veröffentlichung des Artikels mit dem Ziel angeklagt, Furcht und Misstrauen in der Bevölkerung zu verbreiten – dieselben Vergehen, die man auch Mark und Ray vorgeworfen hatte. Während ich Anrufe tätigte, um diesem Vorfall auf den Grund zu gehen, fiel mir auf, dass das Telefon immer wieder klingelte, sobald ich aufgelegt hatte. Wenn ich dann den Hörer abnahm, war niemand dran. Das war schon seit einigen Monaten hin und wieder vorgekommen, doch inzwischen geschah es bei praktisch jedem Anruf. Die meisten Journalisten in Simbabwe gingen davon aus, dass ihre Telefone abgehört wurden, aber das kam mir jetzt doch lächerlich vor.

Nach dem nächsten Interview legte ich nicht auf, sondern drückte nur kurz auf die Gabel. Sobald ich es klingeln hörte, ließ ich los und fragte: »Wer ist am Apparat?«

Nach kurzem Schweigen sagte eine Stimme: »Eh, ist dort Rayl Road Nr. 2?«

»Richtig.«

»Eh-eh. Haben Sie noch Ihre beiden großen Hunde, Mr Tucker?«

Wir hatten zwei Rottweiler. »Ja«, sagte ich. »Aber ich kann ihnen nicht mehr so viel zu fressen geben. Deshalb fressen sie jetzt meistens die Leute, die bei uns über die Mauer steigen.«

Der Mann lachte und legte auf.

Kapitel 13

Entscheidung für Chipo

Trotzdem war Simbabwe zu diesem Zeitpunkt noch kein Land, in dem es Auslandskorrespondenten angst und bange wurde. Natürlich hatte der Vorfall mit Mark und Ray uns alle erschreckt. Aber ausländische Reporter schienen doch zumindest für den Augenblick noch einen anderen Status zu haben. Die meisten Diplomaten und Analytiker interpretierten Mugabes Drohungen als nationale Herrschaftsgeste, die den Getreuen im Land beweisen sollte, dass er mächtige Feinde besaß und daher ein Mann von internationaler Bedeutung sein musste. Und er war damit erstaunlich erfolgreich. Seit die Regierungszeitungen immer wieder Artikel veröffentlichten, in denen die »Einmischungen« der USA und Großbritanniens angeprangert wurden, glaubten viele Simbabwer, die Amerikaner würden mit ebensolchen Nachrichten versorgt. Meine Freunde wollten es oft schier nicht glauben, wenn ich ihnen die internationalen Seiten der NEW YORK TIMES und der WASHINGTON POST zeigte, in denen von Simbabwe so gut wie nie die Rede war, erst recht nicht auf der Titelseite.

Außerdem war Simbabwe trotz allem noch ein

Rechtsstaat und damit längst nicht so schlimm wie andere Länder, aus denen ich berichtete. Im Vergleich zu Ruanda, Burundi, Liberia, Sierra Leone, dem Kongo und Südnigeria wirkten Mugabes Demagogie und ein angezapftes Telefon nicht weiter bedrohlich.

Dennoch lebten wir nicht in normalen Zeiten, wie es Chimutengwende bereits gesagt hatte, und ich befand mich keineswegs in einer normalen Position. Mugabes Regierung zeigte sich auf ihrer Suche nach Sündenböcken merklich paranoid. Wenn ich meinem beruflichen Auftrag entsprechend objektive Artikel über die Unruhen im Land veröffentlichte, konnten diese Artikel für die Regierung durchaus zum Ärgernis werden. Und da es generelle Politik zu sein schien, Adoptionen durch Ausländer »nicht zu unterstützen«, konnte man sich ohne weiteres ausmalen, welche Position gegenüber neu entdeckten »Staatsfeinden« eingenommen werden würde. Wenn ich die Regierung, aus welchem Grund auch immer, vorsätzlich ärgerte, würde Chipo ins Waisenhaus zurückgeschickt werden, wo sie sicher nicht lange überleben würde.

Und trotz unseres neuen Status als Pflegefamilie war die Adoption ja noch gar nicht offiziell veranlasst. Die Sozialbehörde hatte uns bisher nicht gestattet, den offiziellen Adoptionsantrag zu stellen, und zudem wurde es immer offensichtlicher, dass Pflegeelternschaft nicht automatisch auch bedeutete, dass ein solcher Antrag bewilligt werden würde. Um die Sache noch schlimmer zu machen, verließ Florence Sibanda die Behörde. Jetzt mussten wir mit einem neuen Sozialarbeiter wieder ganz von vorne anfangen, waren weiterhin an die Pflegeabteilung gebunden und mussten uns zudem Chipos persönliche Unterlagen beschaffen. Erst wenn die vorlagen, konnte ihre Akte an einen Adoptionsbeamten weitergereicht werden. Dieser würde dann einen weiteren Sozialbericht anfertigen und einen neuen Berg von Formularen ausfüllen und bearbeiten. Anschließend musste der Abteilungsleiter das Ganze genehmigen. Und dann mussten alle Unterlagen an das zuständige Ministerium gehen, mitsamt einem Antrag auf Ausnahmeregelung für eine Adoption durch Ausländer. Die Ministerin, Florence Chitauro, musste die Ausnahmeregelung persönlich unterzeichnen. Und damit konnten wir dann wieder vor Gericht erscheinen.

Das alles würde Jahre dauern – vorausgesetzt, dass sämtliche Beamte der Adoption auch tatsächlich zustimmten. Realistisch betrachtet war jedoch ein »Nein« an jeder Stelle möglich.

Ungefähr zur selben Zeit riet mir mein Informant im Sozialministerium dazu, mich für sechs, sieben Monate ruhig zu verhalten. »Seid vorsichtig. Die mögen euch hier nicht besonders. Sie halten euch für aufdringliche Amerikaner. Lasst die Sache ein paar Monate ruhen, bis sich alles beruhigt hat, dann könnt ihr wiederkommen und ihnen sagen, dass ihr einen Adoptionsantrag stellen möchtet.«

Aber je länger ich als Auslandskorrespondent, als den mich meine Arbeitserlaubnis, die jährlich erneuert werden musste, auswies, im Land blieb, desto mehr lief ich Gefahr, der Regierung in die Quere zu kommen, vor allem, da nur noch wenige ausländische Journalisten hier waren. Seit dem Ende der Apartheid in Südafrika waren die meisten Vollzeitkorrespondenten, die von westlichen Medien in die Region geschickt wurden, von Harare nach Johannesburg gezogen. Mein Arbeitgeber war das einzige amerikanische Unternehmen, das noch einen Vollzeitmitarbeiter in Simbabwe stationiert hatte. Selbst die wichtigsten Nachrichtendienste, Reuters und Associated Press, statteten ihre Büros in Harare mit begabten simbabwischen Journalisten aus, anstatt erfahrene Leute aus dem Hauptsitz zu entsenden: Simbabwe war einfach zu klein und lag zu weit abseits von allem. Außer mir gab es noch den BBC-Korrespondenten, einen engagierten jungen Reporter namens Joseph Winter, und Andy Meldrum, einen Amerikaner, der für den britischen GUARDIAN schrieb. Die anderen ausländischen Journalisten in der Stadt arbeiteten mehr oder weniger freiberuflich. Falls Mugabes Regierung sich also entschließen sollte, ein Exempel an einem amerikanischen Korrespondenten zu statuieren, kam ich nach kurzem Überschlagen zu dem Ergebnis, dass ich im besten Fall an zweiter oder dritter Stelle auf einer sehr kurzen Liste stand.

Also schickte ich meiner Redaktion ein einseitiges Memo, in dem ich sie offiziell von Mugabes Rede und den möglichen Auswirkungen auf die Niederlassung der Zeitung in Simbabwe informierte. Ich berichtete von den Festnahmen unter Journalisten und erwähnte, dass mein Telefon abgehört wurde. »Unter normalen Umständen würde mich das alles nicht weiter beunruhigen«, schrieb ich. »Ich würde Vita nach Johannesburg schicken, falls es Schwierigkeiten geben sollte, und ihr nur im Fall außergewöhnlicher Attacken gegen westliche Journalisten folgen … Aber unser Status als Pflegeeltern erlaubt uns nicht, Chipo außer Landes zu bringen. Sie besitzt keine Geburtsurkunde und keinen Pass. Falls ich des Landes verwiesen oder verhaftet werde oder falls meine Arbeitserlaubnis abgelehnt wird, muss sie zurück ins Waisenhaus. Dieses Risiko kann und will ich nicht eingehen.«

Dann teilte ich ihnen mit, dass ich so bald wie möglich mein vertragliches Anrecht auf drei Monate unbezahlten Erziehungsurlaub wahrnehmen wolle. Einerseits durfte ich dem Informationsministerium nicht auffallen, andererseits musste ich die Sozialbehörde so intensiv wie möglich um eine Adoption angehen, und ich konnte nur hoffen, dass die beiden Behörden sich nicht allzu oft austauschten.

Ein paar Minuten später rief ich über das Satellitentelefon, die sichere Leitung, meine Redakteurin, Joyce Davis, an. »Aber was wird dann aus unserer Berichterstattung aus Simbabwe?«, fragte sie.

»Das versetzt ihr wohl den Todesstoß«, erwiderte ich. »Aber ich sehe keine andere Möglichkeit. Ich brauche nur wegen irgendeinem Artikel Ärger zu kriegen, und bumms! Das war's für Chipo. Hinzu kommt der Interessenkonflikt: Ich würde über das Versagen einer Regierung berichten, während ein Kabinettsmitglied mir die Adoptionspapiere unterschreiben muss. Das ist mir einfach zu riskant. Mein Gebiet umfasst siebenundvierzig Staaten. Ich berichte gerne jederzeit von allen anderen Orten des Kontinents – aus Angola, Nigeria, aus dem Sudan, aus Somalia, Ruanda oder dem Kongo, was immer du willst. Aber aus Simbabwe kann ich nur berichten, wenn ich es für richtig halte. Wenn das für euch nicht in Frage kommt, kann ich das verstehen; dann müssen wir uns etwas anderes überlegen.«

In der Redaktion herrschte, um es milde auszudrücken, professionelles Entsetzen. Dass ein Korrespondent sich weigerte, aus dem Land zu berichten, in dem er stationiert war, war nicht nur ungewöhnlich, sondern praktisch noch nie vorgekommen. Doch die Redakteure zeigten sich auf persönlicher Ebene verständnisvoll – Joyce hatte selbst Kinder adoptiert –, und wir einigten uns darauf, dass ich meine aktuellen Aufträge, die sich auf etwa einen Monat Arbeit beliefen, zu Ende bringen und danach Urlaub nehmen würde. Wir vereinbarten, dass ich den Adoptionsprozess so schnell wie möglich durchlaufen und meine Niederlassung dann nach Nairobi verlegen würde.

Als ich auflegte, schien es mir, als würde ich den Druck inzwischen zu sehr an mich heranlassen und hätte die Nerven verloren. Ich hatte das ungute Gefühl, dass die emotionale Belastung der ständigen Berichterstattung aus Krisengebieten mein Urteilsvermögen in diesem Fall beeinflusste, dass ich nicht mehr in der Lage war, zwischen Bosnien und Simbabwe, Ruanda und Simbabwe oder auch dem Kongo und Simbabwe zu unterscheiden. Ich schüttelte den Kopf und versuchte, mich auf das zu konzentrieren, was gerade in diesem Land vor sich ging; ich stampfte mit dem Fuß auf, um mir klar zu machen, dass ich mich *hier* befand, nicht woanders. Doch das machte die Sache auch nicht besser. Jedes Mal, wenn ich Chipo anschaute, verspürte ich einen Stich in der Magengrube.

Kapitel 14

Der Papierberg

Obwohl mein uns wohl gesinnter Informant uns geraten hatte, den Adoptionsprozess ein paar Monate ruhen zu lassen, blieb uns im Grunde nichts anderes übrig, als uns gleich mitten hineinzustürzen. Wenn das die Sozialarbeiter störte, mussten wir uns eben damit abfinden, als »hässliche Amerikaner« zu gelten. Schließlich gab es ja auch keine Garantie dafür, dass die Behörde ihre Arbeit in einem halben Jahr zügiger erledigen würde – meine bisherigen Erfahrungen ließen mir diesbezüglich wenig Hoffnung.

Also beschafften wir uns den offiziellen Adoptionsantrag. Er umfasste vier Seiten mit 24 Fragen und verschiedensten Unterpunkten. Das Formular ließ Leerstellen, in die wir Namen, Adresse, Telefonnummer, Nationalität und Rasse eintragen sollten, außerdem das Datum unserer Ankunft in Simbabwe, ob wir zur Miete oder im eigenen Haus wohnten, unsere Geburtsdaten und Geburtsorte, die Konfession, den Namen einer regelmäßig besuchten Kirche, den Beruf, das Gehalt, Angaben über Kinder, Angaben über die eigene Zeugungsfähigkeit, genaue Angaben zu dem Kind, das wir adoptieren wollten, sowie Angaben zu unserer eigenen körperlichen und geistigen Gesundheit. Außerdem waren eidesstattliche Erklärungen seitens eines Priesters und eines Arztes erforderlich, die uns diese geistige und körperliche Gesundheit bescheinigten, sowie mindestens drei fachliche und drei private Empfehlungsschreiben.

Wir füllten das Formular aus, beschafften uns die nötigen Schreiben und machten uns mit allen Papieren auf den Weg zu Florence Kasekes Büro. Ich klopfte und öffnete dann die Tür einen Spaltbreit, und sie winkte uns herein. Vita und ich nahmen auf den Stühlen vor ihrem Schreibtisch Platz. Mit strahlendem Lächeln teilte ich ihr mit, dass wir beschlossen hätten, den offiziellen Adoptionsantrag zu stellen. Wir hätten das während der sieben Monate, die Chipo jetzt bei uns war, gründlich durchdacht und hätten keinerlei Zweifel mehr.

»Absolut keine«, fügte Vita hinzu.

»Wie wundervoll«, bemerkte Mrs Kaseke, wirkte dabei aber alles andere als erfreut.

Dann setzte ich noch eins drauf. »Ich weiß, Sie denken, dass wir damals, als wir Chipo zu uns genommen haben, nicht den korrekten Weg gegangen sind«, sagte ich. »Deshalb nehme ich ab nächsten Monat ein Vierteljahr Urlaub, um genug Zeit zu haben, den Antrag mit Ihnen durchzugehen. Ich werde Ihnen jederzeit für Fragen zur Verfügung stehen. Außerdem habe ich einen Wagen. Ich könnte Ihre Mitarbeiter zu Hausbesuchen fahren, wenn das in meinem oder in irgendeinem anderen Fall von Nutzen ist. Es gibt keinen Kopierer hier in der Behörde, und ich würde mich freuen, Ihnen einen spenden zu dürfen. Ich würde auch sehr gern als Freiwilliger bei Ihnen mitarbeiten, als eine Art Assistent für ein paar oder auch für alle Sozialarbeiter. Ich sehe ja, wie viel Sie zu tun haben. Ich habe drei Monate und möchte die Behörde in dieser Zeit auf jede erdenkliche Weise unterstützen.«

Da lächelte sie, lachte leise auf, und ihr Blick wanderte quer durch den Raum, ohne meinem zu begegnen. »Das ist sehr nett von Ihnen. Wir haben nicht viele Fahrzeuge zur Verfügung. Es ist sehr schwierig für uns. Unsere Mitarbeiter sind nicht besonders gut bezahlt. Aber unsere Akten sind alle vertraulich. Ich kann sie nur von Sozialarbeitern bearbeiten lassen.«

»Ich verstehe. Das sollte auch nur ein freundschaftliches Angebot sein. Sagen Sie mir einfach Bescheid, was Chipos Unterlagen betrifft.«

Am nächsten Tag flog ich nach Nigeria, wo nach Jahren der Militärdiktatur demokratische Präsidentschaftswahlen stattfinden sollten – ein historisch bedeutsames Ereignis für diesen potenziell mächtigen schwarzen Staat mit der weltweit größten Bevölkerungsdichte. Zehn Tage lang zog ich kreuz und quer durch das Land, im Flugzeug oder in stundenlangen Taxifahrten, und sprach mit Menschen, die begeistert darüber waren, dass die Jahre der Militärdiktatur nun zu Ende gehen sollten. Im Nigerdelta war es sumpfig-heiß und in der Hauptstadt Abuja im Landesinneren angenehm kühl, und die Hoffnung in den Mienen der Menschen dort war geradezu mit Händen zu greifen und verlieh mir auf dieser Reise neue Energie. Doch die Infektion, die ich mir in Harare zugezogen hatte, machte mir immer noch zu schaffen. Als die Stimmzettel schließlich ausgezählt wurden und der ehemalige General Olesegun Obasanjo als Sieger aus der Wahl hervorging, hatte sich ein neuer Abszess bei mir entwickelt – diesmal an der Innenseite des Mundwinkels. Er schwoll eitrig an und schmerzte so, dass sich die Lippe nach außen wölbte. Ich konnte die linke Seite des Mundes nicht mehr schließen, sah aus wie Quasimodo und fühlte mich entsetzlich. Ein Arzt in Lagos schnitt den Abszess in seinem Krankenhaus fachmännisch auf, doch die Medikamente und die Schmerzmittel waren so stark, dass ich nach meiner Rückkehr ins Hotelzimmer – das sich im 17. Stock befand – unter heftigen Halluzinationen litt. Geplagt von den blinkenden Lichtern, die durch meinen Kopf geisterten, und der Vorstellung, ich könnte fliegen, schob ich einen Tisch und einen Sessel vor die Balkontür, um mich davon abzuhalten, über die Brüstung zu fallen. Noch zwei Tage später war ich ganz benommen, als ich ein Flugzeug der South African Airways bestieg, um nach Johannesburg zu fliegen. Ein Tropengewitter brach los und hielt uns auf der Startbahn in Lagos fest. Dann verkündete der Pilot, die Crew habe Streit mit dem Tower. Die Piloten seien der Ansicht, dass man starten könne, doch der Tower behaupte, Regen und Sturm seien viel zu stark. »Deshalb werden wir jetzt also losfliegen«, sagte der Pilot, und ehe jemand protestieren konnte, rollte das Flugzeug auch schon. Wir flogen mitten in das Gewitter hinein, und der Sturm erfasste uns; das Flugzeug wurde hin und her geschleudert, und die Tragflächen flatterten auf und ab. Mehrere Gepäckfächer sprangen auf, und der Inhalt fiel heraus und polterte durch den Gang. Wir schwankten, dann schien der Boden unter uns nachzugeben. Das Flugzeug hob sich so abrupt und steil in die Höhe, dass das Buch in meinem Schoß nach oben geschleudert wurde. Ich konnte es gerade noch auffangen. Die Frau neben mir schrie so laut auf, dass ich vor Schreck fast aus dem Sitz gesprungen wäre. »Madam«, brummte ich, als das Flugzeug wieder gleichmäßiger wackelte. »Noch zeigt die Nase dieses Fliegers nach oben. Wenn sie nach unten zeigt, dann können Sie schreien.«

Als ich wieder zu Hause in Harare war, wäre ich am liebsten auf die Knie gefallen, und kurz darauf tat ich genau das, weil ein Nierenstein mich dazu zwang. Fast eine Woche lang lag ich zusammengekrümmt im Badezimmer auf dem Boden, fast wahnsinnig von all den Schmerzmitteln und den krampflösenden Medikamenten, und wartete darauf, dass der verflixte Stein verschwinden würde. Mein Immunsystem war so geschwächt, dass plötzlich ich und nicht Chipo einem HIV-Test unterzogen wurde. Dr. Paruch, Einwanderer aus Polen und unser Hausarzt, teilte mir mit, dass ich das Virus zwar nicht hätte, aber dennoch körperlich völlig am Ende sei.

»Ihr Immunsystem ist vollkommen im Eimer«, sagte er. »Wie alt sind Sie? Fünfunddreißig? Sie sehen ja furchtbar aus.« Damit gab er mir fast wortwörtlich dieselbe Diagnose über meinen körperlichen Zustand wie der italienische Arzt damals in Nairobi. Ich dankte ihm für die zusätzliche Bestätigung.

»Was hat er gesagt?«, fragte Vita, als ich nach Hause kam.

»Dass ich grauenvoll aussehe.«

»Und dafür lässt er uns bezahlen?«

Ich musste wider Willen lachen. Sie gab mir einen Kuss – immer die beste Medizin –, und ich schleppte mich hinüber zum Sofa. Chipo streckte die Arme aus und lachte; das hieß, dass ich sie auf den Schoß nehmen sollte, und ich kam der Aufforderung nach. »Und was hast du heute so getrieben, Fräulein? Hast du dich in Harvard eingeschrieben? Bist du vielleicht die neue

Brandy oder die nächste Whitney Houston? Wie wär's, wenn du mit dreizehn ein Superstar wirst, dann können Mama und Papa früher in Rente gehen?«

Sie beugte sich vor und stupste ihre Nase an meine, ein Mal, dann ein weiteres Mal. Dann lachte sie.

In ein paar Tagen begann mein unbezahlter Erziehungsurlaub, und ich hätte am liebsten die ganzen drei Monate durchgeschlafen. Eines frühen Morgens im März ging ich nach draußen, um den täglichen HERALD zu holen. Herbert, der Wachmann, blätterte gerade darin. Er reichte mir die Zeitung und sagte lächelnd: »Na, jetzt sitzt ihr Amerikaner aber ganz schön in der Tinte.«

Ich warf einen Blick auf die Titelseite und sah, dass er Recht hatte.

»Drei Amerikaner mit Waffen aufgegriffen« – so lautete die Schlagzeile, die fast die ganze Titelseite einnahm. Der dazugehörige Artikel, ergänzt durch ein Foto von Polizisten, die einen Lastwagen durchsuchten, neben dem ein paar Gewehre lagen, berichtete, drei nicht genannte US-Amerikaner seien am Internationalen Flughafen von Harare aufgegriffen worden, als sie gerade einen Flug der Swissair nach Zürich nehmen wollten. Nach Polizeiangaben hatte einer der Männer eine nicht geladene Pistole in der Tasche gehabt, die der Metalldetektor gefunden habe. Daraufhin hatte man im Gepäck der Männer zerlegte Waffen gefunden und Dutzende weitere in der falschen Verkleidung ihres Lastwagens, der vor dem Flughafen stand. Die Männer behaupteten, Missionare zu sein, doch die Polizei hatte drei AK-47-Sturmgewehre, eine leichte Maschinenpistole, zwei Scharfschützengewehre, fünf Schrotflinten, sechs Teleskopvisiere mit Infrarotlinsen, 19 Pistolen und über 70 Messer sichergestellt. Der Laster war in der Provinz Shaba im Kongo angemeldet. Die größte Stadt dort war Lubumbashi, berüchtigtes Zentrum für illegalen Diamantenhandel, Waffenschmuggel und zu Zeiten des Kalten Krieges auch für Undercover-Operationen der CIA.

Der zweite Absatz des Artikels erklärte, die Männer seien »allem Anschein nach gut ausgebildete Militärs« und würden der Spionage angeklagt werden.

»Das kann doch wirklich nicht euer Ernst sein«, sagte ich laut.

Es war nur allzu offensichtlich, was uns bevorstand: eine von der Regierung unterstützte antiamerikanische Propagandakampagne. Die Hoffnung, als amerikanischer Journalist nicht unter derselben Beobachtung zu stehen wie nationale Reporter oder auch britische Einwanderer, war verflogen, noch ehe ich mit der Zeitung wieder im Haus war.

Bald darauf verkündete Mugabes Regierung, die Männer seien nicht nur Spione, sondern ein dreiköpfiges Einsatzkommando, das ausgesandt worden sei, um zunächst den kongolesischen Präsidenten Laurent Kabila und anschließend Mugabe zu ermorden. Die Sicherheitsbeamten sagten aus, die Männer hätten einen Plan des State House, dem simbabwischen Äquivalent zum Weißen Haus, bei sich gehabt, der ihnen bei der Ermordung Mugabes helfen sollte. Ich suchte Didymus Mutasa auf, ein hochrangiges Mitglied des Politbüros; er gehörte zu Mugabes engstem Beraterstab und war wahrscheinlich der viert- oder fünftmächtigste Mann im Staat. Wir hatten eine gute Arbeitsbeziehung, da er die Artikel, die ich verfasste, bisher immer als fair betrachtet hatte. In dieser Angelegenheit hielt er sich allerdings äußerst bedeckt und gab mir nicht einmal ein paar inoffizielle Tipps. »Wir wissen noch nicht, was diese Männer wirklich vorhatten«, sagte er. »Aber das werden wir herausfinden, da können Sie sicher sein.«

Eine solche Geschichte konnte ich beim besten Willen nicht ignorieren, und im Übrigen war es ja auch der ausdrückliche Wunsch der Regierung, dass sie veröffentlicht wurde. So stand ich in den letzten Tagen vor meinem Urlaub mit einer Horde anderer Reporter vor dem Strafgericht in Harare, als die Polizei die Verdächtigen vorführte. Sie wurden als Gary G. Blanchard, Joseph Wendell Pettijohn und John D. Lamonte identifiziert, alle Mitte dreißig, ein bunt gemischtes Grüppchen aus Indiana in karierten Hemden und strapazierfähigen Hosen. Sie wurden des Terrorismus, der Spionage sowie des Verstoßes gegen den Law and Order Maintenance Act angeklagt – derselbe Verstoß, den Mark und Ray angeblich begangen hatten –, außerdem des illegalen Waffenbesitzes und des Versuchs, gefährliche Waffen an Bord eines Flugzeugs zu bringen. Im Fall einer Verurteilung drohte ihnen lebenslange Haft.

»Wir sind Missionare, wir gehören zur Gruppe Harvest Field«, flüsterte Blanchard. Ich rief den Leiter dieser Gruppierung, einen gewissen Jonathan Wallace, in Indianapolis an. Am anderen Ende der Leitung meldete sich eine tiefe Stimme. Wallace erklärte, sie seien nur eine kleine Gemeinschaft, die nicht viel mehr als ein Dutzend Familien umfasse, und Gott habe sie Ende 1996 zur Missionsarbeit im südlichen Kongo geführt. Ursprünglich habe die Mission in der Region mehrere Mitglieder umfasst, es seien auch Frauen und Kinder dabei gewesen, doch die anderen seien bereits nach Hause zurückgekehrt und die drei Verhafteten seien ebenfalls im Begriff gewesen, ihre Zelte dort abzubrechen. Es sei im Kongo zu gefährlich geworden, sagte er. Er bestritt, dass die drei im Besitz von Maschinenpistolen gewesen seien, räumte aber ein, dass sie Waffen zur persönlichen Verteidigung und für die Jagd besäßen.

Das alles klang nur wenig überzeugend, zumal Wallace nicht wusste, was ein steuerbegünstigtes Unternehmen nach Abschnitt 501(c)(3) war oder wie es funktionierte. Doch auch wenn sie offensichtlich keine echten Missionare waren, so waren sie doch ebenso offensichtlich kein Einsatzkommando der CIA. Ihre »hochmodernen« Waffen entpuppten sich als hoffnungslos veraltet; es war nicht ein moderneres, teures Gerät darunter. Der »Plan des State House« war nichts als ein handgeschriebener Plan einiger Straßen im Zentrum, in dem das State House als Orientierungsmarke diente. Ein Anwohner hatte dem Trio die Karte als Wegbeschreibung gezeichnet.

Unter Ausschluss der Öffentlichkeit ließ man die schweren Anklagen, die gegen die Männer erhoben worden waren, stillschweigend fallen. Als der Fall schließlich vor Gericht verhandelt wurde, lautete die Anklage nur noch auf den Verstoß, den sie schon von Anfang an bereitwillig zugegeben hatten: dass sie Waffen ohne Waffenschein mit sich führten.

Aber natürlich ging es gar nicht darum. Für Mugabe war diese Festnahme ein Geschenk des Himmels. Mit dramatischer Geste verkündete er seinem Volk, die rassistische Supermacht sei darauf aus, ihn, den heldenmütigen Verfechter afrikanischer Unabhängigkeit, zu vernichten, und er werde sich mit aller Macht dagegen wehren. Das setzte eine sorgfältig geplante, antiamerikanische Progagandakampagne in Gang: Demonstrationen vor der amerikanischen Botschaft und eine Razzia unter den Auslandskorrespondenten in Harare, die in der Hauptsache Amerikaner, Briten, Südafrikaner und Australier waren. Einer nach dem anderen wurden wir ins Informationsministerium zitiert, »damit wir unsere Daten über Sie aktualisieren können«. Nachdem ich mich mit ein paar Kollegen unterhalten hatte, die bereits dort gewesen waren, fuhr ich selbst ins Liquenda House. Ich fuhr in das angegliederte Parkhaus, zeigte meinen Pass, schrieb mich an dem altersschwachen Schreibtisch am Empfang als Besucher ein und betrat das Geschäftszimmer des Informationsministeriums.

»Sie suchen mich also?«, fragte ich und wies mich aus.

Der Mann hinter dem Schreibtisch schenkte mir ein breites, kollegiales Lächeln. »Aber nein, mein Freund. Wir sehen Sie nur von Zeit zu Zeit ganz gern«, sagte er. »Ihr Journalisten seid immer so beschäftigt. Nie kommt ihr mal vorbei und unterhaltet euch mit uns.«

Ich lachte gezwungen, dann legte ich meine Arbeitserlaubnis, meinen Pass und meinen Presseausweis vor ihn auf den Tisch. Er notierte alles sorgfältig. Dann bat er mich um meine Telefonnummer und meine Adresse und sagte schließlich, ich könne gehen. »Wir aktualisieren nur unsere Daten«, sagte er. »Machen Sie sich keine Sorgen. Das ist eine reine Formalität.«

Das nahm ich ihm nicht ab: Sie wollten einfach nur die Möglichkeit haben, uns im Bedarfsfall schnell zu finden. Doch trotz Mugabes unermüdlicher Versuche, antiamerikanische Stimmung zu verbreiten, schien das die meisten Simbabwer nicht weiter zu interessieren. Ich kann mich nicht an einen einzigen Fall erinnern, bei dem ein

Amerikaner belästigt oder zusammengeschlagen, geschweige denn entführt worden wäre. Abgesehen von den Demonstrationen, die die ZANU-PF vor der amerikanischen Botschaft organisierte und an denen meist nur ein paar Tausend Menschen teilnahmen, zeigten sich die Simbabwer weiterhin nett, herzlich und gastfreundlich. Und jetzt, da ich zum ersten Mal seit sechs Jahren nicht reisen musste, verbrachten wir die Nachmittage mit Bill und Dumi oder mit Steve und Heather und genossen die Sonne und die Ruhe. Wir trafen uns zum Picknick im Nationalpark mit Audra und Nevio, denen ein beliebtes Restaurant in der Stadt gehörte, und plauderten, bis es dunkel wurde und die abendliche Kühle einsetzte. Dann fuhren wir im Scheinwerferlicht zurück in die Stadt, und Chipo schlief in ihrem Kindersitz.

Doch ich hatte das ungute Gefühl, dass dieser Friede nicht von langer Dauer sein würde, und so bemühten Vita und ich uns, alle Hilfe zu finden, die wir bekommen konnten, um den Adoptionsprozess zu beschleunigen. Es hatten doch schon andere Ausländer Kinder adoptiert; das deutsche Paar hatte es sogar innerhalb von acht Monaten geschafft. Wir dachten, dass wir wohl irgendetwas falsch machten.

Da wir Amerikaner waren, versuchten wir als Erstes, einen Anwalt zu finden. Es musste doch Anwälte geben, die sich bereits mit internationalen Adoptionen befasst hatten und uns mit Rat und Tat zur Seite stehen konnten. Doch wir fanden nicht einen einzigen.

Ich erinnerte mich, dass mir während der Bombenanschläge in Kenia einer der Helfer erzählt hatte, eine Kollegin in Südafrika habe ein Kind aus Simbabwe adoptiert. Jetzt rief ich diesen Mann an, fragte ihn nach dem

Namen und schrieb dann eine E-Mail an Alisa, eine Neuseeländerin, die damals in Kapstadt wohnte. Am Tag, als die amerikanischen Missionare oder Söldner vor Gericht standen, erhielt ich eine Antwort. »Ja, 1994 habe ich ein wunderschönes kleines Mädchen namens Chloe adoptiert«, schrieb sie, und ich stieß einen Jubelschrei aus. Doch schon beim nächsten Satz verschwand die Begeisterung. »Sie stammt aus Lusaka in Sambia. Meine vorherigen Versuche in Simbabwe sind alle gescheitert.«

Ich griff zum Satellitentelefon und rief sie zu Hause an.

»In Simbabwe gab es so viele Restriktionen und so viel Bürokratie, die mir den Weg verbaut haben«, erzählte sie. »Und ehrlich gesagt waren die Leute dort auch nicht besonders freundlich. Sie fanden es sehr eigenartig, dass ich als Weiße ein schwarzes Kind adoptieren will. Sie haben mich zwar den Antrag stellen lassen, aber es war ganz offensichtlich, dass das zu nichts führen würde.«

Daraufhin hatte sie aufgegeben und war nach Sambia gegangen, wo, wie sie sagte, die Not genauso groß, die Adoptionsvorschriften aber deutlich lockerer waren. Nachdem man ihrem Antrag stattgegeben hatte, hatte sie Chloe bereits nach zwei Monaten nach Hause holen können. Allerdings kannte Alisa ein amerikanisches Paar, das in Harare lebte und ein sambisches Kind aus demselben Waisenhaus adoptiert hatte, aus dem auch Chloe stammte. Sie meinte sich zu erinnern, dass es auch ein Kind aus Simbabwe adoptiert hatte, und gab mir die Telefonnummer.

Doch auch das erwies sich als Sackgasse. Kelly und Diane hatten zwar einen Adoptionsversuch in Simbabwe unternommen, waren aber ebenfalls am Chaos in der Sozialbehörde gescheitert. Schließlich hatten sie aufgegeben und waren über die Grenze nach Sambia gegangen. »In Simbabwe ist es einfach unmöglich«, erzählte Diane beim Abendessen. »Es gibt so viele Waisenkinder hier, dass man sie kaum noch bewältigen kann, die Zustände sind grauenvoll, aber sobald man kommt und helfen will, führen sie sich auf, als wäre man selbst das Problem.«

Ich las Alisas erste E-Mail noch einmal durch. Darin erwähnte sie einen Kanadier namens Roger, der beim Hochkommissariat in Harare gearbeitet hatte, inzwischen aber nach Hause zurückgekehrt war. Sie glaubte sich zu erinnern, dass seine Frau und er ein älteres Kind im Teenageralter adoptiert hatten.

Nach zwei Tagen hatte ich ihn schließlich in Kanada ausfindig gemacht. »Es hat einfach nicht geklappt«, erzählte er. »Als wir ihn kennen gelernt haben, war der Junge vierzehn oder fünfzehn. Ein Straßenkind. Er war in ziemlich schlechte Gesellschaft geraten und konnte nirgendwo sonst hin. Also haben wir ihn zu uns genommen, und anfangs schien auch alles glatt zu laufen. Aber die Sozialbehörde hat den Antrag einfach nicht bearbeitet. Ich bin immer und immer wieder dort gewesen, aber nichts ging voran. Schließlich war er siebzehn und konnte nicht mehr adoptiert werden; ich glaube fast, die bei der Sozialbehörde haben darauf spekuliert. Und dann ist das alles einfach so verpufft.«

»Hat man Ihnen je gesagt, dass man Ihren Antrag nicht annehmen würde?«

»O nein. Erst waren noch diese oder jene Unterlagen nötig, dann war jemand, der seine Genehmigung geben musste, nicht im Haus und so weiter und so fort.«

»Kennen Sie zufällig jemanden, der ein Kind adoptiert hat?«

»Nein.«

Unterdessen arbeitete Vita zusammen mit Stella eifrig an einem Antrag auf Fördermittel, um die Kindersterblichkeit im Chinyaradzo zu senken. Sie verbrachten viele Stunden damit, ehe sie ihn beim »Selbsthilfe«-Finanzierungsprogramm der amerikanischen Botschaft einreichen konnten, und Vita fragte Stella in dieser Zeit häufig, ob es noch andere Paare wie jene Deutschen gegeben habe, die ein Kind aus dem Chinyaradzo adoptiert hätten. Doch Stella erinnerte sich an keine weiteren. Dann wandte sich Vita per Fax an die Bethany Christian Services, eine internationale Adoptionsagentur in Michigan, unserem letzten offiziellen Wohnort in den USA. Die schickte ihr eine Liste ihrer Zweigstellen in 13 Ländern, von Indien bis Costa Rica. Doch nicht eine befand sich auf dem afrikanischen Kontinent. »Ich kann mich nicht erinnern, dass wir jemals einen Fall in Afrika bearbeitet hätten«, schrieb die Agenturleitung.

Ich wandte mich wieder an meinen Informanten in der Sozialbehörde, der mir mitteilte, dass er mir nicht viel sagen könne. »Wir bearbeiten nur eine Hand voll Adoptionen im Jahr, selbst wenn die Adoptiveltern beide aus Simbabwe sind«, sagte er. »Und dann sind es immer Verwandte, die Kinder adoptieren, niemals, wenn man so will, Fremde. Das gilt hier nun mal als äußerst ungewöhnlich. Und Adoptionen durch Ausländer? So was haben wir vielleicht zwei Mal im Jahr. Bestimmt haben irgendwann mal Amerikaner ein Kind adoptiert, aber davon wird dir keiner jemals erzählen. Die Unterlagen werden nicht aufbewahrt.«

Wir verbrachten die Nächte mit Internetrecherchen. Die Suchwörter »Afrika« und »Adoption« brachten nur wenige Ergebnisse bei den Suchmaschinen, wenn es sich nicht gerade um Äthiopien handelte, wo es ein recht gut entwickeltes Adoptionsprogramm gab. Schließlich stießen wir auf All As One, eine Organisation mit Sitz in Kalifornien, die auf Adoptionen aus afrikanischen Ländern spezialisiert war. Das war in diesem Bereich eine Seltenheit. Wir hatten uns bereits fast alle Bücher über internationale Adoptionen bestellt, die man in den Spezialregalen der Buchhandlungen findet, Ratgeber, die die Vorschriften aller möglichen Länder auflisteten. Uns konnten sie nicht weiterhelfen. Offensichtlich schwärmen Paare aus Amerika in alle Welt aus, um Kinder zu adoptieren – von Russland über Indien bis nach China –, doch Afrika findet sich fast nie auf der Reiseroute. Nur eine Hand voll Agenturen war überhaupt auf diesem Kontinent tätig. Die Website von All As One informierte uns über Zweigstellen in Sierra Leone, in Äthiopien – und in Simbabwe.

»*Voilà!*«, rief Vita.

Der Seite zufolge standen 55 Kinder in Sierra Leone zur Adoption, dem ärmsten Land der Welt, das von einem blutigen Bürgerkrieg gebeutelt wurde. Ich klickte auf die Seite für Simbabwe, und während wir darauf warteten, dass sie sich aufbaute, glaubte ich, wir hätten es geschafft. Wenn die Agentur in Sierra Leone tätig sein konnte, musste Simbabwe doch ein Kinderspiel sein.

»Derzeit stehen keine Kinder aus Simbabwe zur Adoption«, verkündete die Website. Vita und ich fluchten wie aus einem Mund los. Ich überprüfte den Zeitunterschied, dann rief ich Deanna Wallace Cox, die Leiterin der Agentur, in ihrem Büro in Kalifornien an. Es dauerte ein paar Tage, bis eine Verbindung zustande kam, doch schließlich hatte ich sie am Apparat. Sie hatte selbst mehrere Kinder adoptiert, darunter welche aus Äthiopien, und kannte sich auf ihrem Gebiet ausgesprochen gut aus. Sie war mehrfach durch Simbabwe gereist, kannte die wichtigen Leute in der Sozialbehörde, kannte Stella und konnte die simbabwischen gesetzlichen Vorschriften auswendig herunterbeten.

Und sie hatte aufgegeben und sich anderen Ländern zugewandt.

»Die Leute in Simbabwe wollen einfach nicht«, sagte sie. »Sie sagen niemals offen nein. Sie lächeln und behaupten, dass man ihnen durchaus sympathisch sei. Nie hat mir jemand gesagt, dass meine Vorschläge abgelehnt wurden. Stattdessen sind meine Unterlagen verloren gegangen, Termine wurden abgesagt, oder die Betreffenden sind einfach nicht aufgetaucht. Kein Mensch hat mich jemals zurückgerufen. Und dabei scheint es gar nicht um Bestechung zu gehen, auch nicht um die Hautfarbe. Die wollen einfach nur, dass man verschwindet.«

Und so befanden wir uns in den ersten Monaten des Jahres 1999 in einer misslichen Lage. Wir hatten Chipo und waren nicht bereit, sie aufzugeben. Die Behörde hatte die nötigen Unterlagen, um sie offiziell zu unserem Kind zu machen, und war nicht bereit, uns diese Unterlagen zukommen zu lassen. Es fiel uns schwer zu entscheiden, was wir tun sollten.

»Und wenn wir sie einfach nehmen und gehen?«, fragte Vita eines Abends, nachdem wir Chipo ins Bett gebracht hatten. Wir saßen in der Dunkelheit auf der Veranda, hatten alle Lichter im Haus gelöscht und tranken eine Flasche Wein. Das machten wir zum mindestens tausendsten Mal: Wir malten uns Szenarien aus, wie wir Chipo im

Notfall außer Landes schaffen sollten, stritten, diskutierten, stritten wieder und fingen dann von vorne an.

»Dann kommen wir vielleicht über die Grenze, aber in kein anderes Land hinein«, sagte ich. »Hast du schon mal versucht, ohne Pass in die Staaten einzureisen?«

»Das machen doch viele Leute«, gab sie zurück.

»So habe ich das noch nie betrachtet.«

»Ach nein? Und wie stellst du dir unser Leben auf der Flucht dann vor?«

»Wir schlagen uns nach Kapstadt oder Rio durch, wohnen auf einem Hausboot, und ich lege mir ein Pseudonym zu und schreibe Groschenromane.«

»Na, das klingt doch gut.«

»Ja, heißes Zeug, erotische Liebesromane. Wogende Brüste, breite Schultern, der aalglatte Panamaer, der immer ein bisschen zu viel zu wissen scheint, der Olivenimporteur aus dem Senegal mit den bissigen Bemerkungen und der verführerischen libanesischen Geliebten.«

»Sollte nicht eher der Olivenimporteur aus dem Libanon kommen und die …«

»Details, Details«, sagte ich und winkte gespielt zerstreut ab.

»Hast du vielleicht auch irgendwelche ernsthaften Ideen, was wir machen sollen?«

Ich lauschte dem Wind, der durch die Jakarandabäume wehte. Auf dem Rasen balgten sich die Hunde. Die Oberfläche des Swimmingpools lag glatt und unbewegt. Eine lange Weile war es vollkommen still. »Nein.«

Wieder entstand eine lange Pause.

»Ich gehe schlafen«, sagte Vita dann.

Ich ließ sie wortlos gehen. Mit jedem Tag verfiel unsere Beziehung mehr. Früher hatten wir Partys für mehrere Dutzend, manchmal auch hundert Gäste gegeben. Doch jetzt, während wir immer tiefer im Adoptionssumpf versanken, schien alles andere zu verschwinden und damit auch unser Sinn für Humor und unsere gegenseitige Zuneigung. Bis auf die Nachmittage, die wir gelegentlich mit anderen Paaren verbrachten, gingen wir nicht mehr viel aus, und wenn wir es doch taten, aßen wir meist allein im Restaurant und hielten dabei eine weitere unserer endlosen Strategiesitzungen ab. Wenn wir zu Hause waren und an den kühlen Abenden der Trockenzeit am Feuer saßen, empfanden wir das nicht mehr als friedlich und entspannend, sondern als zermürbend. Während ich dort auf der Veranda saß, erinnerte ich mich an eine ältere, mütterliche Freundin, die einmal zu mir gesagt hatte: Solange im Schlafzimmer noch gelacht wird, ist die Beziehung in Ordnung. Doch abgesehen von unserer Freude darüber, dass Chipo sich so gut entwickelte, wurde unglücklicherweise nirgendwo in unserem Haus mehr viel gelacht.

Das Ganze war vor allem deshalb so frustrierend, weil es kein klar definiertes Hindernis gab. Die Behörde war nach wie vor nicht bereit, uns eine Liste der nötigen Dokumente zu geben. Das Ziel schien zu sein, uns immer tiefer in ein Dickicht aus kleinlichen Bürokratismen zu führen, das schließlich so dicht wurde, dass man sich nicht mehr bis zur anderen Seite durchschlagen konnte. Und die Nachforschungen, die eigentliche Aufgabe der Sozialarbeiter, wurden unter all der bürokratischen Unfähigkeit, der Apathie, dem Misstrauen und der stummen Feindseligkeit verschüttet. Ich zog das Angebot zurück, der Behörde den dringend benötigten Kopierer zur Verfügung zu stellen, weil ich fürchtete, Florence Kaseke könne das zum »Beweis« für irgendeine Form der Bestechung umfunktionieren. Uns blieb nichts weiter übrig, als immer und immer wieder zu überlegen, was uns wohl weiterhelfen könnte.

Ein paar Monate zuvor, als unsere Nationalität noch die entscheidende Rolle zu spielen schien, hatten wir uns drei Wochen lang auf dem Immobilienmarkt umgesehen. Wir wollten unsere gemeinsamen Ersparnisse darauf verwenden, ein Haus zu kaufen, weil wir als Immobilienbesitzer einen Antrag auf ständigen Wohnsitz stellen konnten. Damit hofften wir zu beweisen, dass wir uns ernsthaft um einen langfristigen Wohnsitz für Chipo in Simbabwe bemühten, was einige Vorbehalte gegenüber ausländischen Adoptiveltern beseitigt hätte. Schließlich einigten wir uns mit unserem Vermieter auf einen Preis für das Haus, in dem wir wohnten, und er war bereit, das Geschäft so schnell wie möglich abzuschließen. Ich rief meinen Bruder an und fragte ihn, ob er mir für den Kauf ein paar tausend Dollar leihen könne. Er willigte ein. Doch während der Bedenkzeit, die wir uns vor dem endgültigen Vertragsabschluss erbeten hatten, kam ich mit dem entzündeten Arm ins Krankenhaus, dann hielt Mugabe seine Fernsehrede, in der er Journalisten zu Staatsfeinden erklärte, und wir verwarfen unsere Hausbesitzerpläne.

Schließlich kamen wir auf eine einfache Idee, die den Prozess weiter voran und die Behörde dazu bringen sollte, uns zumindest ein paar Dokumente auszustellen, wenn die Adoption schon nicht in Gang kam. Unser Plan basierte auf einer Vergünstigung, die mein Unternehmen seinen Mitarbeitern bot, den so genannten Heimaturlaub: Die Firma bezahlte eine Reise in die USA, und ich durfte dieses Privileg im Prinzip alle 18 Monate in Anspruch nehmen. Jetzt war es wieder so weit. Eigentlich wollten wir gar nicht zurück in die Staaten, doch eine solche Reise brachte verschiedene Vorteile mit sich. Zunächst einmal konnten wir das Ganze vor der Sozialbehörde als berufliche Verpflichtung darstellen, die uns dazu zwang, das Land zu verlassen. Zum anderen – und das war noch sehr viel wichtiger – würden wir nicht über die Adoption sprechen, sondern einfach nur beantragen, Chipo mit auf eine Reise nehmen zu können. Wenn das genehmigt wurde, musste die Behörde ihr Papiere ausstellen: eine Geburtsurkunde, eine nationale Identitätsnummer und das magische Dokument – einen Pass.

Und schließlich hatte das Ganze auch noch einen weiteren Vorteil: Wir würden Kopien der staatlichen Genehmigung bekommen, die erforderlich war, um Chipo legal außer Landes zu bringen. Sollte es sich als nötig erweisen, konnte ich diese Unterlagen kopieren und das Datum ändern, sodass wir im Notfall ohne viel Federlesens über die Grenze kommen würden. Ich hatte zwar noch nie ein Dokument gefälscht, aber ich wusste durchaus, wie man so etwas machte. Schließlich hatte ich nicht umsonst drei Monate lang Recherchen für einen Artikel im Hochsicherheitstrakt eines Gefängnisses in Florida betrieben oder war zwei Tage lang mit einer Gruppe illegaler Rumänen durch das italienische Voralpenland gezogen – ich hatte nicht sechs Jahre in Krisengebieten verbracht, ohne das eine oder andere dabei gelernt zu haben.

»Irgendwie hast du ja doch Recht«, sagte ich zu Vita. »Es gibt tatsächlich Millionen illegaler Einwanderer in den USA. Mir gefällt der Gedanke nicht, dass die alle schlauer sind als wir.«

Kapitel 15

Abkürzungen

Jeden Morgen floss ein ständiger Strom von Menschen auf den Gebäudekomplex der Sozialbehörde zu. Arbeiter und Anwohner drängten sich vor dem Maschendrahtzaun, wo Verkäufer Erdnüsse, gerösteten Mais und Erfrischungsgetränke feilboten. Ich parkte den Jeep am Straßenrand im morgendlichen Schatten, und noch ehe der Wagen richtig stand, tauchte jedes Mal wie aus dem Nichts irgendein Junge im Alter zwischen zwölf und 25 Jahren an der Autotür auf. Er teilte mir mit, er werde auf mein Auto aufpassen, dann ging er weg, bevor ich zustimmen oder ablehnen konnte. Er ging die Straße entlang, ließ sich im Schatten eines Baumes nieder und schlief ein, bis ein Freund ihn weckte und ihm sagte, dass ich wieder da sei. Ich hatte im Grunde nichts dagegen – immerhin warteten sie ja, bis man zu einem intakten Auto zurückgekehrt war, ehe sie kamen und Geld verlangten –, deshalb erklärte ich mich immer einverstanden. Dann ging ich an den Straßenverkäufern vorbei, bog nach links ab, passierte das Falltor vor dem Durchgang zum Mitarbeiterparkplatz, einem Schotterplatz, an dem ein kleiner Asphaltweg entlangführte. Kaum hatte man den linken Eingang zum Gebäude durchquert, sah man eine Gruppe von Menschen in einem unbeleuchteten, langen Gang sitzen und warten, warten, immer nur warten. Ich wusste nicht einmal, worauf sie warteten. Ich nickte ihnen zu, sagte Hallo, bekam jedoch selten eine Antwort; dann ging ich den düsteren Gang links entlang, bog nach rechts in einen weiteren Gang ein und klopfte schließlich an eine Tür auf der rechten Seite. Die Tür zum Büro von Aaron Munautsi, unserem neuen Sozialarbeiter, war meist nur angelehnt.

Sein Büro war ein kleiner, heller Raum mit einem Betonboden. Auf dem Schreibtisch, auf dem Boden und auf dem wackligen Aktenschrank stapelten sich Hunderte von Ordnern und Papieren. Vor dem Schreibtisch standen zwei einfache Stühle. An der westlichen Wand befand sich ein quadratisches Fenster mit einem schweren Gitter davor, das am Spätnachmittag die Sonne abhalten sollte. An der Decke hing eine Lampe mit ein paar Neonröhren. Manchmal brannte sie, manchmal auch nicht. Wenn ich mich setzte, fiel mein Blick auf die Wand hinter ihm. Dort hing, zwischen ein paar anderen Dingen, ein Schild direkt über seinem Kopf und verkündete in dicken Lettern:

ICH BIN SCHWARZ – NA UND?

Ich hatte durchaus Verständnis für diese Einstellung, fragte mich allerdings, was das Schild für einen Sinn hatte. Ich ging jetzt schon seit Monaten in der Sozialbehörde ein und aus und hatte höchstens zwei andere Weiße gesehen. Ich musste mich also fragen, wem die Botschaft eigentlich galt.

Ich schätzte Munautsi auf Mitte vierzig; er bekam bereits einen kleinen Bauch und trug stets einen zerknitterten Anzug und eine Krawatte. Er hatte eine heisere Stimme, lächelte fast nie, zumindest nicht in meiner Gegenwart, und nahm meine Unterlagen mit einem Schnauben entgegen. »Ich habe schon von Ihnen gehört«, sagte er.

»Hoffentlich nur Gutes«, erwiderte ich lächelnd.

»Na sicher«, murmelte er zerstreut.

Ich hielt einen Augenblick inne, dann fasste ich unseren Fall kurz zusammen und erläuterte unseren Wunsch, Chipo zu adoptieren. Wir hatten März, und ich erklärte, dass ich im Juli auf Heimaturlaub gehen müsse. Ich fragte, ob das wohl möglich sein würde.

»Im Juli?«, rief er mit einem Lachen. »Und warum sagen Sie mir das jetzt? Das ist doch noch Monate hin.«

»Nun, ich weiß ja, dass Sie viel zu tun haben, und ich wollte sichergehen, dass es keine Probleme gibt. Ich wollte nicht erst in letzter Minute zu Ihnen kommen.«

»Das ist kein Problem. Bis dahin haben wir noch eine Menge Zeit.«

»Wunderbar. Meine Firma zahlt mir die Tickets, aber natürlich muss man dort noch viele andere Korrespondenten koordinieren. Wenn ich also einen genauen Zeitraum angeben kann, erleichtert das die Planung für alle.«

»Sie können mein Büro jetzt verlassen«, erwiderte er.

Nun ja. Hier ging es offenbar nicht darum, ein Gefühl von Wärme und Geborgenheit zu vermitteln. Ich wiederholte rasch das Angebot, das ich auch Florence Kaseke bereits gemacht hatte: Ich würde in Kürze Urlaub haben und ihm jederzeit zur Verfügung stehen, falls er bei irgendeinem Fall Hilfe brauchte.

»Ich brauche keine Hilfe«, erwiderte er.

Eine Woche später kam ich wieder. Munautsi wirkte überrascht. Diesmal hatte ich einen Brief von meiner Redakteurin dabei, um den ich sie gebeten hatte. Darin informierte sie ihn über den Heimaturlaub und hatte freundlicherweise auch den Zeitraum genannt, den ich mir ausgesucht hatte – eigentlich hatten meine Vorgesetzten im Juli nämlich gar keine Veranlassung, mich zu sprechen. Munautsi nickte. Ich erklärte ihm, dies sei einfach nur die schriftliche Bestätigung meiner Anfrage, das sei so eine Gewohnheit amerikanischer Geschäftsleute. Gut, sagte er. Dann forderte er mich ein weiteres Mal auf, sein Büro zu verlassen.

Es wurde April, und ich hörte nichts von ihm. Ein paar Wochen vergingen, und plötzlich war mein Erziehungsurlaub schon zur Hälfte um, und ich war keinen Schritt weitergekommen. Wir machten Safaritouren mit Chipo und zeigten ihr Löwen, Nilpferde und Giraffen, aber meine Nerven blieben angespannt wie Drahtseile. Ich verfolgte die Vorwürfe, die gegen die drei Amerikaner erhoben wurden, Mugabes zunehmend schärfere Rhetorik und hatte das Gefühl, dass uns die Zeit durch die Finger rann, während wir sie damit vertrödelten, uns die Victoria Falls anzuschauen.

Eine Woche später sprach ich wieder bei Munautsi vor. Er stand auf, ohne mich anzusehen, ging zur Tür und öffnete sie. »Sie müssen mein Büro verlassen. Ich will Sie hier nicht mehr sehen. Wenn ich Ihnen etwas zu sagen habe, werde ich Sie anrufen.«

»Das weiß ich durchaus zu schätzen, Mr Munautsi, aber nach meiner Erfahrung sind die Sozialarbeiter hier in der Regel zu beschäftigt, um uns anzurufen.«

»Ich werde Sie anrufen, wenn ich Ihnen etwas zu sagen habe.«

Ich ging nach Hause und erklärte Vita, es sei vielleicht eine Frage der Hautfarbe, vor allem angesichts des Schildes in seinem Büro. »Vielleicht ist das ja seine einzige Chance im Leben, einen Weißen herumzukommandieren, und das will er sich nicht entgehen lassen«, schloss ich achselzuckend. »Schauen wir doch mal, wie es dir ergeht.«

Ein paar Tage später ging Vita zu ihm, doch er wollte sie nicht einmal in sein Büro lassen. Sie kam wutschnaubend nach Hause zurück. »Dieser gottverdammte Hurensohn! Hat sich aufgeführt, als wäre ich irgendeine Idiotin, mit der er sich jetzt wirklich nicht abgeben kann.«

Doch es brachte uns letztlich nicht weiter, Munautsi gegen uns aufzubringen, also konzentrierten wir uns ein paar Tage lang auf andere Dinge. Etwas anderes schien uns auch nicht übrig zu bleiben. Eines Morgens saß ich in meinem Arbeitszimmer und erledigte etwas halbherzig irgendwelchen Papierkram, als ich Vita aus dem Wohnzimmer rufen hörte. In ihrer Stimme lag ein dringlicher Ton, deshalb sprang ich gleich auf und rannte ins Wohnzimmer. Ich befürchtete das Schlimmste. Doch alles, was ich sah, war Vita, die ganz ruhig dastand, einen Bleistift in der Hand. Am anderen Ende des Raumes hockte Chipo auf Händen und Knien und blickte äußerst konzentriert drein. Dann verlagerte sie ihr Gewicht auf die Füße, beugte die Knie und drückte sich mit den Händen ab. Ihr Oberkörper bewegte sich nach oben, immer weiter nach oben – und dann stand sie aufrecht, beide Arme zur Seite gestreckt.

»Na, wenn das nicht …«

»Pscht!«, zischte Vita. »Jetzt schau dir das an.«

Sie beugte sich vor und bewegte den Bleistift hin und her. »Komm und hol dir den Bleistift, Baby«, sagte sie.

Chipo stand schwankend da, ein breites Lächeln auf dem Gesicht. Sie trug einen grünen Babyschlafanzug mit Füßen daran. Sie streckte beide Hände aus, dann schob sie die rechte Schulter vor und bewegte den rechten Fuß ein paar Zentimeter nach vorn. Anschließend machte sie dasselbe mit der linken Schulter und bewegte den dazugehörigen Fuß nach vorn. Dann kam wieder die rechte Seite dran, und dann wieder die linke. Sie ging – es sah zwar aus wie eine Zeitlupenaufnahme von Frankensteins Monster, aber sie ging, und sie schaffte es bis zum Bleistift. Dann ließ sie sich mit einem Plumps auf den Po fallen und lachte so, dass sie nicht mehr aufstehen konnte.

Wir lachten, schrien und jubelten so laut, dass unsere beiden Rottweiler angelaufen kamen, um zu sehen, ob alles in Ordnung war.

»Mein Baby ist ein Zweibeiner«, quietschte Vita, hob Chipo hoch und drückte sie an sich.

An solchen Tagen waren wir außer uns vor Freude – ich verknipste einen ganzen Film, während Chipo sechs Schritte machte. Doch die Freude wurde immer wieder getrübt, sobald wir ins Chinyaradzo kamen. Im Waisenhaus starben weiterhin die Kinder, eines etwa alle drei Wochen. Vita und Stella brachten Stunden mit Gesprächen darüber zu, sowohl im Waisenhaus als auch in Telefonaten, die oft bis spät in die Nacht dauerten, wie sich die Todesrate verlangsamen ließe. Durch Kontakte bei der amerikanischen Botschaft hatte Vita erfahren, dass Botschafter Tom McDonald ein Programm leitete, das

Geldmittel für kleinere Projekte zur Verfügung stellte. Es firmierte als Selbsthilfeprogramm und vergab Fördermittel und Kredite an so genannte Kleinstunternehmen, bot beispielsweise einem engagierten Bauern die Möglichkeit, sich neue Geräte zuzulegen, oder half einer Gruppe von Frauen, gemeinsam einen kleinen Laden zu eröffnen. In ihren Versuchen, die größten Gefahren für das Leben der Babys im Waisenhaus ausfindig zu machen, konzentrierten sich Vita und Stella auf kleine Dinge, die jene Keime und Infektionen beseitigen sollten, durch die gravierendere Gesundheitsprobleme erst entstanden.

Sie entwickelten einen Plan zur Neugestaltung der Küche, in die ein Kühlschrank eingebaut werden sollte, außerdem fließendes, heißes Wasser und modernere Kochmöglichkeiten, damit die Kinder sauberes und nährstoffreiches Essen bekamen. Im Wickelraum sollte eine neue Waschmaschine für die Windeln aufgestellt werden, außerdem ein richtiger Wickeltisch und weiteres praktisches Mobiliar.

Vor allem aber wollten sie die Betreuerinnen in den Grundlagen der Kinderpflege unterrichten, damit sie beispielsweise eine beginnende Erkältung, Virusinfektionen oder die Grippe erkennen und in einem frühen Stadium behandeln lassen konnten. Es gab noch weitere ganz einfache Vorschläge, zum Beispiel eine Staffelung der Fütterungszeiten, um Situationen zu vermeiden, in der drei Betreuerinnen versuchten, 15 Kinder auf einmal zu füttern. Bisher mussten die Babys ihre Nahrung entweder schnell zu sich nehmen, oder sie bekamen überhaupt nichts mehr – ein Umstand, der Erkrankungen und Unterernährung förderte und nach unserer Ansicht mit dafür verantwortlich gewesen war, dass Chipo fast verhungert wäre.

Schließlich suchte Vita Dr. Paz in seiner Praxis auf. Sie erzählte ihm von dem Vorhaben und sagte ihm, dass sie ihn gern einmal wöchentlich zu einem Vortrag zum Thema Gesundheit und Hygiene ins Waisenhaus einladen würde. Er sollte diese Vorträge auf Shona halten und den jungen Frauen damit die Scheu nehmen, Fragen zu stellen. Sie könnten ihm allerdings nichts bezahlen, fügte Vita hinzu. Das müssten sie auch nicht, erwiderte Dr. Paz – er sei gerne bereit, diese Aufgabe ohne Bezahlung zu übernehmen.

Das alles klang natürlich beileibe nicht nach einer umwälzenden Generalüberholung der Zustände im Waisenhaus, vor allem nicht angesichts der hohen Sterblichkeitsrate – doch viele der herrschenden Gesundheitsprobleme wurden durch einfaches menschliches Versagen hervorgerufen oder zumindest verstärkt. Die älteren Frauen arbeiteten sehr hart, aber die jüngeren Betreuerinnen waren meist im Teenageralter und selbst im Waisenhaus aufgewachsen. Sie hatten kaum Hilfsmittel, praktisch keine Ausbildung und überhaupt keine Erfahrung in der Pflege schwer kranker Kinder. Es waren ehrliche, bereitwillige Mädchen, sie sorgten sich um die Kinder, doch durch die Zustände im Waisenhaus waren sie bereits so abgestumpft, dass man sie kaum noch erreichen konnte. Roberts Tod war ein erschreckendes Beispiel: Wie soll man einer Betreuerin etwas beibringen, die ein Kind auf ihrem Rücken sterben lässt, weil sie zu schüchtern oder zu antriebslos ist, einen Arzt um Hilfe zu bitten? Hier überschnitten sich verschiedene ernste gesellschaftliche Probleme, und es würde sicher nicht einfach werden, die Mädchen zum Reden zu bringen. Und Stella konnte auch nichts dafür tun, bessere Mitarbeiter zu bekommen; das Waisenhaus war finanziell so schlecht gestellt, dass kein Geld übrig blieb, um ausgebildete Betreuer einzustellen.

Einmal, kurz nachdem mein Erziehungsurlaub begonnen hatte, kam ich zufällig an einem Tag ins Waisenhaus, als die Belegschaft unterbesetzt war. Nur zwei junge Betreuerinnen waren dort. Sie waren damit beschäftigt, den Kindern ihr Mittagessen zu geben. Ich nahm ein schreiendes Baby auf den Arm; seine improvisierte Windel war so von Urin durchweicht, dass es mir auf die Hände tropfte. Ich trug den kleinen Jungen in den Wickelraum, musste dort aber erst ein Stück Tisch frei räumen, um ihn wickeln zu können. Als ich das raue Stück Stoff, das ihm als Windel diente, öffnete, sah ich, dass er außerdem schweren Durchfall hatte. Er war bis zu den Hüften verschmutzt. Ich sah mich nach einem Tuch um, um ihn zu säubern, doch es gab kein Tuch und auch keine Papiertaschentücher. Schließlich hielt ich den brüllenden kleinen Jungen unter den laufenden Wasserhahn und ließ die Exkremente einfach in den Abfluss rinnen. Dann nahm ich einen alten Lumpen aus dem Schrank und trocknete ihn damit ab. Babycreme fand ich nicht, also zog ich ihm einfach eine neue Windel an und sah mich dann nach einem Eimer um, in den ich die schmutzige Windel werfen konnte. Es gab keinen, weder im Wickelraum noch im Nebenzimmer. Schließlich warf ich das stinkende Stück Stoff einfach in eine Zimmerecke. Es gab auch keine Seife, mit der ich mir die Hände hätte waschen können.

Ich war zutiefst angewidert. Wir hatten Eimer, Abfalltonnen und unzählige Flaschen und Tiegel mit Puder und Babycreme gespendet – doch ganz egal, wie viel wir kauften, es war innerhalb weniger Wochen verschwunden. Die australische Krankenschwester, die hin und wieder vorbeischaute, musste die Vitaminpräparate wegschließen, die wir gespendet hatten, weil sie andernfalls in kürzester Zeit dezimiert gewesen wären. Die Betreuerinnen und vielleicht auch die älteren Kinder nahmen sie für sich selbst oder für Verwandte oder verkauften sie auf den Straßenmärkten. Obwohl ich Verständnis für ihre Bedürfnisse hatte, war es dennoch keine Entschuldigung dafür, dass die Vorräte den Kindern im Chinyaradzo nicht zugute kamen.

Als ich den kleinen Jungen in sein Bettchen zurückbrachte, schrien bereits mehrere Kinder. Die Betreuerin war gerade mit einem von ihnen beschäftigt, also legte ich den Kleinen hin und wollte mich um ein anderes Kind kümmern. Doch kaum hatte ich ihn hingelegt, brüllte er schon wieder los, also drehte ich mich um, nahm ihn wieder auf den Arm, bis er sich beruhigt hatte, und legte ihn wieder hin. Er brüllte von neuem, doch diesmal ließ ich ihn schreien. Das Kind im Bettchen nebenan hatte ebenfalls eine volle Windel, und ich machte es auf dieselbe Weise sauber, wie ich es bereits mit dem kleinen Jungen gemacht hatte. Jedes Kind, das ich auf den Arm nahm, war entweder völlig eingenässt oder kotverschmiert, es kamen keine weiteren Betreuerinnen, und das Geschrei der vielen Kinder tat mir in den Ohren weh wie das Geräusch von Fingernägeln, die über eine Tafel kratzen. Alle Kinder hatten Durchfall. Der Gestank war so durchdringend und die Luft im Wickelraum so schlecht, dass mir fast übel wurde.

Gegen diese Missstände ging Stellas und Vitas Vorhaben an. Es zielte nicht nur auf bessere Versorgung ab, sondern vor allem auf besser ausgebildetes Personal, das den Versorgungsstandard heben und halten sollte. Weder Vita noch Stella hatten Erfahrung im Verfassen von Förderanträgen, und in diesem Fall mussten immerhin die bürokratischen Ansprüche der US-Regierung erfüllt werden, die ganz anders waren als die der simbabwischen, aber deshalb nicht weniger Kopfschmerzen bereiteten. Als der Tag kam, an dem der Antrag eingeschickt werden sollte, waren die beiden sehr nervös, denn die Konkurrenz im Kampf um Zuschüsse war groß, und sie waren inzwischen der Ansicht, dass es bei diesem Projekt für die Kinder im Waisenhaus geradezu um Leben und Tod ging.

Viele Wochen schlichen dahin, und Vita und Stella fielen immer wieder neue winzige Details ein, die sie unbedingt hätten hinzufügen müssen.

Doch als schließlich das Telefon klingelte, zeigte sich, dass alle Sorgen umsonst gewesen waren. Die Botschaft genehmigte dem Projekt die Höchstsumme des Förderprogramms: 7 000 US-Dollar bzw. 275 000 Simbabwe-Dollar. Vita und Stella verbrachten eine Stunde jubelnd und lachend am Telefon und feierten ihren Erfolg. Und als Botschafter McDonald seine Unterschrift unter den Antrag setzte, war die höchste Bezuschussung in der bisherigen Geschichte des Chinyaradzo perfekt. Bei der Verleihungszeremonie unterschrieben Vita und Stella ihren Teil der Abmachung; danach unterhielten sie sich aufgeregt mit den drei Dutzend weiteren Empfängern von Fördermitteln, die ebenfalls übers ganze Gesicht strahlten.

Am nächsten Tag erhielt Vita einen Anruf von der Child Protection Society, dem offiziellen Träger des Waisenhauses. Der Präsident und der leitende Beamte zeigten sich ebenso erfreut.

Wann, fragten sie, würden sie denn das Geld bekommen?

»Nun ja, es ist nicht so, dass ein Scheck ausgestellt würde«, erklärte Vita. Die Finanzierung des Projekts erfolge nur gegen Quittungen. Man reiche die Rechnungen über getätigte Anschaffungen ein, und die Botschaft zahle direkt an die betreffende Firma oder den Unternehmer. Geld im eigentlichen Sinne werde es also nicht geben.

Oh, sagten sie.

Danach rief der neue leitende Direktor noch ein paar Mal an, hauptsächlich, um sich zu vergewissern, ob die CPS auch in zukünftige Projekte einbezogen werden müsse, doch schon bald verlor er das Interesse. Nachdem sie sich in einem ihrer Rundschreiben mit den Lorbeeren für den Zuschuss geschmückt hatte – es hieß darin, man habe die Bewilligung unter Vitas Mithilfe erhalten; in Wahrheit war die CPS aber in der Zuschussbewilligung nicht einmal erwähnt worden –, verschwand die CPS von der Bildfläche. Niemand kümmerte sich darum, was weiter passierte. Und niemand gratulierte Stella, die doch so hart dafür gearbeitet hatte, das Projekt zu ermöglichen.

Während der Zeit, die wir danach noch in Simbabwe blieben, überwachte Vita die Umsetzung des Projekts. Einmal in der Woche holte sie Dr. Paz ab und fuhr ihn zu seinen Sitzungen mit den Betreuerinnen. Er war erfreut darüber, wie eifrig die jungen Frauen waren, nachdem sie ihre Scheu einmal überwunden hatten und sich trauten, Fragen zu stellen. Vita verhandelte mit verschiedenen Unternehmern, die sich in den meisten Fällen als freundlich und professionell erwiesen und gerne bereit waren, für das Waisenhaus zu arbeiten, und legte sich mit den wenigen an, die versuchten, die Preise in die Höhe zu treiben, oder sie dazu zu bringen, noch mehr Geld bei der Botschaft herauszuschlagen. Aufgrund der hohen Inflationsrate kam es häufig vor, dass Vita ein Angebot für eine größere Anschaffung erhielt und es von der Botschaft genehmigen ließ, nur um dann zu erfahren, dass der Preis inzwischen gestiegen war und der ganze Vorgang wiederholt werden musste. Ein paar Mal musste ich mich auch mit männlichen Unternehmern auseinander setzen, denen es offenbar schwer fiel, Anweisungen von einer Frau entgegenzunehmen und sie dabei noch respektvoll zu behandeln. Stella arbeitete unermüdlich, überwachte die tägliche Arbeit im Waisenhaus und schaffte es, die Sanierungsarbeiten mit den täglichen Anforderungen zu kombinieren, die die Betreuung all ihrer kleinen Schützlinge, nicht nur der Babys, an sie stellte.

Als es schließlich geschafft war, hatte sich die Qualität der Babypflege sehr verbessert, und die sanitären Anlagen waren modernisiert worden. Das Waisenhaus wirkte jetzt ausgesprochen repräsentativ. Doch zumindest das kurzfristige Ergebnis war ernüchternd. In dem Jahr, als wir Chipo zu uns genommen hatten, waren 18 Kinder gestorben. Im Jahr danach, nachdem Vorräte im Wert von 12 000 Dollar angeschafft, die gesamte Einrichtung modernisiert und die Belegschaft von einem der besten Kinderärzte des Landes ausgebildet worden war, starben 17 Kinder.

Es war ein weiterer trüber Morgen im Büro der Sozialbehörde, und Munautsi funkelte mich wütend an. Ich war wieder einmal vorbeigekommen, um mich zu erkundigen, wie weit die Ausstellung von Chipos Geburtsurkunde inzwischen gediehen sei. In einer Behörde mit wenigen Schreibmaschinen, noch weniger Computern, praktisch gar keinen Beförderungsmitteln und schlechten Telefonleitungen musste Munautsi bestimmte Formulare ausfüllen, um die Aushändigung des Dokuments in Chipos Herkunftsdorf beantragen zu können. Um allerdings die Formulare ausfüllen zu dürfen, musste er zunächst die Umstände ihrer Geburt klären, beweisen, dass sie tatsächlich in der fraglichen Region ausgesetzt worden war, und für beides eine polizeiliche Bestätigung vorlegen. Außerdem musste er noch einmal all unsere Unterlagen durchgehen, um sich zu vergewissern, dass wir uns auch als Eltern eigneten. Unser Fall war einer von Hunderten auf seinem Schreibtisch. Ich brachte ihm also jedes Verständnis entgegen, aber ich konnte beim besten Willen nicht begreifen, warum er mich gewissermaßen als Bedrohung zu betrachten schien.

Diesmal murmelte er etwas von Abkürzungen, dass ich etwas falsch gemacht hätte, dass die Papiere nicht in Ordnung seien.

»Sie wollen versuchen, den Vorgang ohne die nötigen Papiere zu absolvieren«, sagte er. »Sie glauben, für Sie gibt es Abkürzungen.«

»Was denn für Abkürzungen? Was fehlt denn noch?«

»Sie haben keine Empfehlungsschreiben eingereicht«, erklärte er. »Sie müssen Empfehlungsschreiben verschiedener Leute vorlegen. Aber Sie haben uns kein einziges vorgelegt.«

»Kein einz…? Mr Munautsi, ich habe der Behörde etwa ein Dutzend Empfehlungsschreiben vorgelegt, von meinen Vorgesetzten, einem Priester, von langjährigen Freunden aus den USA und von Freunden hier in Simbabwe.«

»Nein, das haben Sie nicht.«

»Und ob ich das …« Im letzten Moment riss ich mich zusammen. Ich wollte mich nun wirklich nicht auf eine kindische »Hast du nicht, hab ich doch«-Streiterei einlassen, auch wenn ich inzwischen so verärgert war, dass ich das ohne weiteres hätte tun können. »Sie sagen also, dass sich keine Empfehlungsschreiben in der Akte befinden?«

»Richtig.«

»Dann bringe ich Ihnen morgen meine Kopien. Aber Sie unterstellen mir hier etwas, das nicht den Tatsachen entspricht, und ich muss Sie nachdrücklich darauf hinweisen, dass ich so etwas nicht zu schätzen weiß. Falls Ihnen etwas unklar ist oder wir versehentlich ein Dokument nicht beigebracht haben, dann ist das die Folge eines Missverständnisses und keine böse Absicht.«

Eine solche amerikanische Förmlichkeit würde gar nichts bewirken, das wusste ich, aber ich sah keine andere Möglichkeit. Ich konnte ihn nicht mit Drohungen einschüchtern, und ein Wutanfall hätte alles sicher nur noch schlimmer gemacht. Durch den Zorn, den ich Morgen für Morgen unterdrückte, stieg mein Blutdruck ins Unermessliche. An vielen Tagen, so auch an diesem, war ich die Freundlichkeit selbst, wenn ich Munautsis Büro verließ, doch sobald ich in meinem Wagen saß, schlug ich wütend auf das Armaturenbrett ein und brüllte all das heraus, was ich eigentlich hatte sagen wollen. Das erschreckte den Straßenjungen, der auf sein Trinkgeld wartete, doch sonst bewirkte es gar nichts. Ich musste trotzdem nach Hause fahren, die Empfehlungsschreiben kopieren und sie am nächsten Morgen in die Behörde bringen.

Aber Munautsi war nicht da.

Dieses Versteckspielchen zog sich über zwei Tage hin, dann machte ich es wie bei unserer alten Sozialarbeiterin: Ich nahm ein Buch mit, setzte mich im Flur auf den Boden und las. Etwa eine Stunde später bog Munautsi um die Ecke, und ich gab ihm die Kopien. Er bedankte sich und öffnete die Tür zu seinem Büro. Ich wollte ihm hineinfolgen, doch da drehte er sich abrupt um. »Sie brauchen nicht mit hinein zu kommen!« Er brüllte jetzt beinahe. »Ich habe zu tun! Gehen Sie!«

Ich entschuldigte mich und ging kopfschüttelnd weg.

Ein paar Tage später wurde alles noch schlimmer. Diesmal war er ernstlich wütend. »Abkürzungen!«, polterte er. »Ich hab's gewusst! Ich habe doch gewusst, wie Sie sind! Sie versuchen, uns zu betrügen!«

Inzwischen hatte er mich schon so oft aus seinem Büro geworfen, dass es mir schon fast nichts mehr ausmachte. Doch diesmal war es anders. Er deutete mit bebendem Finger auf mich und war ernsthaft zornig. »Sie sind nie von der Polizei überprüft worden! Sie haben kein Führungszeugnis vorgelegt! Und trotzdem haben Sie ein Kind im Haus! Das ist gegen das Gesetz! Ich wusste es!«

Ich war entsetzt. Wir waren doch von der Polizei überprüft worden! Man hatte unsere Fingerabdrücke auf dem Revier genommen, an dem Tag, als auch die Prostituierte dort war. Ich versuchte, ihn zu beruhigen, und versicherte, ich würde ihm die Kopien der Unterlagen innerhalb der nächsten Stunde bringen, denn das war eine wirklich ernste Angelegenheit. Wenn er auf der Sache beharrte, konnte er bei den Richtern durchsetzen, dass man uns den Status als Pflegeeltern wieder aberkannte.

Ich fuhr so schnell wie möglich nach Hause, holte eine Kopie des Formulars mit den Fingerabdrücken – Vita hatte von jedem Dokument, das unser Sorgerecht für Chipo betraf, fünf Kopien abgeheftet – und fuhr zurück. Munautsi war natürlich nicht da und tauchte auch für den Rest des Tages nicht mehr auf, doch am nächsten Morgen erwischte ich ihn. Ich wies ihn auf das Datum des Formulars, den Stempel der Polizeistation und die Unterschrift des Beamten hin, doch das besänftigte ihn nicht sonderlich. Man hatte unsere Fingerabdrücke genommen, das musste er uns zugestehen, aber offensichtlich hatte kein Mitarbeiter der Sozialbehörde je mit der Polizei abgeklärt, ob wir nicht vielleicht gesuchte Schwerverbrecher waren. Und falls das doch jemand getan hatte, lagen die entsprechenden Unterlagen nicht vor. Er gab mir meine Kopie zurück und erklärte, damit könne die Polizei keine Überprüfung durchführen.

»Sie müssen noch einmal Ihre Fingerabdrücke nehmen lassen«, sagte er.

Am nächsten Tag waren Vita und ich wieder auf der Polizeistation, um unsere Finger noch einmal auf das Stempelkissen drücken zu lassen. Diesmal brachte ich das Formular höchstpersönlich zur Polizeidirektion, noch bevor die Tinte ganz getrocknet war. Die Empfangsdame erlaubte mir, es auch selbst abzugeben. Ich bat die Beamtin, die das Formular entgegennahm, inständig, sich so schnell wie möglich darum zu kümmern, und erklärte ihr unsere Lage und die Dringlichkeit der Sache. Sie war sehr nett und rief mich bereits eine Woche später an. Ich fuhr sofort hin, nahm das Formular mit dem roten Polizeivermerk entgegen, machte sechs Kopien davon, ließ alle beglaubigen und kehrte damit zu Munautsi zurück.

Er grunzte nur.

Ein paar Tage später kam ganz überraschend die Geburtsurkunde an – allerdings nur, weil Stella geschäftlich in der Gegend, in der man Chipo gefunden hatte, unterwegs gewesen war und in der dortigen Zweigstelle der Sozialbehörde zu tun gehabt hatte. Sie hatte dort zufällig ein paar Dokumente gesehen, die nach Harare geschickt werden sollten, und auf einem davon stand Chipos Name. Daraufhin hatte Stella die Unterlagen persönlich mit zurückgenommen.

Eine Woche später verschwand unsere ganze Akte, und wir begannen zu begreifen, was es in der Praxis hieß, dass Anträge von Ausländern »nicht unterstützt« wurden.

»*Verschwunden?*«, fragte ich Munautsi fassungslos, und diesmal war ich wirklich zornig. »Wie kann eine ganze Akte verschwinden? Haben Sie denn überhaupt keine Kopien?«

Munautsi erwiderte, er habe unsere Unterlagen in die Aktenaufbewahrung geschickt, und dort könne man sie nun nicht mehr finden. Ohne die Akte könne er nichts weiter tun. Das Ganze schien ihn nicht sonderlich zu beunruhigen.

Als ich ihn fragte, was ich denn jetzt tun solle, antwortete er: »Abwarten. Vielleicht finden wir sie ja wieder.«

Es war eine Katastrophe, eine absolute, unfassbare Katastrophe. Ohne die Akte standen wir wieder ganz am Anfang. Wir besaßen zwar eine beglaubigte Kopie der

Papiere über die Pflegeelternschaft und außerdem Kopien sämtlicher Dokumente, die wir eingereicht hatten – Trauschein, Geburtsurkunden, Arbeitsbescheinigung, Arbeitserlaubnis und so weiter –, aber die Behörde würde ganz sicher nichts davon anerkennen. Wir hatten keine Kopien der Sozialberichte und auch keine von Chipos Geburtsurkunde. Im Grunde gab es damit auch keinen offiziellen Beweis mehr für Chipos Existenz.

Wir mussten die verdammte Akte wiederfinden. Wir brachten Chipo ins Bett – sie schlief inzwischen die ganze Nacht durch – und saßen dann stundenlang zusammen, vor uns auf dem Tisch eine weitere Flasche Wein. Die Situation im Land verschlechterte sich zusehends. Die amerikanische Botschaft konnte uns in einem solchen Fall nicht helfen; im Gegenteil, eine Einmischung von dieser Seite hätte das Ganze nur noch verschlimmert. Ich wagte es nicht, befreundete Regierungsmitarbeiter in Simbabwe um Hilfe zu bitten, aus Angst, das könnte nach hinten losgehen. Auch mein Informant in der Behörde konnte nichts tun, weil er sich damit dem Vorwurf der Bestechung ausgesetzt hätte.

Also besprachen wir mögliche Strategien und stritten sogar heftig darüber. Wir gingen die einzelnen Mitarbeiter der Behörde durch, riefen uns Namen, Rasse und Geschlecht der besten Anwälte der Stadt in Erinnerung und überlegten, wie sich diese Faktoren zu unseren Gunsten oder Ungunsten auswirken könnten, falls wir einen davon für ein Gerichtsverfahren verpflichten würden.

Schließlich entschieden wir uns für die einzig wirkungsvolle Maßnahme: Wir ließen Vita auf sie los.

Gleich am nächsten Tag betrat sie das Gebäude, vermied es, in die Nähe von Munautsis Büro zu kommen, und unterhielt sich stattdessen mit den Sachbearbeiterinnen. In Simbabwe gilt es als gesellschaftlicher Makel, wenn eine Frau kein Kind hat. Vita, Mitte vierzig und kinderlos, erregte deshalb stets großes Mitgefühl. Sie war zwar keine Simbabwerin, doch klein, stämmig und dunkelhäutig, wie sie war, konnte sie ohne weiteres als Shona durchgehen. Seit wir nach Harare gezogen waren, fragten andere Frauen sie oft nach ihren Kindern, und sie erwiderte, sie habe keine. Dann seufzten die anderen Frauen jedes Mal, schlugen die Augen nieder und murmelten: »Ein Jammer, ein Jammer.« Und so spielte Vita, als sie an diesem Tag in die Behörde kam, ihre letzte Trumpfkarte aus. »Ich kann keine Kinder bekommen«, erzählte sie den Frauen dort mit leiser Stimme. »Ich habe nur Chipo. Und jetzt ist ihre Akte verschwunden.«

Gerührt holten die Frauen sie hinter die Rezeption, führten sie einen Gang entlang und öffneten eine Tür. Die Aktenaufbewahrung.

Einige Teile des Raumes waren geordnet, die meisten jedoch nicht. Tausende von Aktenordnern lagen auf dem Boden und in den Regalen verstreut oder stapelten sich auf Tischen. Es waren sogar noch einige mit dem Stempel »Eigentum der rhodesischen Regierung« darunter. Die Sachbearbeiterinnen suchten die Aktenstapel mit den neuesten Daten und reichten auch Vita einen Stapel. Gemeinsam begannen sie mit der Suche. Hunderte Aktenordner und schließlich Tausende gingen durch ihre Hände. Vita hockte in Jeans, auf Hände und Knie gestützt, auf dem Boden und durchsuchte einen Stapel nach dem anderen. Den ganzen Vormittag hindurch suchten sie – ohne Erfolg. Am Nachmittag setzten sie die Suche fort, fanden aber wieder nichts. Doch am späten Nachmittag des nächsten Tages rief eine der Frauen: »Eh-eh! Mama Chipo! Eh-eh!« Sie lachte vor Freude und hielt Chipos Akte in die Höhe. Alle brachen in Jubel aus, und Vita fiel den Frauen um den Hals. Dann ging sie.

Die Frauen warteten, bis Vita fort war, dann brachte eine von ihnen die Akte in Munautsis Büro und legte sie unübersehbar mitten auf seinen Schreibtisch. Am nächsten Tag kam ich vorbei und fragte ihn mit gerunzelter Stirn, ob die verflixte Akte nun endlich aufgetaucht sei.

»Ja«, erwiderte er.

Er wirkte nicht sonderlich erfreut darüber, doch das war mir vollkommen egal.

Ich verließ sein Büro, bog um die Ecke und boxte dann zwei Mal mit geballter Faust in die Luft. »Volltreffer, Baby«, rief ich.

Es kam mir vor, als stünden wir mitten in einer Art Tennismatch, einem Duell aus Aufschlag und Volley, und hätten gerade einen entscheidenden Ballwechsel gewonnen. Der Bestechungsvorwurf, die Verzögerungen bei den Notfallsorgerechtsformularen, die verlorenen Empfehlungsschreiben, das verschwundene polizeiliche Führungszeugnis, die verschwundene Akte … Zack! Bumm! Peng! Wir hatten alle Bälle erwischt und waren immer noch im Spiel. Das hört sich vielleicht albern an, aber diese Kämpfe bestimmten nun einmal unser Leben: ein ständiges Auf und Ab aus politischen Spannungen und bürokratischen Kleindramen. Diese Akte wiedergefunden zu haben, ganz egal, ob Munautsi sie nun absichtlich oder unabsichtlich verloren hatte – das fühlte sich an, als hätten wir auf dem Centre-Court einen Matchball errungen. Im Zuge des daraus entstandenen Energieschubs schossen wir durch die Stadt wie ein paar Flipperkugeln.

Munautsi erlaubte mir, Chipos Geburtsurkunde zu kopieren, und ich machte erneut fünf Kopien und ließ sie wiederum als »echte Kopien« beglaubigen, und zwar von niemand Geringerem als Tony Mtero, dem Direktor der Behörde. Dann gab ich Munautsi eine der Kopien zurück und behielt das Original. Ihm fiel es gar nicht auf, und wir verschafften uns auf diese Weise einen weiteren Vorteil. Mit dem Original der Geburtsurkunde konnte ich selbst einen Pass für Chipo beantragen, und in dem entsprechenden Büro, das sich im selben Gebäudekomplex wie die Sozialbehörde befand, lief alles wie am Schnürchen. Wenn man die Bearbeitungsgebühr von 75 US-Dollar entrichtete – für die Einheimischen ein Schwindel erregender Betrag –, bekam man den Pass nach 48 Stunden. Vita ging mit Chipo zum Fotografen, setzte sie auf einen hohen Stuhl, hielt sie fest und duckte sich, als das Foto gemacht wurde. An einem Freitagmorgen lief ich mit dem Foto der erschrockenen Chipo, einem ausgefüllten Antrag und dem entsprechenden Betrag in bar in die Passbehörde, und am Montagnachmittag hielt ich einen grünen simbabwischen Pass mit nationaler Identitätsnummer in der Hand. Damit hatten wir alle Dokumente beisammen, die nötig waren, um ein paar Blocks weiter bei der amerikanischen Botschaft einen Visumsantrag für Chipos Einreise in die Vereinigten Staaten zu stellen.

In dieser Zeit, als in der südlichen Hemisphäre die mittwinterliche Kühle der Monate Juni und Juli herrschte, es nach Einbruch der Dunkelheit deutlich kälter wurde und man einen Pullover brauchte, um sich warm zu halten, erzielten wir unseren bisher größten Durchbruch. Wir hörten von einer Ausländerin, einer

Kanadierin, die gerade ein Kind adoptiert haben sollte. Vita hatte bei irgendeiner Zusammenkunft von ihr gehört, hatte aber nur den Vornamen der Frau erfahren können und dass sie bei der kanadischen Botschaft arbeitete. Gleich am nächsten Morgen griff sie zum Telefon und fragte beim Empfang nach einer Mitarbeiterin namens Beth. Kurze Zeit später meldete sich am anderen Ende der Leitung eine Frauenstimme, und nachdem Vita sich kurz dafür entschuldigt hatte, dass sie sich in ihre Privatangelegenheiten einmische, fragte sie sie, ob sie gerade ein Kind adoptiere. Ja, erwiderte die andere, ein wenig verwirrt darüber, von einer Fremden eine solche Frage gestellt zu bekommen. Vita schilderte ihr unsere Situation, und Beth erklärte sich bereit, sich nach der Arbeit mit ihr zu treffen.

»Sie können sich nicht vorstellen, was das für ein Theater war«, erzählte Beth, als sie zusammensaßen. »Die mauern ohne Ende. Sie haben mich behandelt wie eine Verbrecherin. Irgendwann hatte ich dann die Nase voll und habe ihnen gesagt, dass meine Zeit hier zu Ende sei und ich das Land verlassen müsse. Da haben sie sich dann plötzlich bewegt und tatsächlich angefangen, die Unterlagen zu bearbeiten. Gerade ist der Antrag bewilligt worden. Und jetzt verschwinde ich von hier.«

Beth hatte ein paar Vorteile mehr als wir: Ihre Position bei der Botschaft gab ihr eine gewisse diplomatische Bedeutung, die uns fehlte, und außerdem hatte man sie nicht zum Staatsfeind erklärt. Dennoch war ihre Geschichte die einzige Erfolgsmeldung, von der wir wussten, und sie ermutigte uns dazu, soweit wie möglich auf Fristen zu beharren.

Der festgesetzte Termin für unsere Heimreise, von dem

Munautsi behauptet hatte, er stelle »kein Problem« dar, war nur noch wenige Tage entfernt, und wir hatten immer noch keine Reisegenehmigung von der Behörde. Morris Thompson, der bei Knight Ridder für die Auslandskorrespondenten zuständig war, schrieb einen Brief an die Sozialbehörde, in dem er sich dafür verbürgte, dass wir nach Simbabwe zurückkehren würden. Nichts geschah. Der Abreisetag kam und verstrich. Wir buchten unseren Flug um, und ich suchte den Provinzvorstand, Mr Mano, auf – seinen Vornamen kannte ich nicht. Ich versicherte ihm, dass wir Chipo ins Land zurückbringen würden, händigte ihm die Kopien der Briefe meiner Vorgesetzten aus und bot ihm sogar an, eine Barkaution zu hinterlegen.

Er war ein wenig erstaunt, als ich plötzlich in seinem Büro stand – die Sozialbehörde hatte unseren Antrag gar nicht an ihn weitergeleitet –, doch er sagte, ihm komme das alles durchaus vernünftig vor. Und er hielt Wort. Innerhalb weniger Tage unterzeichnete er die Reisegenehmigung. Und als ich die Genehmigung endlich in Händen hielt, musste ich mich doch wundern. Es hatte uns fünf Monate gekostet, ein einfaches Blatt Papier mit drei maschinengeschriebenen Zeilen darauf zu bekommen. Es gestattete uns, Chipo mit auf eine Auslandsreise zu nehmen, und war datiert, unterschrieben und mit einem Stempel versehen – und hatte nicht einmal einen Briefkopf. So etwas hätte ich in höchstens einer Viertelstunde fälschen können.

Doch wie sich herausstellte, sollte das gar nicht nötig sein. Ein paar Tage später kam Vita von einer weiteren Expedition in die amerikanische Botschaft zurück und hupte laut, als sie die Auffahrt hinauffuhr. Dann sprang sie aus dem Auto und kam ins Haus gerannt.

»Schau dir das an!«, rief sie und warf Chipos Pass auf das Sofa, auf dem ich saß.

Ich schlug den Pass auf und sah Chipos Visum. »Na klasse!«, sagte ich.

»Nein«, sagte sie. »Schau es dir genau an!«

Erstaunt schlug ich den Pass noch einmal auf. Ich betrachtete das Visum genau, las laut den Text, und dann hätte ich den Pass beinahe fallen gelassen.

Es war ein Mehrfachvisum mit einem Ablaufdatum im Jahr 2008. Chipo konnte also die nächsten neun Jahre hindurch in die USA einreisen, so oft sie wollte, und bleiben, so lange sie wollte.

Ich brauchte eine Weile, bis ich wieder ein Wort herausbrachte. »Wie hast du das gemacht?«, stieß ich schließlich hervor.

Vita tanzte lachend durch den Raum. »Ich habe gar nichts gemacht«, rief sie. »Ich habe ein einfaches Visum beantragt. Und *das* habe ich bekommen.«

Ich lächelte, dann warf ich beide Arme in die Luft. »Volltreffer!«

Entweder war im Konsulatsbüro ein Fehler unterlaufen – allerdings erschien es ausgesprochen unwahrscheinlich, dass man sich bei einem Kleinkind um neun Jahre verrechnete –, oder man wusste dort von unserer Lage und hatte uns etwas Gutes tun wollen.

Ich fragte niemals nach.

Kapitel 16

In der Echokammer

Drei Tage später rief ich Peter Ndarowa an, einen Taxifahrer, der uns schon so oft durch die Stadt kutschiert hatte, dass er gewissermaßen eine Mischung aus einem festen Angestellten und einem Freund der Familie war, und buchte ihn für eine Fahrt zum Flughafen. Schwere Taschen und gepackte Koffer standen bereit, doch nichts davon gehörte mir. Vita und Chipo flogen in die USA, und ich blieb in Simbabwe. Wir wollten niemanden täuschen, aber es war durchaus in unserem Interesse, dass Vita und Chipo so lange wie möglich außer Landes blieben. Ich würde meinen Heimaturlaub antreten, wie ich es der Sozialbehörde gesagt hatte; doch es war nie die Rede davon gewesen, dass wir alle gemeinsam reisen würden. Mein unbezahlter Urlaub war vorbei, und ich musste wieder an die Arbeit. Zwei oder drei Monate später würde ich dann auf regulärer Urlaubszeit nach Hause fliegen, denn ich war fest entschlossen, das Guthaben an Urlaubstagen aufzubrauchen, das ich in den letzten sechs Jahren angesammelt hatte.

Vita und Chipo sollten während dieser Zeit bei meinen Eltern im ländlichen Mississippi wohnen oder bei

Vitas Schwester Kathie in Detroit. Die lange Abwesenheit war keineswegs so riskant, wie es scheinen mochte. Uns war längst aufgefallen, dass die Sozialarbeiter zwar seit einem Jahr über Chipos Akten und Unterlagen brüteten oder sie auch einfach nur ignorierten, dass aber in der ganzen Zeit nie jemand verlangt hatte, Chipo zu sehen. Das war merkwürdig. Was Vita und mich betraf, so war kein Dokument entlegen genug, dass man es nicht sehen wollte. So lag ihnen zwar beispielsweise unser Trauschein vor, doch sie verlangten trotzdem noch von Vita, den Beweis zu erbringen, dass ihr erster Mann tatsächlich tot war. Und es ist wahrhaftig nichts für zart besaitete Gemüter, die Mitarbeiter der Gesundheitsbehörde in Detroit über ein Satellitentelefon aus dem subsaharischen Afrika dazu zu bringen, eine Sterbeurkunde für einen ihrer Bürger auszustellen, der bereits seit Jahren tot ist, und diese dann zu allem Überfluss auch noch in beglaubigter Kopie nach Harare in Simbabwe zu schicken. Man kann das natürlich trotzdem schaffen, und Vita schaffte es, und so landete das Dokument schließlich auf dem entsprechenden Schreibtisch. Aber niemand – sage und schreibe niemand – hatte jemals das Objekt sehen wollen, um das sich all der Aufwand drehte. Niemand bat uns, mit Chipo zu einer Beurteilung vorbeizukommen; niemand überprüfte, ob sie mit uns zurechtkam, geschweige denn, ob sie nicht in irgendeiner Form missbraucht wurde. Niemand wollte ihre Krankenakte sehen oder ihren Impfplan oder auch nur einen Beleg dafür, dass wir regelmäßig mit ihr zu den Vorsorgeuntersuchungen gingen. Nach der Anhörung zur Pflegeelternschaft wollte sie kein Mensch mehr sehen. Man fragte uns: Wie geht es Chipo? Und wir erwiderten: Gut. Die Sozialbehörde hätte kaum bemerkt, wenn Chipo den Sommer in St. Tropez verbracht hätte.

Tatsächlich verbrachte sie ihn nun auf einer Farm in der Nähe von Starkville, Mississippi – nicht gerade ein typischer Urlaubsort. Die langen Flüge – von Harare Richtung Süden nach Johannesburg, dann wieder Richtung Norden nach London, von dort nach Atlanta und schließlich nach Mississippi – waren quälend anstrengend für Vita und Chipo. Als sie das Flugzeug bestiegen, das sie über den Atlantik bringen sollte, war Chipo bereits vollkommen übermüdet und knatschig, und Vita wirkte so erschöpft, dass zwei Frauen, die in der Reihe vor ihr saßen, darauf bestanden, ihr Chipo für ein paar Stunden abzunehmen.

»Sie sehen so müde aus, Schwester«, sagte die eine zu ihr. »Und wir fliegen auf einer Höhe von über zehntausend Metern. Es dürfte uns schwer fallen, sie zu entführen.«

Da konnte selbst Vita nicht widersprechen. Sie schlief sofort ein.

Die letzte Etappe der Reise, von Atlanta in den Nordosten von Mississippi, ist nur noch ein einstündiger Hopser mit einer Propellermaschine. Nach einem kurzen Flug über den Wolken Richtung Westen gleitet das Flugzeug langsam nach unten, über ein paar Seen und Wiesen am Rand der Stadt Columbus hinweg, dann wendet es sich nach Süden, überfliegt eine vierspurige Autobahn und setzt schließlich auf einer Landebahn direkt neben einem Sojabohnenfeld auf. Das Flugzeug war noch nicht ganz zum Stehen gekommen, da fragte sich Vita, das Großstadtmädchen, bereits, wie sie es hier zwei Monate aushalten sollte, noch dazu unter lauter Weißen, die sie kaum kannte. Sie überlegte, wie viele schwarze Frauen im Lauf der Detroiter Stadtgeschichte wohl einen Weißen aus Mississippi geheiratet und dann zwei Monate auf der Farm seiner Familie verbracht hatten, mit einem afrikanischen Kind im Schlepptau.

Duane und Betty warteten in dem kleinen Flughafengebäude und sahen dem Besuch sicherlich auch mit einiger Nervosität entgegen; doch vor allem freuten sie sich darauf, Chipo und Vita wiederzusehen. Auf der Fahrt nach Starkville, vorbei an den langen Reihen von Tankstellen und Fastfood-Restaurants, die die Hauptstraße säumten, kehrte Vitas Unbehagen zurück. Doch als sie die kleine, stille Farm meiner Eltern erreicht hatten – das Vieh hatten sie bereits vor Jahren verkauft –, fand sie es dort sehr friedlich. Sie konnte sich unbefangen mit meiner Mutter unterhalten, und mein alter Herr war so vernarrt in Chipo, dass er schon vor ihrer Ankunft im Garten eine Schaukel für sie gebaut hatte. Als ich klein war, war er ein strenger Mann gewesen, vor dem man sich manchmal sogar fürchten konnte. Knapp 1,70 Meter groß und 90 Kilo schwer, schien er nur aus Muskeln, Knochen und Knorpel zu bestehen, war bärbeißig und äußerst anspruchsvoll. Auch jetzt war er noch ein stämmiger Mann mit breitem Brustkorb, obwohl sein Haar langsam grau wurde und seine Knie ihn nicht mehr recht trugen, doch seine einzige Enkelin wickelte ihn mühelos um den Finger. Er setzte sie in den Spezialsitz der Schaukel, schnallte sie fest, kitzelte sie unterm Kinn, und dann schubste er sie im Schatten des späten Nachmittags an. Und Vita wusste nicht recht, ob nun auf seinen oder auf Chipos Lippen das breitere Lächeln lag.

Ein paar Tage nach ihrer Ankunft fuhren Vita und

meine Mutter mit Chipo zum Arzt, um sie gründlich durchchecken zu lassen. Wie ein alter Hase marschierte Chipo auf ihren kurzen Beinchen in die Praxis im Zentrum von Starkville. Sie stellte sich auf die Waage, streckte im richtigen Augenblick die Zunge heraus und brüllte wie am Spieß, als man ihr ein bisschen Blut abnahm. Die Ergebnisse bestätigten unsere kühnsten Hoffnungen: Sie war kerngesund. Sie wog etwas über zehn Kilo und war 58 Zentimeter groß. Damit war sie klein für ein amerikanisches Kind, aber inzwischen konnte sie richtig laufen und kletterte auf sämtliche Möbel im Haus.

Ihr Wortschatz war noch nicht besonders groß, doch eines ihrer Lieblingswörter war »Hallo!«, und sie trompetete es hervor wie ein kleines Nebelhorn. Es gefiel ihr, dass dieses Wort immer eine sofortige Reaktion auslöste, und so rief sie es ständig, beim Frühstück, beim Spielen auf der Veranda oder beim Eisessen nach dem Abendbrot. Und an diesen Abenden, an denen sich im Umkreis von vielen Kilometern bis auf die Familie keine anderen Menschen befanden, entwickelte sich die ganz spezielle Beziehung zwischen Chipo und meinem Vater. Chipo konnte noch nicht »Granddaddy« sagen, deshalb nannte sie ihn »Big Daddy«, und wenn sie das aussprach, klang es wie ein Wort: »Bidaddy«.

Chipo machte häufig »Uff!« oder »Mpf!«, wenn sie die Treppe hinauf- und hinunterkletterte oder nach dem Essen etwas vom Wohnzimmerboden aufhob, und mein Vater ahmte sie nach. »Uff!«, machte Chipo bei dem Versuch, auf einen Stuhl zu klettern. »Uuuff!«, wiederholte mein Vater von seinem Sessel aus. Chipo drehte sich um und musterte ihn zunächst ein wenig misstrauisch. Dann gab sie ein weiteres Ächzen von sich, und er machte es nach. Sie wurde lauter, er ebenfalls, und schließlich kicherte sie fröhlich, und sie ächzten Nase an Nase um die Wette.

»Uff!«

»Uuuff!«

»Duane«, rief meine Mutter vorwurfsvoll aus der Küche. »Hör auf, meinem Enkelkind solche Geräusche beizubringen!«

Die Wochen vergingen, und Vita gewöhnte sich daran, mit meinem Vater nach dem Abendessen Rodeos im Fernsehen anzuschauen – »Viel Auswahl gibt es ja nicht«, flüsterte sie am Telefon. Doch schließlich bemerkte mein Vater etwas Eigenartiges an seiner Schwiegertochter: Sie entfernte sich nie allzu weit vom Haus. Seit das Vieh fort und die Zäune abgerissen waren, befand sich ein großer, gepflegter Garten hinter dem Haus meiner Eltern, mit hohen Bäumen, die Schatten spendeten, einer offenen Wiese und vielen Kilometern Wald dahinter. Doch trotz der Weite, die ihr zur Verfügung stand, blieb Vita meist auf der Veranda. Und als sie entdeckte, dass es im Wald Rehe gab, die nachts manchmal in den Garten kamen, um dort Blumen zu rupfen oder das Futter zu fressen, das mein Vater für sie auslegte, stand ihr Entschluss fest: Sie würde auf gar keinen Fall in diesen Wald gehen.

Mein Vater fand das zum Brüllen komisch: Eine erwachsene Frau, die sich vor Rehen fürchtete. Und ich muss zugeben, dass auch ich mich amüsierte. »Schatz«, sagte ich bei einem unserer Telefongespräche, »erklär mir doch bitte mal: Was, glaubst du, könnten dir diese Rehe tun? Glaubst du, sie stürzen sich auf dich, sobald du das Haus verlässt, oder drängen dich in eine Ecke und versuchen, dir dein Geld wegzunehmen?«

Sie lachte zwar, ließ sich aber nicht von ihrem Entschluss abbringen. »Ich gehe ganz bestimmt nicht in diesen Wald. Die bleiben da draußen, und ich bleibe hier drinnen.«

Trotzdem überraschte es sie, wie wohl sie sich im ländlichen Mississippi fühlte. Es sei zwar anders, aber insgesamt dem Leben der Schwarzen doch recht ähnlich, berichtete sie und klang dabei, als könnte sie es selbst kaum glauben. »Die Weißen in Mississippi sind den Schwarzen sehr viel ähnlicher, als sie ahnen«, erzählte sie. »Vielleicht ist das ja so in den Südstaaten auf dem Land, und ich bin es nur einfach nicht gewöhnt. Aber neulich hat deine Mutter doch tatsächlich Grünkohl und Maisbrot zum Abendessen gemacht. Und gebratenen Wels. So was hat meine Mutter auch immer gekocht. Ich wusste gar nicht, dass Weiße so was essen. Und die Gottesdienste sind natürlich anders, aber es sind trotzdem Baptisten, und hinterher sitzen alle draußen vor der Kirche zusammen und plaudern. Das scheint dieselbe zentrale Rolle im Leben zu spielen wie bei uns. Und auch der Respekt, den die Leute ihren Großeltern und überhaupt den Älteren entgegenbringen – das ist genauso wie bei den Schwarzen früherer Generationen.«

»Ich weiß gar nicht, warum dich das so überrascht. Das habe ich dir doch schon in Detroit die ganze Zeit erzählt«, sagte ich.

»Ja, gut, aber das ist immerhin Mississippi.«

»Wem sagst du das?«

»Es ist einfach ganz anders, als ich erwartet habe. Versteh mich nicht falsch, ich möchte wirklich nicht hier leben, aber es gefällt mir trotzdem. Vorgestern habe ich mich sogar darauf gefreut, in den Wal-Mart zu fahren.«

»Meine Güte!«

»Ja, gruselig, nicht?«

Am anderen Ende der Welt wandte ich mich wieder dem anderen Leben zu, mit dem ich ebenfalls verheiratet war: Flugzeugen, schäbigen Hotels, Koffern und einem Satellitentelefon am Hotelfenster. Eines Morgens wachte ich wieder in Sarajewo auf, wo ich von Präsident Clintons Staatsbesuch berichten sollte, in einer Stadt, in der es plötzlich Ampeln und Verkehrsstaus gab. Ich traf mich zum Abendessen mit Aida Cerkez, die während des Krieges auf eigene Faust Journalistin und inzwischen die Stütze der örtlichen Zweigstelle von Associated Press geworden war. Als der Krieg begann, hatte sie ihren kleinen Sohn mit ihrer Mutter in einen Bus gesetzt, der sie aus der Stadt gebracht hatte; danach hatte sie den Kleinen jahrelang kaum gesehen. Wenn sie selbst beruflich unterwegs war, ließ sie mich in ihrer Wohnung wohnen. Im Krieg hatte ich dort jeden Morgen eimerweise Wasser ins Bad geschleppt, mich in die Wanne gehockt und die Eimer über mir ausgeleert, keuchend und fluchend in der Kälte.

Jetzt war der Krieg vorbei, Aidas Sohn zurückgekehrt, sie war glücklich verheiratet, und wir aßen alle gemeinsam in einem hübschen Restaurant mit weißen Tischdecken zu Abend. Der Krieg gehörte inzwischen zu einem anderen Leben, und ganz andere Menschen schienen diese Zeit durchlebt zu haben.

Dann verschwamm die Erinnerung, und ich wachte in einem Hotel in Monrovia auf. Regen prasselte in Strömen auf die Küste von Liberia, die Wellen schlugen an den schmutzigen Strand, und auf der anderen Straßenseite spielten zerlumpte Kinder in der zerbombten Ruine eines Hauses. In Freetown, der Hauptstadt von Sierra Leone, durften die Rebellen – die Zivilisten, von denen sie keine Unterstützung erhielten, gern einmal den Arm oder das Ohr abhackten – einen Teil der Regierung stellen. Das war Teil eines Friedensvertrags, an dessen Wirksamkeit eigentlich nur die Vereinten Nationen glaubten. Um die Absurdität des Vertrags zu belegen, hatte Präsident Ahmed Tejan Kabbah zur Unterzeichnung des Waffenstillstandsabkommens ein zweijähriges Waisenkind mitgebracht, das einen Arm verloren hatte.

Ich arbeitete in meinem Zimmer im Cape Sierra Hotel an der Küste. Man verlangte dort 125 US-Dollar in bar pro Nacht für ein schmuddeliges Zimmer, in dem es nach Insektenvernichtungsmittel roch. Aus dem Wasserhahn kam schmutziges braunes Wasser, und als ich den Toilettendeckel hob, schwamm eine Ratte in der Schüssel herum. Ich setzte mich mit dem Satellitentelefon und dem Computer nach draußen in den Hof, hörte von der anderen Seite des Hotels das Meer rauschen und schickte im Mondschein einen Artikel über Memunatu Mansaray, das Waisenkind, das den Präsidenten begleitet hatte, per Satellit nach Washington. Dann klappte ich das Notebook zu, blieb einen Augenblick in dem sanften Licht sitzen, ruhte mich von den Anstrengungen des Tages aus und genoss die ruhige Schönheit der Küste. Ein weiterer Moment verging, dann hörte ich vorsichtige Schritte hinter mir. Ich fluchte leise; schließlich saß ich hier allein in der Dunkelheit, mit einer elektronischen Ausrüstung im Wert von 5000 Dollar. Doch als ich mich umdrehte, waren es nur zwei Prostituierte aus dem Hotel, die auf der Suche nach einem Kunden waren. Ich lehnte dankend ab, drei, vier Mal, so lange, bis sie schließlich mürrisch abzogen und mit schwingenden Hüften in engen Röcken in die Hotelbar zurückgingen.

Wenn ich morgens in Simbabwe aufwachte, fand ich das unsäglich deprimierend. Ich kam sehr gut damit zurecht, allein in einem Hotel zu sein. Aber allein in diesem Haus zu sein, in der Küche nur für mich Abendessen zu machen und im Kamin ein Feuer anzuzünden, um mich warm zu halten, während ich bis spät in die Nacht las – das erfüllte mich mit einer Einsamkeit, die mir bis ins Mark ging. Als Junggeselle hatte ich 13 Jahre lang allein gelebt, war oft in Städte gezogen, in denen ich keinen Menschen kannte, und an längere Phasen der Einsamkeit gewöhnt gewesen. Doch jetzt war alles anders. Die Wohnungen, in denen ich damals gelebt hatte, waren Orte gewesen, in die ich wenig investierte und von denen ich auch nicht allzu viel erwartete. Doch dieses Haus war erfüllt von den Düften und den Stimmen der beiden Frauen in meinem Leben. Ständig wartete ich darauf, dass Chipo um die Ecke getapst kam oder dass Vita mich von der Veranda her rief – doch es war niemand da. Ich öffnete Vitas Kleiderschrank und roch ihr Parfüm in ihren Kleidern. Ich sah den geisterhaften Abdruck von Chipos Hand an der Fensterscheibe über dem Wickeltisch, stand da und starrte darauf und kehrte erst wieder in die Gegenwart zurück, als einer der Hunde mir die Hand leckte.

Ich brachte die Hunde nach draußen und spürte den kühlen Wind auf der Haut, doch ich konnte das Gefühl, das da unter der Oberfläche zuckte, nicht recht einordnen. Ich sah nur ein Meer von Leere, in dem ich jeden

Tag ein bisschen tiefer versank. Bei meinem Aufenthalt in Freetown hatte ich eine gute Freundin wieder getroffen, Corinne Dufka, die als Fotografin für Reuters arbeitete. In ihrer Wohnung waren wir auf solche Themen zu sprechen gekommen. Corinne hatte gerade nach fast zehn Jahren des Fotografierens in den schlimmsten Krisengebieten in Südamerika, Afrika und auf dem Balkan die Pressearbeit an den Nagel gehängt, um für Human Rights Watch zu arbeiten. Das überraschte mich, denn ich hielt sie für eine der besten und härtesten Kriegsfotografinnen, die derzeit im Geschäft waren.

»Warum hast du aufgehört?«, fragte ich sie.

»Weil ich nichts mehr empfunden habe«, erwiderte sie. »Weißt du, ich habe inzwischen praktisch jede Form menschlicher Grausamkeit erlebt. Wie viele Menschen sind vor meinen Augen getötet worden? Ich kann mir eine Hinrichtung anschauen und danach meinen Film entwickeln, ein gutes Abendessen zu mir nehmen und schlafen gehen. Das ist ja auch in Ordnung, so muss es schließlich sein. Aber irgendwann erreicht man einen gewissen Punkt.«

Damals hatte ich das noch nicht begriffen. Doch zurück in Harare, in meinem Haus voller Echos und Stimmen von Menschen, die nicht da waren, wurde mir langsam klar, dass ich selbst diesen Punkt schon längst überschritten hatte. Jeder Mensch, ob Polizist, Verbrecher, Feuerwehrmann, Soldat oder auch Journalist, erreicht irgendwann eine Grenze des Ausmaßes an Gewalt, das er ertragen kann, und obwohl ich niemals vorgehabt hatte, es so weit kommen zu lassen, spürte ich plötzlich, dass ich an jenem Tag, als ich Chipo im Chinyaradzo auf den Arm nahm, eine Grenze überschritten hatte. Ich konnte es einfach nicht fassen, wie zerbrechlich sie war, und die Angst um sie hatte mich zu einem anderen Menschen gemacht, der stärker und entschlossener, aber auch sehr viel verletzlicher war. In der Nacht, bevor Vita und sie aufgebrochen waren, schlief Chipo im Bett zwischen uns, und ich lag wach, sah ihr beim Schlafen zu und hätte am liebsten nie mehr etwas anderes getan. Und auch am Tag war mir die Lust an den ständigen Reisen, an den vielen Risiken vergangen. Ich wollte mich nicht mehr mit schwer bewaffneten, zugedröhnten 16-Jährigen an Kontrollpunkten mitten im Nirgendwo auseinander setzen. Ich hatte keine Lust mehr, über den nächsten Berg Igman inmitten der nächsten Belagerung ins nächste Sarajewo zu fahren, während irgendwelche Leute meinen Wagen beschossen. Es war mir ganz egal, was ich in Zukunft machen würde – ich wollte einfach nur an einem Ort aufwachen, an dem meine Tochter in Sicherheit war. Unsere prekäre Stellung hier im Land war wie eine ätzende Säure, die mich zerfraß und ihre Spuren immer deutlicher hinterließ. Es war mir praktisch unmöglich, ohne einen Drink einzuschlafen, und bald wurden zwei daraus, dann drei und noch mehr. Ich saß am Kamin in unserem dunklen Haus, nippte an einem Whiskey auf Eis, starrte ins Leere, und plötzlich war auch das Glas leer. Dann stand ich auf, legte Holz nach und goss mir einen weiteren Whiskey ein. Ein paar Stunden später wachte ich wieder auf, unausgeruht, verschwitzt und verängstigt, und tappte um vier Uhr morgens durch das Haus.

Doch als sich der Tag, an dem wir Chipo zu uns geholt hatten, zum ersten Mal jährte, gab es keine Hoffnung für uns, das Land je verlassen zu können. Wochen vergingen, ohne dass Munautsi sich meldete. Und als ich ihn schließlich zu fassen bekam, um ihn zu fragen, wie es mit unserem Fall voranging, warf er mich wie immer aus dem Büro.

Weil ich sonst nichts zu tun hatte, wandte ich mich wieder der Berichterstattung zu. Ich versuchte, mich ganz darauf zu konzentrieren, und in vieler Hinsicht war es auch äußerst fesselnd. Harare war in diesem Winter ein seltsames Gemisch aus politischen Intrigen, steigenden Preisen und – so unglaublich das auch klingt – Prozessen und Anklagen wegen Hexerei. In der Stadt Seke war ein selbst ernannter Prophet verhaftet worden, nachdem er die Leiche eines zweijährigen Mädchens ausgegraben und ihr Arme und Beine abgehackt hatte. Er hatte vorgehabt, die Extremitäten zu verbrennen und die Asche zur Erweckung dunkler Kräfte in Elixiere zu mischen, denn in der schwarzen Magie gibt es kaum wirksamere Ingredienzen als menschliches Fleisch, Blut oder innere Organe. Es folgte eine solche Flut von ähnlichen Ereignissen, dass der HERALD schließlich einen Leitartikel mit der Überschrift veröffentlichte: »Stoppen wir diese Hexenmorde«. Währenddessen wurde im Parlament die Möglichkeit diskutiert, den Witchcraft Suppression Act, ein Anti-Hexerei-Gesetz aus der Kolonialzeit, ganz abzuschaffen und die Bezeichnung als Hexe oder Hexer damit zu legalisieren. Dieser Vorwurf konnte sonst nämlich dazu führen, dass der Betreffende auf der Stelle gesteinigt oder auf andere Weise getötet wurde. Man behauptete, der Einsatz von *tokoloshis*, meist unsichtbaren, kniehohen Kreaturen, die von Medizinmännern zum Leben erweckt wurden, greife rasant um sich. Gordon Chavunduka, der Vorsitzende der 50 000 Mitglieder umfassenden National Traditional Healers Association, wies in einem Interview darauf hin, dass die Welt der Geister in der Regel ein guter, tröstlicher Ort sei und dass die allermeisten Medizinmänner ihre Kräfte ausschließlich zur Linderung, zum Trost, zur Kommunikation mit den Geistern der Ahnen oder zur Heilung einsetzten. Der starke Zuwachs an bedrohlichen Mächten, sagte er, weise auf wachsende gesellschaftliche Ängste und Verzweiflung hin.

Das äußerte sich auf sehr unterschiedliche Weise, doch meines Erachtens war nichts davon so katastrophal wie die Ängste und die daraus resultierende, fast schon hysterische Verleugnungshaltung, die durch die Aids-Toten ausgelöst wurden. Die offizielle Zahl der Todesfälle war nur eine grobe Schätzung, weil sich nach wie vor nur die Wenigsten testen ließen. Und während sich zwar eine Reihe Prominenter in Harare des Problems ernsthaft annahm, gab es doch immer noch den riesigen Anteil der Bevölkerung, der bereit war, alles und jedes zu glauben, was über die Krankheit behauptet wurde – nur nicht die medizinischen Ergebnisse, die eindeutig belegten, dass sie über Körperflüssigkeiten übertragen wurde.

Diese Vorbehalte stützten sich auf historische Tatsachen, obwohl das im Westen kaum jemand verstand, und zu großen Teilen waren sie sogar durchaus begreiflich. Offenbar hatten die Kolonialmächte in Südafrika und Rhodesien tatsächlich versucht, biologische Kampfstoffe für den Krieg gegen die Schwarzen zu entwickeln. Der simbabwische Gesundheitsminister Timothy Stamps, ein Weißer, sagte 1998 in einem BBC-Interview, er habe »nicht den leisesten Zweifel daran«, dass die südafrikanischen Befürworter der Apartheid »unsere Bevölkerung«

während der Befreiungskriege in den Siebzigerjahren mit Krankheiten wie Milzbrand, Ebola oder auch der Pest »infiziert« hätten. In Südafrika musste sich der Kardiologe Wouter Basson der Anklage stellen, während der Apartheid eine Einheit zur biologischen Kriegsführung geleitet zu haben, obwohl man ihn schließlich freisprach. Der Biotechniker Jan Lourens sagte vor verschiedenen Regierungsausschüssen aus, zu den Experimenten während der Apartheid habe es auch gehört, Schwarzen giftige Substanzen zu spritzen, um die Geburtenrate zu senken. Und die CIA hatte im Kongo alles Mögliche versucht; einmal sollte der Nationalistenführer Patrice Lumumba sogar mit vergifteter Zahnpasta umgebracht werden.

Und wie Afroamerikaner sich nur allzu gut an das Tuskegee-Experiment erinnern, so erinnern sich Afrikaner an diese Ereignisse und betrachten die Aids-Epidemie daher mit einer gewissen Skepsis. Als den politischen Führern auffiel, dass die Krankheit im südlichen Teil Afrikas noch während oder kurz nach der letzten Phase der Unabhängigkeitskämpfe zu grassieren begann, empfanden sie es als verdächtig, dass es Schwarze offensichtlich schwerer traf als Weiße. Das wiederum führte zu Überzeugungen wie der des simbabwischen Vizepräsidenten, Joshua Nkomo, der verkündete, die Krankheit Aids sei von weißen Wissenschaftlern entwickelt worden, um die Schwarzen auszurotten.

Doch so interessant diese Thesen auch sein mochten, sie konnten nicht über die nackten Tatsachen hinwegtäuschen, die sich nicht wegdiskutieren ließen. Mary Bassett, eine Afroamerikanerin, die als Dozentin für Gesundheitswesen an der University of Zimbabwe arbeitete, war 1986 nach Simbabwe gezogen. Damals lag die

Zahl der HIV-positiven Blutspender ihren Erhebungen zufolge bei zwei Prozent. 1999 lag sie bereits bei 15 Prozent. Ihre Studenten hatten außerdem die Aufgabe, die Sterblichkeitsrate von Harare zu überprüfen. Die Zahlen erhielten sie jährlich von der städtischen Leichenhalle, und ihre größte Aufmerksamkeit richtete sich auf die Toten im Alter von 25 bis 45 Jahren.

In dieser Altersgruppe war die Todesrate innerhalb eines Jahrzehnts um 700 Prozent gestiegen.

Die Regierung unternahm einige wenige Versuche, das Problem anzugehen. Es gab Kampagnen, um das Bewusstsein für die Krankheit zu stärken, und die Regierung arbeitete mit unabhängigen westlichen Organisationen zusammen, um Kondome zu ermäßigten Preisen anbieten zu können. Außerdem war Simbabwe das einzige Land der Welt, das seine Bevölkerung mit einer zusätzlichen Steuer zur Deckung der durch Aids entstandenen Gesundheitskosten belastete. Herbert Murerwa, der Finanzminister, gab bekannt, dass auf jeden Steuerbescheid eine zusätzliche Abgabe von drei Prozent erhoben und das Jugend- und Gesundheitsministerium einen Fonds für diese Einnahmen einrichten werde. Man rechne mit einer Gesamtsumme von 26,6 Millionen Simbabwe-Dollar (etwa 760 000 US-Dollar) – mehr als das Doppelte des Betrags, den die Regierung im Jahr zuvor in Aids-Kranke investiert hatte.

»Ich weiß, es ist nicht so viel, wie manche erwarten, aber ich hoffe, es beweist, dass wir uns zumindest bemühen«, sagte Außenminister Stan Mudenge beim Afrikanischen Diplomatenball in Harare, einer Wohltätigkeitsveranstaltung zugunsten der Aids-Kranken, und erntete damit viel Applaus.

Dummerweise hatte die Regierung die Bevölkerung, die die Steuer zahlen sollte, vorher nicht zu Rate gezogen. Und man hatte auch nicht spezifiziert, wozu genau das Geld verwendet werden würde. Für die Vorsorge? Für die Behandlung? Für die Einstellung weiterer Ärzte und Krankenschwestern? Die Antwort auf diese Fragen blieb jedem selbst überlassen. Bei den Pressekonferenzen gab es keine klaren Aussagen, und die Regierungsbeamten reagierten nicht auf Anrufe.

Ich rief alle möglichen Aids-Kliniken, Waisenhäuser und Ärzte an, um zu erfahren, was sie wussten. Doch offenbar hatte man auch sie nicht zu Rate gezogen. Vor allem für Ernestine Wasterfall, die Leiterin des Waisenhauses Emerald Hills, in dem sich so viele an Aids erkrankte Kinder befanden, war die Lage schwierig. Sie sollte von der Regierung eine monatliche Zuwendung für ihre Schützlinge erhalten, die durch die Inflation bereits auf lächerliche zwölf Cent pro Tag und Kind gesunken war. Doch seit fünf Monaten hatte man ihr nicht einen Cent zukommen lassen. »Wir beten darum, dass ein Teil dieser Steuereinnahmen uns zugute kommt, aber ob das passieren wird, weiß man nicht«, sagte sie. »Die Regierung hat sich diesbezüglich nie mit uns in Verbindung gesetzt. Sie schickt uns ja nicht einmal das Geld, das sie uns eigentlich jetzt schon zukommen lassen sollte. Ich kann mir nicht vorstellen, dass das jemals anders wird.«

Ihre Zweifel, die von vielen anderen geteilt wurden, stützten sich auf einen früheren Präzedenzfall. Anfang der Neunzigerjahre war eine ähnliche Steuer erhoben worden, um Ausgleich für eine verheerende Dürreperiode zu schaffen. Die Dürre ging vorbei, doch die Zusatzsteuer blieb fünf Jahre lang erhalten. Und die Regierung legte nie Rechenschaft darüber ab, was mit dem Geld geschehen war.

Die Simbabwer waren nicht dumm, und jetzt betrachteten sie die heruntergekommenen Krankenhäuser und die schlecht bezahlten Ärzte und hatten ihre Zweifel daran, dass eine Regierung, die das Gesundheitssystem auf diese Weise verkümmern ließ, plötzlich fast das Doppelte für die Aids-Behandlung ausgeben würde. Ich fragte Ernestine Wasterfall, ob ich mit dem freien Fotografen Rob Cooper vorbeikommen dürfe, um ein paar Bilder zu meinem Artikel zu machen. Sie antwortete, normalerweise dürften Aids-Patienten nicht fotografiert werden. Dann fragte sie mich, ob ich glaube, dass die Amerikaner vielleicht etwas spenden würden, wenn sie die Fotos sähen.

Ich sagte ihr, das könne man nie wissen, aber falls jemand Spenden schicke, würde ich sie natürlich an sie weiterleiten. Aber, warnte ich, allzu wahrscheinlich sei es nicht.

»Schicken Sie Mr Cooper trotzdem vorbei«, sagte sie mit nie enden wollender Hoffnung. »Ich kann mir nicht vorstellen, was es schadet, und vielleicht nützt es ja etwas.«

Rob ging also hin und machte Fotos, unter anderem von zwei furchtbar kranken kleinen Jungen. Und weil er ein anständiger Kerl war, machte er Abzüge von den gelungeneren Fotos und kehrte damit und mit einer Spendensumme ins Waisenhaus zurück, um den beiden Jungen die Fotos zu schenken. Ernestine Wasterfall akzeptierte die Spende, die Fotos jedoch nicht.

Die beiden Jungen waren bereits tot.

Kapitel 17

Betrogen

Gegen Ende der Trockenzeit des Jahres 1999 machten mir zwei Ereignisse, ein kleines und ein großes, deutlich, dass der Anfang vom Ende gekommen war. Ersteres war ein Reisebericht, den eine freie Journalistin in Simbabwe geschrieben und an die Chicago Tribune verkauft hatte. Darin berichtete sie von einem absonderlichen Flug mit Air Zimbabwe, bei dem der Pilot den Passagieren zunächst vor dem Start mitgeteilt hatte, der Kopilot sei nicht da, aber man solle sich keine Sorgen machen, er komme für die kurze Strecke schon allein mit dem Flieger zurecht. Kaum waren sie in der Luft, teilte er ihnen mit, er müsse jetzt kurz auf die Toilette, man solle sich aber keine Sorgen machen, der Autopilot sei eingeschaltet. Und so ging es weiter.

Dieses Luftfahrtmärchen barg nur ein Problem: Es war eben ein Märchen. Die Geschichte entsprach nicht der Wahrheit. Das stimmte die Regierung nicht gerade froh, vor allem, da der Tourismus schon seit über einem Jahr rückläufig war. Die Tribune veröffentlichte eine Berichtigung, doch das besänftigte die Regierung keineswegs, wie bald darauf ein Leitartikel des Herald bewies: »Amerikanische und südafrikanische Zeitungen, getrieben von pathologischem Hass auf die gegenwärtige simbabwische Regierung, sind auf diesen Köder hereingefallen und haben den Artikel veröffentlicht ... Solche hinterhältigen Berichte müssen sehr ernst genommen werden, und es sind sofortige Gegenmaßnahmen zu ergreifen.«

Pathologischer Hass? Gegenmaßnahmen? Mein Misstrauen war sofort geweckt. Wenn das so weiterging, würde bald ein Wort von Mrs Kaseke genügen, und ich stand als niederträchtiger Schreiberling da, der versuchte, ein hilfloses simbabwisches Baby zu entführen. »Das wäre doch mal eine hübsche Schlagzeile«, murmelte ich vor mich hin.

Das zweite Ereignis allerdings war noch sehr viel ernster.

Viele Simbabwer hatten genug von Mugabes Regierung. Natürlich bewunderten sie ihn für seine heroischen Taten in der Vergangenheit, doch die lagen inzwischen 20 Jahre zurück. Auch die Polen hatten schließlich nach nur einer Amtsperiode genug von Lech Walesa gehabt, dem Nobelpreisträger, der sie in die Freiheit geführt hatte. Und jetzt wandten sich die Simbabwer in großen Scharen einer Oppositionspartei zu, die sich zu formieren begann. Morgan Tsvangirai und Gibson Sibanda, die Direktoren der Zimbabwe Congress of Trade Unions (ZCTU), waren von ihren Posten zurückgetreten und hatten die Movement for Democratic Change (MDC) gegründet, eine Koalition, die von dem hohen Ansehen ihrer Vorsitzenden bei der arbeitenden Bevölkerung profitierte. Die neue Partei erhielt zudem sofortige Unterstützung von verschiedenen internationalen Agenturen, die die zerfallende Infrastruktur des Landes unter der

ZANU-PF mit Besorgnis erfüllte. Tsvangirai, der einmal von unbekannten Angreifern zusammengeschlagen worden war, nachdem er zu landesweiten Streiks und Boykotten aufgerufen hatte, verkündete, seine junge Partei werde zu den Wahlen in acht Monaten Kandidaten für alle parlamentarischen Ämter aufstellen.

Die Regierung, die bisher nur mit kleinen und zersplitterten Oppositionsparteien konfrontiert gewesen war, erkannte die Gefahr sofort. Man bombardierte die junge Partei bei jeder Gelegenheit mit heftiger Kritik und Beleidigungen. Cimutengwende, der Informationsminister, verspottete die Mitglieder der MDC als »Hochstapler ... politische Emporkömmlinge ... Es ist doch kindisch zu glauben, dass man, nur weil man erfolgreich ein en Boykott organisiert hat, auch gleich das ganze Land regieren kann.«

Anfangs schenkte ich solchen Äußerungen wenig Beachtung. Doch je mehr ich darüber nachdachte, desto stärker hörte ich aus der Reaktion der Regierung bedenkliche Untertöne heraus. Die neue Partei würde ein so ernst zu nehmender Wahlgegner sein, wie Mugabe ihn noch nie erlebt hatte. Es würde ein harter Wahlkampf werden; Tsvangirai hoffte offensichtlich, seine Erfolge bei dieser Wahl nutzen zu können, um 2002 als Präsident zu kandidieren. Und er hatte allen Grund zum Optimismus. Die Fähigkeit von Arbeiterbewegungen, ein ungeliebtes Regime in einer aufstrebenden Nation zu stürzen, hatte sich bereits im fernen Polen anhand von Walesa und im benachbarten Sambia anhand von Frederick Chiluba erwiesen. Die Menschen in Harare und in den anderen Städten des Landes waren voller Optimismus, dass Tsvangirai gute Chancen hatte, es ähnlich zu machen.

Doch Mugabe hatte interessierten Beobachtern bereits recht deutlich gezeigt, dass er nicht vorhatte, den Wahlkampf zu verlieren. In den vergangenen zwölf Monaten hatte er seine Sündenböcke klar benannt: die weißen Farmer, die Journalisten, die Regierungen der USA und Großbritanniens. Und es war ganz offensichtlich, dass er seine Haltung diesen Gruppen gegenüber nur noch verschärfen würde, je näher die Wahlen rückten. Wann und wie? Wer konnte das wissen? In jedem anderen Land hätte ich diese Entwicklungen aus beruflicher Perspektive faszinierend gefunden und darüber berichtet. Doch hier kamen sie einer persönlichen Katastrophe gleich. Die bereits vorhandenen antiwestlichen und journalistenfeindlichen Tendenzen würden mit Sicherheit eskalieren, und es lag auf der Hand, dass ausländische Journalisten das erste Ziel sein würden. Also war es unbedingt erforderlich, dass wir das Land noch vor den Wahlen verließen.

Damit blieben uns noch sieben Monate.

Ich fluchte leise vor mich hin. Wir hatten vorgehabt, mindestens fünf Jahre hier zu bleiben, ein Haus zu kaufen. Ich wollte ein Buch über die Zustände in Afrika schreiben und vielleicht sogar noch hier bleiben, wenn mein Korrespondentenjob offiziell vorbei war.

All diese Pläne sollten sich jetzt zerschlagen und mit ihnen auch ein entscheidender Teil meiner Karriere: Ich beschränkte mich nicht mehr nur darauf, die Ereignisse vor meiner Haustür zu ignorieren, ich wich ihnen sogar aktiv aus. Ich war so wenig gereist wie möglich; im Jahr 1999 waren es nur 40 Tage gewesen, etwa ein Fünftel meines normalen Pensums. Das brachte uns in keine ganz einfache Lage. Knight Ridder, die Muttergesellschaft meiner Zeitung, hatte die Niederlassung in Afrika übernommen, nachdem die DETROIT FREE PRESS mich hierher geschickt hatte. Man unterlag dort also keiner Verpflichtung, mich auch nach meiner Zeit hier weiter zu beschäftigen – und nachdem ich meine ganze Energie in die Adoption gesteckt hatte, hatte ich natürlich auch keine sonderlich überzeugende Leistung gebracht. Theoretisch konnte ich natürlich wieder zur FREE PRESS zurückkehren, aber ich hatte seit sieben Jahren nicht mehr fest in Detroit gearbeitet und seit der Übernahme meiner Korrespondentenstelle durch die neue Firma auch kaum Kontakt zu den Kollegen dort gehabt. Außerdem hatte sich während meiner Abwesenheit die Zahl der Mitarbeiter nach einem Streik stark reduziert; und weil ich dort inzwischen ein solcher Niemand war und mein Name nicht mehr auf der Liste der Angestellten stand, hätte mich der Sicherheitsmann am Empfang wohl nicht erkannt und mich nicht einmal ins Gebäude gelassen. Auch meine Vorgesetzten sprachen mit keinem Wort davon, dass in Detroit ein Job auf mich warte.

Etwa neun Monate zuvor hatte mir die WASHINGTON POST eine Stelle angeboten und wollte mich von Harare nach Washington einfliegen lassen, um Einzelheiten zu besprechen. Doch zu diesem Zeitpunkt waren wir noch nicht als Pflegeeltern anerkannt, und unsere Chancen standen so schlecht, dass ich fürchtete, eine solche Reise könnte zu Missverständnissen führen und Anlass zu der Annahme geben, dass wir Simbabwe wieder verlassen wollten. »Sie glauben ja wohl nicht, dass die WASHINGTON POST nur einmal anruft«, hatte der Personalleiter erwidert, doch sein Ton sagte mir ganz deutlich, dass ich in den nächsten zehn Jahren ganz bestimmt nicht noch einmal mit einem Anruf zu rechnen brauchte.

Weil ich also auf der Suche war und nach jedem Strohhalm griff, hatte ich während meines unbezahlten Urlaubs ein Exposé für ein Buchprojekt verfasst. Es kam überhaupt nicht an. Während ich auf dem einen oder anderen Flughafen festsaß, hatte ich ein paar Kurzgeschichten geschrieben und sie anschließend an drei kleinere Zeitschriften geschickt. Nett, sagten die Herausgeber – aber nichts für uns.

Mit einem Wort: Als ich in das Flugzeug stieg, das mich in die USA bringen sollte, war von meiner viel versprechenden Karriere nur ein aussichtsloser Job in einem Dritte-Welt-Land übrig, und ich hatte keinerlei Aussicht auf etwas Neues. Schlimmer noch: Ich war in den vergangenen vier Jahren nur ein einziges Mal in den USA gewesen, und jetzt blieben mir genau 21 Tage, um dort jemanden davon zu überzeugen, mir in den nächsten 28 Wochen eine Stelle zu geben.

Es war also kein ganz angenehmer Transatlantikflug, und nachdem ich zwei Mal umgestiegen war und schließlich in der kleinen Propellermaschine saß, die mich nach Mississippi bringen sollte, war ich ziemlich deprimiert. Als das Flugzeug im Landeanflug die Wiesen überquerte, sah ich das Auto meiner Eltern auf dem Parkplatz; und kaum hatte ich das kleine Flughafengebäude betreten, kamen Chipo und Vita auch schon auf mich zugerannt. Ich ging in die Hocke und ließ mich von Chipo umwerfen. Ich hatte die beiden zwei Monate lang nicht gesehen. Vita sah umwerfend aus, ausgeruht und in bester Verfassung, und Chipos Haar war zu schönen, langen Rastazöpfchen geflochten. Ich hob sie hoch in die Luft, wirbelte sie herum und hielt sie dann in einer festen Umarmung an meine Schulter gedrückt. »Papa!«, rief sie immer wieder. Schließlich stiegen wir in das Auto meines Vaters, und zu Hause wartete meine Mutter mit einem Tisch voll hausgemachter Köstlichkeiten auf uns, um die Familienzusammenkunft – was es ja in gewisser Weise war – gebührend zu feiern.

Nach dem Essen saßen mein Vater und ich in Schaukelstühlen auf der Veranda, tranken Whiskey und unterhielten uns über die Aussichten der Mississippi State in der aktuellen Footballsaison – ein wichtiges Thema in diesem Teil der Welt –, und meine Mutter und Vita plauderten, als wären sie schon seit Jahren die besten Freundinnen. Chipo lief von einem zum anderen. Sie kletterte auf den Schoß meines Vaters und blieb dort ein Weilchen sitzen, während er in seinem Stuhl hin und her schaukelte, den Kopf an seine Brust gelegt. Dann rannte sie zurück ins Haus, klimperte auf dem Klavier meiner Mutter herum, wie ich es als kleiner Junge auch gemacht hatte, oder hüpfte durch den Garten, in dem ich als Kind gespielt hatte. Später setzte ich sie in die Schaukel, die mein Vater für sie gebaut hatte, und schubste sie an, immer und immer wieder. Es war die Zeit zwischen den Jahreszeiten, wenn es nicht mehr Spätsommer, aber auch noch nicht Herbst ist, und Vita und ich saßen gemeinsam bei einem Drink, lauschten dem sanften Abendwind, der durch die Bäume strich, und genossen es, zusammen zu sein und miteinander zu reden. Ich stellte fest, dass mein Herkunftsland sich während meiner langen Abwesenheit sehr verändert hatte, und obwohl es nach wie vor alles andere als perfekt war, wurden wir zumindest nicht belästigt, nicht einmal, als wir Hand in Hand den örtlichen Wal-Mart betraten, um Eis zum Nachtisch zu kaufen.

Doch am nächsten Morgen sprachen wir schon wieder über die wenigen Möglichkeiten, die uns blieben, und die Stimmung wurde sehr viel gedrückter. Ich packte zwei Anzüge und ein paar weiße Hemden in einen kleinen Koffer, küsste Vita und Chipo zum Abschied, und dann machte ich mich wieder auf die Reise, von Stadt zu Stadt, von Flughafen zu Flughafen. Ich sprach in den Redaktionen der wichtigen Zeitungen und bei Literaturagenten vor und suchte verzweifelt nach irgendeiner Möglichkeit. Nachdem ich zwei Wochen lang jedem, der mich sehen wollte, meine Aufwartung gemacht hatte, war ich so erschöpft, dass mir fast jeden Morgen übel war. Schließlich rief ich aus einer Laune heraus von einer Telefonzelle in Manhattan bei der WASHINGTON POST an und fragte, ob ich vorbeikommen dürfe, wenn ich in Washington sei, obwohl ich vor acht Monaten das Gesprächsangebot ausgeschlagen hatte. Zu meiner Überraschung sagten sie ja. Vita und Chipo sollten mit dem Flugzeug nach Washington kommen, um mich zu treffen, denn wir wollten von dort aus zurück nach Harare fliegen. Am nächsten Tag hatte ich mein Bewerbungsgespräch bei der POST, doch ich machte mir keine allzu großen Hoffnungen und behielt mein Jackett die ganze Zeit über an, weil ich vor lauter Nervosität mein Hemd ganz durchgeschwitzt hatte.

Dann kehrte ich in mein Hotelzimmer zurück und wartete zwei Tage lang auf einen Anruf, von wem auch immer. Doch es kam kein Anruf, und weil uns nichts anderes übrig blieb, machten wir uns auf den langen Weg zurück nach Hause. Wir luden unser Gepäck ein, fuhren zum Dulles International Airport und nahmen einen Nachtflug nach London. Als wir die nächste Etappe der Reise antraten, einen weiteren Nachtflug nach Harare, war ich bereits richtig trübsinnig. Und als wir schließlich, 36 Stunden, nachdem wir in Washington aufgebrochen waren, unser Haus betraten, blinkte der Anrufbeantworter. Es war meine Mutter, und sie war völlig aufgelöst. Am Tag unseres Aufbruchs hatte mein Vater auf der kleinen Weidefläche hinter dem Haus einen Stapel Holz verbrannt, Baumstämme und Äste, die man in der Region als »Gestrüpp« bezeichnet. Die größeren Äste hatte er mit einer Kettensäge zerteilt, um sie anschließend ins Feuer werfen zu können. Er hatte nicht bemerkt, dass aus der Kettensäge Benzin auf sein Hemd, seine Hose und seine Schuhe tropfte.

Nach einiger Zeit legte er die Säge beiseite und schleppte ein paar Äste zum Feuer hinüber. Er stand dicht neben der Glut, um die Holzstücke hineinzuwerfen. Seine benzingetränkten Kleider zogen die Flammen an, und plötzlich brannten sie lichterloh und versengten seine Haut. Er war 62 Jahre alt, stand ganz allein dort auf der Wiese und verwandelte sich in eine menschliche Fackel. Als er sah, dass er brannte, geriet er nicht in Panik. Er gab nicht einmal einen Laut von sich. Er nahm einfach seine Brille ab und legte sie auf einen Baumstumpf. Dann riss er sich die brennenden Kleider vom Leib, warf sich auf den Boden und rollte sich herum, bis nur noch die Haut an seinen Beinen brannte. Er packte sich lose Erde auf die Beine, bis die Flammen verloschen. Dann stand er, immer noch qualmend, auf und ging zur Hintertür.

»Betty«, rief er. »Kannst du mir bitte ein Handtuch bringen? Ich glaube, wir müssen mal kurz ins Krankenhaus.«

Er hatte Verbrennungen zweiten und dritten Grades

von den Knöcheln bis zu den Hüften und teilweise ebenso schwere Verbrennungen an den Armen. Im Krankenhaus gab er nicht einen Schmerzenslaut von sich – die Ärzte in der Notaufnahme konnten es schier nicht glauben. Ich erfuhr das alles am Telefon und schüttelte den Kopf über die Zähigkeit des alten Mannes. Aber es war keineswegs sicher, dass er das überleben würde. Wir hatten auf den beiden aufeinander folgenden Nachtflügen kaum geschlafen, und ich schlief auch in der folgenden Nacht nicht, sondern ließ mir Flüge reservieren, für den Fall, dass ich gleich wieder zurück musste. Gegen drei Uhr morgens verfasste ich einen Brief an die Sozialbehörde.

Sechs Stunden später standen wir in Florence Kasekes Büro. Ich war mit meinen Nerven und entsprechend auch mit meiner Geduld am Ende. Normalerweise ist Vita diejenige von uns, die am schnellsten wütend wird. Einem unfreundlichen Verkäufer kann sie innerhalb von Sekunden ins Gesicht springen. Wenn ich allerdings einmal die Beherrschung verliere, erinnert man sich anschließend noch lange daran. In Warschau hat man mich einmal ins Gefängnis gesteckt, weil ich einen Polizisten angegriffen hatte. Er hatte Vita beleidigt. Aus demselben Grund musste man mich einmal auf einer Kegelbahn gewaltsam von einem etwa 20-jährigen weißen simbabwischen Halbstarken trennen, und in Detroit habe ich einmal einen Arzt so zusammengestaucht – Grund: siehe oben –, dass Vita anschließend ein Privatzimmer bekam, das so groß war wie eine Hotelsuite. Man brachte ihr jeden Tag frische Blumen.

Jetzt war ich in einer ganz ähnlichen Verfassung. Ich hatte einfach die Nase gestrichen voll von diesem Haufen. Unser Adoptionsantrag war in neun Monaten nicht ein Stückchen vorangekommen – so viel zum Rat meines Informanten, mich ruhig zu verhalten und darauf zu vertrauen, dass die Behörde den Antrag schon bearbeiten würde. Er lag immer noch in einem braunen Aktenordner zwischen Hunderten, wenn nicht Tausenden anderer Akten, die sich auf den Schreibtischen in allen Büros der Behörde stapelten, und ging zwischen den Papieren der Pflegeabteilung unter. An diesem Morgen war ich so zornig, dass ich mit dem Fuß auf den Boden klopfte und mit den Fingern auf Mrs Kasekes Schreibtisch trommelte. Ich hatte den Eindruck, nicht einmal mehr blinzeln zu können.

Ohne mich lange mit Höflichkeitsfloskeln aufzuhalten, erklärte ich Mrs Kaseke, dass mein Vater einen Unfall gehabt habe, dass er in Lebensgefahr schwebe – und dann kam mir plötzlich aus dem Nichts eine Idee. Ich erinnerte mich an Beths erfolgreiche Strategie und erklärte, ich müsse meinen Korrespondentenposten aus diesem Grund so bald wie möglich aufgeben und mit meiner Familie in die USA zurückkehren. Familiäre Verpflichtungen, der Sohn werde vor Ort gebraucht, das werde sie sicher verstehen.

Sie äußerte ihr Mitgefühl. Dann seufzte sie tief auf und erklärte, sie könne absolut nichts tun. »Während Sie fort waren, wurden Bestechungsvorwürfe gegen Sie erhoben«, sagte sie. »Die Angelegenheit ist sehr ernst. Es gab ja schon letztes Jahr diese Vorwürfe, und nun sind sie von neuem aufgetreten. Das ist … nun ja … äußerst unangenehm. Wenn Sie tatsächlich niemandem Geld gegeben haben, wie Sie behaupten, ist es doch erstaunlich, dass uns immer wieder erzählt wird, Sie hätten es getan.«

Ich biss mir so fest auf die Lippen, dass es schmerzte.

»Mrs Kaseke, mir sind diese Unterstellungen genauso lästig wie Ihnen. Und ich habe bereits Mr Munautsi gefragt: Wen soll ich denn bestochen und was für einen Vorteil soll ich davon gehabt haben? Sie haben selbst gesehen, wie Vita und ich stundenlang auf Ihren Fluren herumstehen, weil Ihre Mitarbeiter uns keine Termine geben, uns nicht zurückrufen und sich nicht an ihre Bürozeiten halten. Chipo ist jetzt seit fünfzehn Monaten bei uns. Seit fünfzehn Monaten. Zwei verschiedene Sozialarbeiter haben Sozialberichte von uns angefertigt. Sie selbst haben die Angelegenheit überprüft, und trotzdem ist unser Fall keinen Schritt weiter gekommen. So läuft das nicht, wenn jemand bestochen wurde. Normalerweise funktionieren die Dinge dann. Die Vorwürfe wurden ganz offensichtlich von jemandem erhoben, der nichts über uns oder unseren Fall weiß.«

»Aber das ist ja das Problem, Mr Tucker. Es handelt sich um zwei Personen, die Sie sehr gut kennen: Ihre Freunde Heather und Steve. Sie haben Sie häufig zu Hause besucht, und Sie waren, soviel ich weiß, auch oft bei ihnen zu Gast. Heather hat mir viel erzählt, und Steve hat sich klar zu der Bestechung geäußert. Es tut mir Leid für Sie, aber wir müssen in dieser Sache Ermittlungen anstellen, ausführliche Ermittlungen. Angesichts solcher Vorwürfe kann ich Ihren Antrag nicht weiterleiten.«

»Heather?« Vita schrie förmlich. Mrs Kaseke hatte ihre Trumpfkarte sehr gut ausgespielt.

Heather und Steve waren tatsächlich häufig bei uns zu Besuch gewesen und wir bei ihnen. Heather hatte aus erster Ehe eine Tochter im Teenageralter, und Steve versuchte, das Mädchen offiziell zu adoptieren. Natürlich hatten wir davon gewusst, allerdings nie weiter darüber nachgedacht. Nach einer Reihe von Vorfällen hatten wir uns inzwischen bereits von den beiden distanziert. Es hatte schon vorher manchmal unschöne Szenen gegeben, aber der entscheidende Vorfall hatte sich auf einem Empfang zugetragen, den ich zu Ehren meiner Redakteurin Joyce gegeben hatte, als sie im Jahr zuvor bei uns gewesen war. Es war eine Abendeinladung gewesen, und wir hatten viele Simbabwer und Ausländer aus den verschiedensten Berufsgruppen eingeladen: Galeristen, politische Aktivisten, Architekten. 60 oder 70 Gäste standen in Grüppchen zusammen, tranken Wein und unterhielten sich. Der Abend schien ein ziemlicher Erfolg zu sein, bis unser Freund Nevio, der Cafébesitzer, mir plötzlich zuflüsterte, dass Steve draußen auf der Veranda Krawall mache. Ich ging hinaus und fand eine äußerst angespannte Atmosphäre vor. Steve erging sich lauthals in rassistischen Äußerungen über Afroamerikaner und Afrikaner. Es schien keine Rolle zu spielen, dass seine Frau aus Sambia stammte und seine Zuhörer allesamt Schwarze waren. »Ich weiß wirklich nicht, wer schlimmer ist«, hatte er den Aussagen der anderen nach gegrölt, »die Idioten, die dieses Land regieren, oder die Afroamerikaner, die herkommen und glauben, sie wissen alles besser. Niemand ist so arrogant und ignorant wie ein Afroamerikaner in Afrika.«

Es war nicht verwunderlich, dass sich daraufhin einige Gäste verabschiedeten. Als ich von dem Vorfall erfuhr, war er eigentlich längst vorbei. »Du bist ja ganz in Ordnung«, sagte Jamar Evans, ein guter Freund aus Texas, ein Schwarzer, der in Harare arbeitete, zu mir. »Aber du musst ein bisschen aufpassen, mit was für Weißen du dich umgibst.«

Heather hatte währenddessen viel zu viel getrunken und hielt drinnen inmitten einer Gruppe von Frauen Hof. Sie entwarf damals Kleider für Grace Mugabe, die frisch gebackene First Lady des Landes, die nur halb so alt war wie ihr Mann. Es hatte einen großen Skandal gegeben, als sie von der Sekretärin des Präsidenten zu seiner Ehefrau befördert worden war. Sie verhielt sich linkisch in der Öffentlichkeit und war auch bei den simpelsten Anlässen immer hoffnungslos *overdressed*. Zum Einkaufen reiste sie nach Südafrika und in die europäischen Hauptstädte. Überall in der Stadt machte man sich über ihr Markenzeichen, die riesigen Hüte, lustig. Sie war nicht sonderlich beliebt, und das war noch milde ausgedrückt. Heather, die ihrerseits sehr attraktiv und stets perfekt gekleidet war und mehr stolzierte, als dass sie ging, glaubte, ihre prominente Kundin noch weiter zum Gespött machen zu müssen.

»Sie ist eine Landpomeranze, ein richtiger Bauerntrampel«, erzählte sie den anderen Frauen. Schließlich ging sie zu ihrem Auto, eine offene Weinflasche in der Hand, und schlief auf dem Beifahrersitz ein.

Seit diesem Abend hatten wir die beiden nicht mehr gesehen und Einladungen zum Abendessen oder zu sonstigen Treffen höflich ausgeschlagen. Wir hatten kein Interesse daran, in Heathers Nähe zu sein, wenn ihre Tratschereien den Herrschaften im State House zu Ohren kamen, und ich trank nur ungern Whiskey mit Männern, die solche Ansichten vertraten wie Steve.

Und jetzt erfuhren wir, dass wir für die beiden zur Zielscheibe ihres Zorns geworden waren.

»Wir haben die beiden seit einer Ewigkeit nicht mehr gesehen«, sagte Vita zu Mrs Kaseke. »Heather weiß absolut nichts über Chipo und erst recht nichts über unsere Akte.«

Mrs Kaseke lächelte, sah zu Boden und betrachtete ihre Hände. »Es tut mir furchtbar Leid. Aber Sie müssen verstehen, dass wir dem nachgehen müssen.«

Wir stiegen in den Wagen. Meine Hände zitterten, als ich den Zündschlüssel drehte. Wahrscheinlich hatte Heather Mrs Kaseke gegenüber ganz beiläufig erwähnt, dass sie Kleider für die First Lady entwarf, und ihre Besuche im State House geltend gemacht. Das hatte ihren Vorwürfen sicher noch weitere Schlagkraft verliehen.

»Das können die nicht ernst meinen«, sagte ich. »Die Kaseke versucht, uns zu verschaukeln. Ich rufe Heather an und frage, was sie dazu zu sagen hat.«

Kaum hatte ich das Haus betreten, wählte ich auch schon Heathers Nummer, ohne vorher auch nur die Jacke auszuziehen. Sie meldete sich. »Hallo, Heather, tut mir Leid, dass ich dich störe«, begann ich. »Aber du glaubst nicht, was ich gerade für einen Blödsinn gehört habe. Das wollte ich dir doch kurz erzählen. Florence Kaseke hat gerade behauptet, dass ihr beide, du und Steve, erzählt habt, wir hätten wegen Chipo jemanden bestochen. Ich weiß ja, dass das nicht stimmen kann, aber ich würde doch ganz gern wissen, wie sie überhaupt auf so was kommt.«

Schweigen am anderen Ende der Leitung.

»Ich weiß ja nicht, ob das so unzutreffend ist, wie du glaubst«, sagte Heather dann.

»Was willst du damit sagen?«, fragte ich und bemühte mich nach Kräften, meine Stimme ruhig zu halten.

»Wie du weißt, versucht Steve schon lange, meine Tochter zu adoptieren«, erwiderte Heather. »Das geht schon seit drei Jahren so! Seit drei Jahren! Ich war bei Mrs Kaseke, und sie wusste nicht einmal, wo unsere Akte ist. Kannst du dir das vorstellen? Da habe ich ihr von euch erzählt und dass ihr keine Probleme hattet. Ihr seid einfach gekommen, habt euer Baby gekriegt und fertig. Es macht mich einfach wütend, dass wir Afrikaner immer hinter euch Amerikanern zurückstecken sollen. Und Steve war fuchsteufelswild, das kann ich dir sagen. Er ist zu Margaret Tsiga gegangen und hat ihr erst mal ordentlich den Kopf gewaschen. Ihr bezahlt sie – o ja, das wissen wir. Das mag für euch ja gut und schön sein, aber wir geraten dabei ins Hintertreffen.«

»Heather«, sagte ich und brach vor Zorn einen Bleistift entzwei. »Wer ist Margaret Tsiga?«

»Na, die aus der Adoptionsstelle.«

»Verdammt noch mal, Heather, unsere Akte ist nie auch nur bis zur Adoptionsstelle gekommen! Wir stecken immer noch in der Pflegeabteilung fest. Ich habe keine Ahnung, wer diese Frau ist. Sie könnte mich auf der Straße anrempeln, und ich … Augenblick mal. Drei Jahre, sagst du? Und wie oft wart ihr dort? Wie oft wart ihr bei der Sozialbehörde?«

»Das habe ich doch gerade gesagt. Vor ein paar Tagen.«

»Nein, ich meine davor. Während der drei Jahre.«

»Ich habe das Formular ausgefüllt und es abgegeben. Danach ist nichts passiert. Ich hatte es schon fast vergessen. Vor ein paar Tagen wollte ich die Bestätigung abholen, und da konnten sie die Akte nicht mehr finden.«

»Willst du damit sagen, du bist in den ganzen drei Jahren nur zwei oder drei Mal dort gewesen?«

»Eher ein oder zwei Mal. Auf solche Dinge achte ich

nicht so genau. Man füllt eben ein Formular aus und holt sich irgendwann die Bestätigung ab. So einfach ist das.«

Ich musste mich sehr bemühen, um nicht die Beherrschung zu verlieren. Immer und immer wieder sagte ich mir im Geiste: *Bleib besonnen. Denk ein paar Schritte voraus. Stell dir ein gutes Ergebnis vor.* Doch das Einzige, das ich vor mir sah, war, wie ich Heather mit einem Baseballschläger vermöbelte.

Ich senkte die Stimme und sprach so ruhig wie nur möglich. »Heather. Wir waren mehr als fünfunddreißig Mal in dieser Behörde, und zwar nur dieses Jahr. Insgesamt waren wir mindestens fünfundsechzig Mal dort. Ich achte nämlich auf solche Dinge. Ich führe sogar Buch darüber. Sie hatten unsere Akte verloren, genau wie eure, und wir haben sie nur wiederbekommen, weil Vita zwei Tage lang auf Händen und Knien durch die Aktenaufbewahrung gekrochen ist. Diese Leute rühren keinen Finger, wenn man sie nicht dazu treibt, Heather. Du hast dein Formular vor ein paar Jahren eingereicht und dann nie wieder nachgefragt? Kein Wunder, dass eure Akte verschwunden ist.«

Sie brummelte etwas vor sich hin. Doch für mich war dieses Geräusch wie ein Schuss vor den Bug. »Ist dir eigentlich klar, dass ihr das Leben meiner Tochter aufs Spiel gesetzt habt? Dass ihr denen die Möglichkeit gegeben habt, Chipo wieder ins Waisenhaus zu bringen? Ist dir klar, dass sie dort höchstwahrscheinlich nicht überleben wird? Du weißt, wie groß der Hass auf westliche Journalisten ist, du hast die antiamerikanischen Protestmärsche doch selbst gesehen. Wenn ihr den Eindruck habt, dass bei uns etwas nicht mit rechten Dingen zugeht, warum seid ihr dann verdammt noch mal nicht damit zu uns gekommen? Was nützt es euch, wenn man uns Chipo wegnimmt?«

»Jetzt mach dich nicht lächerlich«, sagte Heather.

»Ich? Du glaubst allen Ernstes, ich bin derjenige, der sich in diesem Gespräch lächerlich macht? Großer Gott! Hol Steve ans Telefon. Ich will, dass er mir selbst sagt, was er da hinter meinem Rücken verbreitet.«

»Er ist nicht da.«

»Gut. Dann rufe ich den gottverdammten Hurensohn eben im Büro an.«

»Steve nimmt bestimmt keinen Anruf von dir entgegen.«

Das ließ mich innehalten. In einem plötzlichen Augenblick völliger Klarheit begriff ich, dass die beiden möglicherweise schon die ganze Zeit in der Behörde gegen uns gearbeitet hatten. Plötzlich erinnerte ich mich an einen Tag, der bereits Monate zurücklag. Wir hatten Heather in Mrs Kasekes Büro getroffen. Sie war aufgestanden, als wir hereinkamen, und hatte im Hinausgehen gesagt, sie sei dabei, die letzten Dinge für die Adoption zu klären. Hatte sie Mrs Kaseke da schon etwas eingeflüstert? War unsere Akte deshalb so lange nicht vom Fleck gekommen? Vielleicht, vielleicht auch nicht. Wie das auch immer sein mochte, es gab hier einfach kein gutes Ergebnis. Ich hätte Heather am liebsten ordentlich die Meinung gesagt, doch mir wurde klar, dass ich das besser lassen sollte. Ich musste die erniedrigende Tatsache anerkennen, dass sie mehr Macht besaß als wir. Es würde alles nur noch schlimmer machen, wenn ich sie gegen uns aufbrachte.

Wütend warf ich den Hörer auf die Gabel.

In dieser Nacht streiften Vita und ich durchs Haus und

hätten am liebsten alles kurz und klein geschlagen. Ich warf immer wieder Bücher gegen die Wand, dann ging ich in mein Arbeitszimmer und zerbrach Klemmbretter auf den Knien. Wir stießen sämtliche Schimpfwörter, Beleidigungen, Flüche und Verwünschungen hervor, die uns einfielen – und dank meiner Südstaatenherkunft und Vitas Großstadthintergrund kam dabei eine ganze Reihe höchst farbiger und deftiger Ausdrücke zusammen. Ich glaube, man kann ohne Weiteres behaupten, dass wir beide in diesen Stunden nicht ganz zurechnungsfähig waren. Zu den größten Risiken der Berichterstattung aus Krisengebieten gehört meines Erachtens, dass man mit so viel Gewalt und so vielen Ausnahmesituationen konfrontiert ist, dass man diese Vorgänge schließlich für ganz normal hält. Man steigt an irgendeinem Kriegsort ins Flugzeug, landet ein paar Stunden später zu Hause, dann fliegt man wieder zurück, kommt wieder, fliegt zurück und kommt wieder, und nach Jahren eines solchen seelischen und moralischen Hin und Her muss man manchmal tatsächlich innehalten und sich überlegen, was von beidem eigentlich »normal« ist. Ich hatte unzählige Menschen interviewt, deren Leben in Trümmern lag, und glaubte wirklich nicht mehr daran, dass Katastrophen immer nur die anderen treffen. Nun waren wir selbst in dieser absurden, unfassbaren Lage. *Das,* dachte ich bei mir, *ist also die Katastrophe, die dein Leben zerstört.*

In dieser Nacht machten wir beide kein Auge zu.

Um neun Uhr am nächsten Morgen hatte ich bereits einen 15-Kilometer-Lauf hinter mir, um meine Nerven zumindest ein bisschen zu beruhigen. So gut es auch getan haben mochte, unserem Ärger die ganze Nacht hindurch Luft zu machen – jetzt kamen wir mit Schimpfen und Toben nicht mehr weiter. Irgendwie mussten wir aus dieser Sackgasse herauskommen. Es gab keine Nebenschauplätze mehr, keine Ablenkungsmanöver und auch keine weiteren Unterlagen, die wir vorlegen mussten, um den ganzen Prozess ein Stückchen weiter voranzutreiben. Es ging nur noch um den Adoptionsbescheid; nichts anderes spielte mehr eine Rolle.

Es war Ende Oktober. In sechs Monaten waren Parlamentswahlen.

Bis auf das eine Mal, als Mrs Kaseke ihren Hausbesuch bei uns gemacht hatte, hatte ich nie ernsthaft geglaubt, dass man uns Chipo wegnehmen könnte. Schließlich, wie ich oft zu unseren Freunden gesagt hatte, lag uns viel mehr an ihr als der Behörde, und am Ende siegt die Liebe über die Bürokratie. Aber jetzt, wo das politische Klima sich zusehends verschlechterte, unser Telefon angezapft wurde und der Präsident damit begonnen hatte, einzelne Journalisten namentlich als Staatsfeinde zu benennen, und das Gesetz eine Adoption durch Ausländer damit praktisch unmöglich machte – ganz zu schweigen von der zusätzlichen absurden Entwicklung, dass die Schneiderin der First Lady uns denunziert hatte –, musste ich zugeben, dass uns kaum noch ein Ausweg blieb. Vor ein paar Monaten hatte sich das Ganze noch angefühlt wie ein Tennismatch, doch jetzt, da wir kurz vor der Niederlage standen, war mir nicht mehr zum Scherzen zumute.

»Jetzt hilft uns nur noch ein Wunder«, sagte ich zu Vita. Wir saßen beide missmutig in meinem Arbeitszimmer, und Vita antwortete nicht. Stattdessen stand sie auf und ging mit ihrer Kaffeetasse zum Aktenschrank hinüber. Sie begann, beglaubigte Kopien von jedem einzelnen

Dokument herauszuziehen, das mit Chipos Geburt, ihrer Krankengeschichte und unserem Sorgerecht für sie zusammenhing. Ich setzte mich an den Computer und begann mit einem unterdrückten Fluch, eine Antwort auf die Bestechungsvorwürfe zu verfassen.

Wir hatten beschlossen, die Anschuldigungen von Heather und Steve als Geschenk aufzufassen. Sie hatten vermutet, dass unser Antrag schon bis zu einer viel höheren Stelle vorgedrungen war, als es tatsächlich der Fall war. Weil sie uns vorgeworfen hatten, Margaret Tsiga bestochen zu haben, von der uns die Leiter der Behörde seit 15 Monaten fern hielten, konnten wir die Anschuldigung ohne Weiteres entkräften. Hätten sie uns der Bestechung eines unserer Sozialarbeiter im Pflegebereich beschuldigt, dann wäre das in der Tat ein schwerer Schlag gewesen. Doch so würden wir das Ganze als Hieb betrachten, der sein Ziel verfehlt hatte.

Das war zumindest unser Plan.

Ich adressierte den Brief an Mrs Kaseke und begann, nachdem ich diesmal die üblichen Höflichkeitsfloskeln vorausgeschickt hatte: »Gestern haben Sie uns darüber informiert, dass seitens eines anderen Antragsstellers der Vorwurf ergangen sei, wir würden versuchen, den Pflegeelternschafts-/Adoptionsprozess ›abzukürzen‹. Mit diesem Schreiben möchte ich, hoffentlich zum letzten Mal, klarstellen, dass Chipo aufgrund einer lebensbedrohlichen Situation in unsere Obhut gegeben wurde. Ihre damalige Krankheit wurde innerhalb der Behörde schon mehrfach fehlinterpretiert und hat damit Anlass zu der Unterstellung gegeben, sie sei verfrüht zu uns gekommen.«

Ich füllte drei Seiten mit einfachem Zeilenabstand, erläuterte jeden einzelnen Punkt in Chipos Krankengeschichte, zählte die daraus resultierenden Notfallsorgerechtserklärungen auf, nannte Datum und Uhrzeit der wichtigeren Gespräche mit Mitarbeitern der Behörde – mitunter zahlt es sich aus, alles wie besessen zu notieren – und schließlich sämtliche Mitarbeiter der Behörde mit Name und Titel, die unsere Akte jemals in der Hand gehabt hatten.

Der Name Margaret Tsiga tauchte nirgends auf.

Vita suchte inzwischen sämtliche Kopien und Unterlagen zusammen, bis hin zu der Rechnung für den Sauerstoff, den Chipo auf der Intensivstation erhalten hatte. Als wir fertig waren, war es zwei Uhr morgens. Auf dem Tisch standen zwei leere Pizzakartons und zwei leere Weinflaschen.

Wir nahmen Chipo aus ihrem Bett und ließen sie zwischen uns schlafen. Etwa eine Stunde später wachte sie auf, sah uns und war hellauf begeistert. »Haalloooo!«, jubelte sie, und als eine unmittelbare Reaktion ausblieb, rief sie noch einmal, diesmal lauter: »Haaallloooooo!« Ich wachte auf und sagte: »Hey.«

Danach schlief sie wieder ein. Doch ich konnte nicht mehr schlafen.

Bei Tagesanbruch ging ich in den Garten und warf den Hunden Bälle zu. Um Viertel vor acht war ich fertig geduscht und trug meinen allerbesten Anzug. 30 Minuten später stand ich in Florence Kasekes Büro. Ich überreichte ihr den Ordner, eine kurze Zusammenfassung der enthaltenen Dokumente und eine weitere meiner Visitenkarten. »Sie können mich jederzeit anrufen«, sagte ich.

Danach fuhr ich schärfere Geschütze auf. Außergewöhnliche Situationen verlangen nun einmal außergewöhnliche Maßnahmen.

Ich ging ein paar Straßen weiter und suchte Mrs Kasekes Vorgesetzten auf: Mr Soko, den Mann, der unsere Reise in die USA genehmigt hatte. Ich hatte keinen Termin und wusste genau, dass er mir keinen geben würde, wenn ich vorher anrief. Also saß ich anderthalb Stunden im Vorzimmer, bis seine Sekretärin nach einem Telefonat zu mir kam und mir sagte, er habe am Montag um neun Uhr Zeit für mich. Es war Donnerstag. Ich bestätigte den Termin.

In dieser Nacht konnte ich nicht schlafen, und auch in der nächsten nicht. Mein Schlafdefizit war inzwischen so groß, dass ich mich nicht mehr konzentrieren und kaum einen sinnvollen Satz zu Papier bringen konnte. Schließlich ging ich zu Dr. Paruch, unserem freundlichen, polnischen Hausarzt. Er war ein bemerkenswerter Mensch. Aufgewachsen im kommunistischen Polen, war er Anfang der Achtzigerjahre mit seiner Familie nach Simbabwe gezogen, das den Ostblockländern während des Kalten Krieges freundlich gesinnt war. Trotz seines staatlichen Gehalts in einem völlig verarmten Land war es ihm gelungen, seine beiden Töchter mit Stipendien auf Eliteuniversitäten zu schicken. Er riet mir, mir nicht so viele Sorgen zu machen, die Schlaftabletten zu nehmen, die er mir verschrieb, und mich auf die langfristigen Perspektiven im Leben zu konzentrieren. Ich sagte ihm, ich würde seinen zweiten Rat befolgen und bei Gelegenheit auf die anderen beiden zurückkommen.

Am Montagmorgen stand ich in Sokos Büro. Ich gab ihm unsere Unterlagen, erzählte ihm von den Bestechungsvorwürfen, vom Unfall meines Vaters und davon, dass ich in die USA zurückkehren müsse. Von meinen Befürchtungen, dass ausländische Journalisten in einem, höchstens zwei Jahren ohnehin des Landes verwiesen werden würden, sagte ich nichts.

Er reagierte höflich, aber bestimmt. »Sie kommen jetzt schon zum zweiten Mal zu mir, Mr Tucker, und ich muss sagen, ich finde das äußerst ungewöhnlich. Es ist nicht üblich, dass Eltern sich an mich wenden. Das hier ist die regionale Geschäftsstelle. Sie sollten sich mit Ihren Problemen an Ihren zuständigen Sozialarbeiter wenden, der diese dann an die Behördenleitung weitergibt. Wenn Bedarf besteht, muss sich die Behördenleitung an mich wenden, nicht Sie.«

»Das weiß ich, Mr Soko, und es tut mir wirklich Leid, dass ich Sie belästigen muss. Ich hoffe, Sie vergeben mir, dass ich mich wie ein aufdringlicher Amerikaner verhalte. Das ist wirklich nicht meine Absicht. Ich wende mich nur an Sie, weil eben Ihre Angestellten mein Problem sind. Offenbar glauben sie alle Verleumdungen, die man ihnen erzählt, und sie scheinen das auch noch gerne zu glauben. Die Tatsachen spielen dabei offensichtlich keine Rolle mehr. Unsere Arbeit im Chinyaradzo wird einfach übersehen, und jeder Versuch unsererseits, uns nützlich zu machen, wird uns in irgendeiner Form als böse Absicht ausgelegt. Durch den Unfall meines Vaters bin ich jetzt auf beiden Seiten des Atlantiks zwei Generationen meiner Familie verpflichtet. Meine Tochter ist hier und mein Vater dort. Ich kann der einen Verpflichtung nicht entsprechen, ohne auch die andere einzuhalten, und wenn Sie mir nicht helfen, kann ich gar nichts tun. Deshalb bin ich gekommen, um Ihnen diese Dinge mit allem gebührenden Respekt auseinander zu setzen.

Ich möchte wirklich nicht unhöflich erscheinen, aber ich weiß mir nicht mehr anders zu helfen.«

Er schwieg, und ich hielt den Atem an.

»Sie haben gut gesprochen, Mr Tucker«, sagte er schließlich. »Ich werde sehen, was ich tun kann.«

Die folgenden Tage waren furchtbar. Die Trockenzeit war fast vorbei, der Boden war ausgedörrt, die Menschen gereizt. Der Zustand meines Vaters schien sich ein wenig zu stabilisieren, doch ich hielt immer noch ein Blankoticket bereit, um jederzeit nach Mississippi fliegen zu können. Ich musste wieder arbeiten, schickte meiner Zeitung Kurzberichte und versuchte, alle Reisen abzuwehren, weil ich wegen der Bestechungsvorwürfe nicht weg wollte. Insgesamt brachte ich nicht viel zustande, und so drohte auch der spärliche Rest meines guten Rufes ins Bodenlose zu fallen.

Dann, eines späten Nachmittags, klingelte das Telefon.

Eine Sekretärin aus der Sozialbehörde meldete sich und bat mich, am Apparat zu bleiben. Es klickte ein paar Mal, dann meldete sich am anderen Ende der Leitung eine weibliche Stimme.

»Ist dort Mr Tucker?«

»Ja.«

»Hier ist Margaret Tsiga«, sagte sie lachend. »Sie glauben nicht, was sich die Leute über uns erzählen.«

Kapitel 18

Freunde und Feinde

Margaret Tsigas Büro lag nur einen Gang von Aaron Munautsis Büro entfernt, doch ich fühlte mich dort wie in einer völlig anderen Welt. Als ich hereinkam, lächelte sie mich an und lachte. Aus ihrer Stimme klang Wärme und Zuversicht. Die Bestechungsvorwürfe machten ihr offensichtlich nichts weiter aus; sie schienen sie allenfalls zu amüsieren.

»Das ist also der sagenumwobene Mr Tucker«, sagte sie und gab mir kurz die Hand. »Lieber Himmel, was ich schon alles über Sie gehört habe! Mein Chef hat mir erzählt, Steve behaupte, Sie hätten mir Geld gegeben. ›Wie viel habe ich denn bekommen?‹, habe ich gefragt. ›Und wer ist dieser Mann, der mir Geld gibt und keine Gegenleistung erwartet? Ist das nicht ein Mann, wie ihn sich jede Frau wünscht?‹«

»Wenn ich das bloß wäre«, erwiderte ich, bemüht, mich ihrem scherzenden Ton anzupassen. So viel Freundlichkeit brachte mich völlig aus dem Konzept. »Es tut mir wirklich Leid, dass Ihr Name da hineingezogen wurde. Ich weiß einfach nicht, was ich Ihnen noch zu Steve sagen soll.«

»Das ist ein äußerst unangenehmer Mensch«, antwortete sie. »Er scheint zu glauben, dass Afrikaner nicht gut hören. Deshalb schreit er immer, egal, was er sagt.«

»Auch, wenn er ›Guten Tag‹ sagt?«

»Er scheint mir nicht der Typ zu sein, der häufig ›Guten Tag‹ oder ›Wie geht es Ihnen?‹ sagt. Vielleicht gibt es ja Leute, zu denen er so etwas sagt. Hier hat er es jedenfalls noch nie getan.«

Sie kramte zwischen Papieren und Aktenordnern auf ihrem Schreibtisch herum, dann sah ich die vertrauten Pappdeckel von Chipos Akte in ihren Händen. Sie schlug die Akte auf und fing an, die Unterlagen durchzugehen. Dann stellte sie mir die üblichen Fragen und machte sich Notizen. Ich hörte mir selbst dabei zu, wie ich die ganze Geschichte noch einmal von Anfang an erzählte. Während ich sprach, schaute ich mich in Mrs Tsigas Büro um. Es war ein kleiner, rechteckiger Raum mit einem Betonboden, einem kleinen Fenster und gelblich weißen Wänden. Das winzige Zimmer war mit ihrem Schreibtisch, ein paar niedrigen Bücherregalen und Aktenschränken und dem Stuhl, auf dem ich saß und der dicht vor dem Schreibtisch stand, bereits hoffnungslos überfüllt. Der Schreibtisch selbst wirkte ordentlich und aufgeräumt, doch in den Regalen und auf dem Boden ringsum stapelten sich Papiere und Akten. Und auch die Bücherregale an der Wand neben der Tür quollen förmlich über. Ich fühlte mich zum wiederholten Mal von der Erkenntnis überwältigt, was für einen kleinen Raum unser Fall einnahm, wie viele andere Kinder ebenfalls Hilfe brauchten und wie schlecht die Mitarbeiter der Sozialbehörde dafür ausgerüstet waren, diesen Ansturm zu bewältigen. Nach einiger Zeit sagte sie zu mir, das sei für heute alles, ich könne jetzt gehen.

»Und wenn Sie das nächste Mal kommen«, fügte sie hinzu, als ich aufstand, »bringen Sie doch Miss Chipo mit. Ich würde die junge Dame gern kennen lernen. Und bringen Sie auch Ihre Frau mit. Wie ich höre, ist sie ganz reizend.«

Ich sagte ja, selbstverständlich, und ging weiter zur Tür. Dann dachte ich einen Moment nach und drehte mich noch einmal um. »Soll das heißen, Sie befassen sich jetzt wirklich mit unserem Fall?«

»Natürlich«, sagte sie und lachte ihr leises Lachen, als wäre ich ein Schüler, der ein bisschen schwer von Begriff ist.

»Dann ist unsere Akte also jetzt in der Adoptionsstelle?«

»Genau.«

»Und das heißt, sie ist nicht mehr in der Pflegestelle?«

Sie lachte wieder. »Sie haben es erfasst.«

Ich machte den Mund auf, um zu fragen, was denn aus der Bestechungssache werden würde und ob das jetzt aus der Welt sei. Doch dann fiel mir ein, dass mein Bruder einmal zu mir gesagt hatte, mein größtes Problem im Leben sei, dass ich nicht wisse, wann ich den Mund halten solle. Also hielt ich den Mund, nickte zum Abschied und ging den Flur entlang zum Ausgang. Dann rannte ich zum Wagen, griff nach dem Handy und rief atemlos Vita an.

»Wir sind raus aus der Pflegestelle! Wir sind an Munautsi vorbeigekommen!«, brüllte ich ins Telefon. Sie reagierte am anderen Ende mit einem Jubelschrei.

Aber damit waren wir noch lange nicht am Ziel. Wenn

es mit der Adoption genauso lange dauerte wie mit dem Pflegeelternstatus, würden wir es niemals schaffen, das Land vor den Wahlen zu verlassen. Also gingen wir gleich am nächsten Tag in die Charmeoffensive. Vita, Chipo und ich statteten Mrs Tsiga gemeinsam einen Besuch ab. Chipo trug ein Jeanskleid, und ihre Rastazöpfchen waren auf dem Kopf zusammengebunden. Sie marschierte ins Büro und hielt sich zur Sicherheit an Vitas Finger fest. Mrs Tsiga schaute von ihrer Arbeit hoch und lachte laut auf. Dann schob sie ihren Stuhl zurück, beugte sich vor und breitete die Arme aus. »Komm her, kleine Schwester«, sagte sie.

Und Chipo rannte auf sie zu, als wäre sie ihre Lieblingstante. Während der ganzen Unterredung saß sie auf ihrem Schoß.

»Mann, die ist wirklich cool«, sagte Vita, als wir später wieder ins Auto stiegen. »Ganz anders als die Sozialarbeiter, eher wie Stella oder eine der anderen Frauen, die im Waisenhaus arbeiten. Kannst du dir vorstellen, dass Munautsi Chipo auf den Schoß nehmen würde?«

Ein paar Tage später betrat ich das Gebäude erneut, um noch ein paar persönliche Empfehlungen für die Adoption nachzureichen – die vorherigen bezogen sich, den Regeln der Behörde entsprechend, nur auf die Pflegeelternschaft. Doch als ich um die Ecke bog und in den Flur trat, der zu Mrs Tsigas Büro führte, blieb ich wie angewurzelt stehen. Im Dämmerlicht des düsteren Korridors stand eine Schlange von sieben oder acht Leuten vor ihrem Büro. Einige saßen auf dem Boden, andere standen. Eine Mutter war dabei, ihr Baby zu stillen. Dazwischen sprangen ein paar andere Kinder herum. Die Tür zum Büro war nur angelehnt, und ich hörte, dass

Mrs Tsiga sich drinnen bereits mit jemandem unterhielt. Ich warf einen Blick auf die Uhr. Es war halb vier. Ich stellte mich ans Ende der Schlange, lehnte mich an die Wand und sagte leise Hallo, und man nickte mir zur Antwort zu. Ganz offensichtlich waren diese Leute nicht alle wegen einer Adoption hier. Dafür sah ich zu viele verkniffene Gesichter und zusammengepresste Lippen. Scheidung und Sorgerecht, Tod der Eltern, Kinderpflege, Missbrauchsvorwürfe, Anschuldigungen wegen Vernachlässigung, tiefe Armut – die trostlose Liste der Gründe, die Menschen dazu brachten, stundenlang vor einem Büro in der Sozialbehörde auszuharren. Mrs Tsiga engagierte sich ganz offensichtlich für viele unterschiedliche Aufgabenbereiche, nicht nur für Adoptionen. Ich schaute den Gang entlang, dann ging ich noch einmal in den angrenzenden Flur, wo die Büros der anderen Sozialarbeiter lagen. Keine Schlangen. Es war auch sonst niemand in seinem Büro. Ich kehrte auf meinen Platz am Ende der Schlange zurück, setzte mich auf den Boden und lehnte mich an die Wand. Ich bereute es bereits, kein Buch mitgenommen zu haben. Die Schlange bewegte sich nur zentimeterweise voran, und die Zeiger der Uhr wanderten immer weiter, bis es fast fünf Uhr war und damit eigentlich Feierabend. Doch niemand aus der Schlange rührte sich vom Fleck. Eine weitere halbe Stunde verging, dann noch eine. Die übrigen Räume der Behörde leerten sich. Draußen verließen die Autos den staubigen Parkplatz. Schließlich kam ein Mann mit zwei Kindern den Gang entlang und machte Anstalten, direkt vor mir das Büro zu betreten. Ich wollte schon protestieren, da zwinkerte er mir zu und sagte: »Ich bin der Ehemann. Es dauert nicht lange.«

Mrs Tsiga stand auf, um ihn zu begrüßen, und rief mir dabei ein freundliches Hallo zu. »Das ist mein Mann«, sagte sie. »Er ist hier, weil er sich fragt, wann ich wohl nach Hause komme.« Sie lachten beide, wechselten dann kurz ein paar Worte auf Shona, dann gab er mir die Hand und verließ das Büro, während die beiden Kinder ihm hinterhersprangen.

»Ich möchte Sie nicht aufhalten«, begann ich, aber sie deutete nur auf den Stuhl und winkte mit der anderen Hand ab. »Ich habe einfach furchtbar viel zu tun. Ihr Fall ist gewissermaßen eine Kleinigkeit. Mein Mann ist nur gekommen, um zu fragen, ob ich heute das Abendessen mache oder ob er sich etwas anderes überlegen muss.«

»Macht es ihm denn nichts aus, dass Sie so lange arbeiten? Sie sind die Letzte im ganzen Gebäude.«

»Das ist er gewöhnt«, sagte sie mit dem leisen Lachen, das mir so gut gefiel.

»Sie haben nette Kinder«, sagte ich. »Haben Sie nur die beiden?«

»Eigentlich haben wir noch ein paar mehr. Manchmal verliere ich selbst den Überblick.«

»Sie haben also vier, fünf Kinder und arbeiten so viel? Und ich glaube immer, ich hätte schon mit einem alle Hände voll zu tun. Sie beschämen mich, Mrs Tsiga.«

»Man gewöhnt sich an alles.« Sie zuckte die Achseln. »Sie haben ein paar Unterlagen für mich?«

Ich hatte die Empfehlungsschreiben schon fast vergessen. Jetzt gab ich sie ihr und unterhielt mich dann noch ein Weilchen mit ihr über das Familienleben. In den folgenden Wochen, wenn Vita und ich ihr Unterlagen brachten, die sie benötigte, war es jedes Mal das Gleiche.

Oft wartete eine Schlange vor ihrer Tür, und immer saß jemand in ihrem Büro. Wenn man um fünf zu ihr wollte, tat man gut daran, mindestens eine Stunde früher dort zu sein. Also saß ich neben den anderen Klienten in dem düsteren Flur und las ein Buch nach dem anderen. Wie üblich gab es auch hier keine Termine. Mrs Tsiga war entweder bei Gericht, in einer Besprechung, oder es war bereits jemand bei ihr. Doch anders als die Sozialarbeiter, mit denen ich meine bisherigen Erfahrungen gemacht hatte, war sie jeden Morgen pünktlich im Büro, manchmal auch ein paar Minuten früher, und arbeitete oft bis weit nach Feierabend. Sie war so übermüdet, dass sie häufig dunkle Ringe unter den Augen hatte; trotzdem engagierte sie sich mit offensichtlich großer Freude für die unterprivilegierten Kinder der Stadt. Sie war ein äußerst anregender Mensch, und wir unterhielten uns oft über alle möglichen Dinge, nicht nur über die Adoption.

In dieser Zeit, als wir gerade begannen, einen Funken Optimismus zu empfinden, klingelte eines Abends nach dem Essen das Telefon. Vita reichte mir den Hörer und flüsterte, das sei wohl ein Ferngespräch aus den Staaten. Ich meldete mich, und am anderen Ende der Leitung antwortete Jo-Ann Armao, die stellvertretende Redaktionsleiterin für den Bereich Hauptstadtnachrichten der WASHINGTON POST. Jo-Ann war kein Mensch, der viel Zeit mit Smalltalk verschwendete, und fragte mich ganz direkt, ob ich immer noch bei der POST arbeiten wolle.

»Natürlich«, antwortete ich und bemühte mich, meine Stimme ruhig klingen zu lassen. Vita hob den Kopf. Ich formte tonlos die Worte »Die POST« und reckte dabei den Daumen in die Luft.

Jo-Ann sprach davon, dass ich die Stadtnachrichten

übernehmen könnte, erwähnte ein mögliches Gehalt, und ich spielte Vita währenddessen eine Pantomime vor, rannte mit ausgestreckten Armen wie ein Flugzeug durch den Raum, und sie saß kopfschüttelnd da und lachte.

Als Jo-Ann schließlich fertig war, sagte ich, dass ich die Stelle natürlich gern übernehmen würde. Dann nahm ich all meinen Mut zusammen und fragte sie erstens nach mehr Gehalt und zweitens danach, wie lange sie auf mich warten könnten. Wir einigten uns auf spätestens Mitte Februar, also in knapp fünf Monaten und etwa einen Monat vor den Parlamentswahlen. Vita und ich hatten bereits vorher beschlossen, dass sie, falls die Adoption nicht rechtzeitig bewilligt wurde, mit Chipo bei Freunden bleiben würde, während ich in den USA meine neue Stelle antrat. Das war zwar keine angenehme Aussicht, aber ich konnte auf keinen Fall weiterhin als Korrespondent in diesem Land bleiben. Wenn ich tatsächlich fort musste, sollten Vita und Chipo in ein anderes Stadtviertel ziehen, ins Gästezimmer unserer Freunde Bill und Dumisille. Bill war leitender Angestellter bei der U.S. Agency for International Development, Dumi kam aus Swasiland im benachbarten Südafrika und kannte sich mit den örtlichen Gegebenheiten sehr gut aus. Sie wohnten auf einem Grundstück der amerikanischen Botschaft. Diese Unterkunft würde Vita und Chipo also gewissermaßen diplomatischen Schutz bieten, falls es Schwierigkeiten geben sollte, und Bill und Dumi waren in einer hervorragenden Position, um uns in einem solchen Fall zu helfen.

Inmitten all dieser Planungen, während alle darauf warteten, dass die Regenzeit auf uns niederbrach, sahen sich die meisten Ausländer und recht viele Simbabwer an einem ruhigen Sonntagnachmittag Anfang November plötzlich vor die Frage gestellt, ob das Staatsoberhaupt jetzt völlig den Verstand verloren habe. »Mugabe: Blair setzt schwule Gangster ein«, posaunte die Schlagzeile auf der Titelseite der SUNDAY MAIL, der regierungstreuen Sonntagszeitung. Der Präsident, der seine Homophobie voller Stolz vor sich hertrug, warf dem britischen Premierminister vor, homosexuelle Schläger angeheuert zu haben, um ihn, Mugabe, von seiner Haltung zur Landreform in Simbabwe abzubringen. Der britische Geheimdienst MI-5 sollte angeblich ebenfalls heimlich seine Hand im Spiel haben.

Diese erstaunliche Behauptung verdankte sich einem Vorfall auf der Straße vor dem St. James Court Hotel in London, wo Mugabe sich zu diesem Zeitpunkt aufhielt. Sie passte gut zu seinen vorherigen Äußerungen, denn er behauptete bereits seit Jahren, Homosexuelle seien »schlimmer als Hunde und Schweine«, sie verdienten keinerlei Menschenrechte und so fort. Solche Bemerkungen schockierten schwule Aktivisten in aller Welt. Und so waren, als er gerade vor dem St. James Court Hotel in seine Limousine steigen wollte, vier Aktivisten einer Gruppierung namens Outrage auf ihn zugestürmt. Unter der Führung von Peter Tatchell drohten sie, Mugabe wegen Verstoßes gegen die Menschenrechte »festzunehmen«. Seine Bodyguards hatten gerade nicht aufgepasst oder waren gar nicht da – in jedem Fall gelang es der Gruppe um Tatchell, Mugabe kurz zu fassen zu bekommen, bevor man ihn in die Limousine bugsieren konnte.

Mugabe machte aus diesem öffentlichkeitswirksamen Auftritt einen organisierten Angriff aus den obersten

Rängen der neuen britischen Labor-Regierung, unter der Führung keines Geringeren als Tony Blair persönlich.

Mugabe hatte für Februar ein Referendum zur Staatsverfassung angesetzt. Falls sie verabschiedet wurde, sollte die neue Verfassung Mugabe erlauben, sich nach Belieben Land von den weißen simbabwischen Farmern, die meist britischer Abstammung waren, »zurückzuholen«, ohne dafür zu zahlen. Großbritannien hatte, wie die meisten anderen Länder auch, geäußert, dass ein solches Vorgehen verfassungswidrig sei und gegen den Rechtsstaat verstoße. Mugabe erklärte daraufhin, Blair setze Homosexuelle ein, um ihn von seiner Landreformpolitik abzubringen. Während des Treffens der Regierungschefs der Commonwealthstaaten in Durban, bei dem 52 Delegationen aus den ehemaligen britischen Kolonien zusammenkamen, sprach er Journalisten gegenüber noch einmal von den »schwulen Gangstern«.

Die ganze Angelegenheit war so idiotisch und absurd, dass die meisten Diplomaten und Journalisten – sowie ein großer Teil der Bürger – in Simbabwe sich einfach nur ausschütten wollten vor Lachen. Bei jeder Abendeinladung und jeder nachmittäglichen Grillparty, den so genannten *braais*, amüsierte man sich darüber. Das Regierungsorgan veröffentlichte einen Leitartikel, in dem es die Bürger ermahnte, es sei keineswegs patriotisch, den Präsidenten auszulachen, doch niemand kümmerte sich darum. Tony Blair und seine schwulen Gangster! Das klang wie eine Garagenband aus lauter Transvestiten.

Edgar Langeveldt, der erste simbabwische Stand-up-Comedian, brachte noch im selben Monat die allgemeine Stimmung in seiner Ein-Mann-Show im Seven Arts Theatre in Harare auf den Punkt. Er war ein Farbiger – so bezeichnet man dort Mischlinge –, und in seiner oft recht derben Vorstellung präsentierte er Songs, Tanznummern, Frauenrollen und einen Sketch, in dem ein tollpatschiger schwarzer Polizist versucht, den Mord an einer unausstehlichen rhodesischen Hausfrau aufzuklären. Sie trug lindgrüne Schlaghosen, riss Witze über Schwarze und tanzte in der Küche zu Abba, und man hatte das Gefühl, sie hätte es verdient. In einer Einspielung, die in seiner Umkleidepause auf einer großen Leinwand gezeigt wurde, trat er als Grace Mugabe auf; auf der Leinwand sah man allerdings nur einen ihrer charakteristischen riesigen Hüte, der alles andere verdeckte. Die Zuschauer schnappten nach Luft, dann lachten sie so, dass man vom dazugehörigen Monolog nichts mehr mitbekam. Eine so provozierende Satire hatte es in Simbabwe bis dahin noch nicht gegeben, vor allem nicht auf Kosten des Präsidenten. Ich schrieb ein Feature über Langeveldt und interviewte ihn bei einem späten Mittagessen vor seiner letzten Vorstellung.

Doch nicht jeder konnte darüber lachen.

Ein paar Wochen später ging Langeveldt in eine bekannte Bar. Ein paar Männer kamen auf ihn zu. Sie sagten nichts, schlugen ihn einfach nur zusammen. Er trug einen schweren Kieferbruch davon und konnte wochenlang kaum sprechen, geschweige denn auftreten. Man braucht kaum hinzuzufügen, dass es in diesem Fall keine Festnahmen gab.

Doch dabei blieb es nicht. Am 25. November erhielten drei simbabwische Journalisten Morddrohungen. Ray Choto, der Verfasser des Artikels über den mutmaßlichen Umsturz, der immer noch auf seinen Prozess wartete, bekam ein Päckchen an seine Privatadresse. Es enthielt eine Spielzeugpistole, zwei Kugeln und einen Zettel: »Bis dann im Himmel – noch vor der Jahrtausendwende.« Basildon Peta, Nachrichtenredakteur bei der FINANCIAL GAZETTE und Vorsitzender der simbabwischen Journalistenvereinigung, fand drei Kugeln und folgenden Zettel in seinem Briefkasten: »Pass auf, oder du bist tot.« Ibbo Mandaza vom ZIMBABWE MIRROR, der den Artikel über den Kopf des toten Soldaten im Kongo verfasst hatte, erhielt eine telefonische Morddrohung.

»Verdammt«, sagte ich zu Vita. »Ich muss weg hier, raus aus der Stadt. Das kann uns jeden Moment um die Ohren fliegen. Sie könnten behaupten, mein Artikel über Langeveldt habe ihnen nicht gefallen. Sie können alles behaupten, was sie wollen. Früher oder später gehen sie auch auf ausländische Journalisten los, und sie werden sich nicht allzu lange mit Vorwänden dafür aufhalten.«

Kapitel 19

Aktenkundig

Ich war gerade dabei, eine letzte Reise nach Nigeria zu planen, als ich einen Anruf von Margaret Tsiga bekam. Sie bat mich, am nächsten Tag in ihr Büro zu kommen. Sie klang angespannt, und ich spürte, wie sich mein Puls unwillkürlich beschleunigte. »Es geht um die polizeiliche Bestätigung«, sagte sie, als ich am nächsten Morgen zu ihr kam, »oder vielleicht auch um das Fehlen einer solchen Bestätigung. Aus den Aufzeichnungen geht nicht hervor, ob der Fall abschließend untersucht wurde. Es gibt keine Belege dafür, dass die Polizei je versucht hat, die Leute zu finden, die Chipo ausgesetzt haben.«

»Aber ich habe doch selbst mit den Beamten gesprochen, die die Suche durchgeführt haben«, rief ich. »Ich war fast einen ganzen Tag bei ihnen. Sie haben mir von den Ermittlungen erzählt. Es muss Belege dafür geben, deswegen konnten wir Chipo doch überhaupt erst zu uns nehmen. Die Ermittlungen waren gerade beendet, und sie hatten den Fall abgeschlossen.«

Mrs Tsiga zuckte mit den Schultern. »Nun, uns liegt die Bestätigung jedenfalls nicht vor, und wir brauchen sie. Sie müssen verstehen, das ist im Grunde das wichtigste Dokument in der ganzen Akte. Ohne die Bestätigung gilt Chipo nicht offiziell als Waise, und Sie haben kein Recht, sie zu adoptieren. Aus gesetzlicher Perspektive könnte sie genauso gut entführt worden sein.«

»Ich kann das nicht glauben. Ich weiß ganz genau, dass die Leute den Bericht hergeschickt haben. Mr Mtero hat persönlich dort angerufen, um sich über die Einzelheiten zu informieren. Chipo ist seit sechzehn Monaten bei uns. Man hat sich ein halbes Jahr lang mit unserem Fall beschäftigt, bevor wir als Pflegeeltern anerkannt wurden. Der Richter hat das bestätigt. Dann hat Munautsi weitere zehn Monate gebraucht, bis er den Fall an Sie weitergereicht hat. Und jetzt sagen Sie mir plötzlich, dass der Behörde keine Beweise dafür vorliegen, dass Chipo wirklich ausgesetzt wurde?«

»Wer weiß? Vielleicht lag die entsprechende Bestätigung ja vor und ist aus der Akte verschwunden. Vielleicht hat die Polizei sie auch ausgestellt, sie dann aber nie an uns geschickt. Auf jeden Fall liegt sie uns jetzt nicht vor, das ist das Einzige, das zählt.«

Sie nahm ein Blatt Papier und schrieb etwas darauf. Als sie fertig war, schob sie mir das Blatt über den Tisch. Der Brief, in Druckbuchstaben auf einem Bogen offiziellen Briefpapiers geschrieben, war an die zuständige Polizeistation des Bezirks adressiert, in dem man Chipo gefunden hatte. Darin stand, es gebe zwar »Hinweise darauf, dass der Fall untersucht wurde« – die ich ihr wohl gerade gegeben hatte –, es liege allerdings bisher keine offizielle Bestätigung vor.

»Ehe wir den Adoptionsantrag weiter bearbeiten können, benötigen wir Informationen dazu, ob die Suche nach den leiblichen Eltern abgeschlossen wurde. Wir bitten Sie höflich, uns dies schriftlich zu bestätigen«, hieß es weiter. Nachdem ich den Brief zu Ende gelesen hatte, gab ich ihn ihr zurück. Sie drückte den Stempel der Behörde darauf, steckte den Brief in einen Umschlag, klebte ihn zu und reichte ihn mir.

»Ich möchte, dass Sie damit zu der Polizeistation fahren«, sagte sie. »Versuchen Sie, die Beamten dort dazu zu bringen, den Fall noch einmal zu prüfen. Wenn ich das mit der Post schicke, antworten sie vielleicht sofort. Es kann aber auch sein, dass die Anfrage ganz unten in einem Stapel Papiere landet und verloren geht. Ich weiß nicht, was man Ihnen dort sagen wird. Aber ohne diese Bestätigung kann ich nichts weiter tun.«

Am nächsten Tag fuhr ich kurz nach Tagesanbruch los und hatte die wenig belebten Straßen der Innenstadt von Harare in einer halben Stunde hinter mir gelassen. Ich fuhr auf eine vierspurige Straße, die mich aus der Stadt herausbrachte, und folgte ihr immer weiter, als sie sich am Stadtrand in eine zweispurige geteerte Straße verwandelte. Das Stadtgebiet von Harare wich rasch großen Höfen, Farmbetrieben und offenem Weideland, und ich befand mich schon bald mitten auf dem Land. Das Radio meines Jeeps war kaputt, und so fuhr ich in völliger Stille und hörte nur den Fahrtwind am offenen Fenster. Es war ein schöner Morgen, etwa 25 Grad Celsius, die Sonne schien, und es wehte ein leichter Wind. Ich ließ den rechten Arm aus dem Fenster baumeln – ich hatte mich immer noch nicht ganz daran gewöhnt, auf der »falschen« Straßenseite zu fahren. Ein paar Stunden später bog ich von der Landstraße auf eine Schotterstraße ab und kurbelte das Fenster ein Stück hoch, um den

Staub abzuhalten. Die Felder wirkten jetzt ärmlicher, man sah mehr Unkraut und weniger Nutzpflanzen. Die Bäume standen dicht am Straßenrand, und ihre Äste formten eine Art Dach über der Fahrbahn. Kilometer um Kilometer ließ ich hinter mir und fuhr immer langsamer, in immer dichtere Staubwolken gehüllt. Irgendwann ging es nach rechts, und die Straße wurde noch unebener und ausgefahrener. Dann ging es nach links, über eine schmale Brücke, die ein trockenes Flussbett überspannte, und schließlich befand ich mich wieder auf einer asphaltierten Straße, umgeben von hohen, wogenden Grasflächen. Die Polizeistation lag direkt vor mir, inmitten eines Hains aus riesigen Eukalyptusbäumen.

Im Schatten der Bäume standen mehrere Gebäude dicht beieinander, denn die meisten Polizeibeamten wohnten auch dort. Die Polizeistation selbst befand sich in einem eingeschossigen Betonklotz, dessen Außenwände in einem wässrigen Blau gestrichen waren. Das Gebäude ruhte auf einer betonierten Fläche, auf der man das ganze Areal umrunden konnte. Das rostige rote Dach war aus Blech. Ich ging über den kiesbestreuten Parkplatz auf das Gebäude zu. Dort waren etwa ein Dutzend Leute unterwegs. Man hörte Stimmen und aus einem Nebenzimmer das Klappern einer Schreibmaschine. Alle starrten mich an: Ein weißer Amerikaner mit langem, weißem Haar war offenbar kein ganz alltäglicher Anblick. Es brannte kein Licht; nur das Tageslicht fiel durch die offenen Türen und Fenster herein, und drinnen war es kühl und dämmrig. Ich trat an einen Schreibtisch und fragte nach dem zuständigen Beamten, dem ich eine Anfrage der Sozialbehörde in Harare überbringen könne. Ein Polizist sagte mir, ich solle warten. Also setzte ich mich auf den Rand des betonierten Gehwegs und zupfte Grashalme aus. Zwanzig Minuten später kam der Polizist zurück und führte mich in ein Zimmer ganz hinten im Gebäude. Dort saß ein dünner, ernster Mann hinter einem Schreibtisch. Er telefonierte gerade und klopfte dabei träge die Asche von seiner Zigarette in einen Aschenbecher. Als er aufschaute, sah er mich und deutete auf einen Stuhl. Es war derselbe Beamte, mit dem ich schon im Jahr zuvor gesprochen hatte, als ich dort gewesen war, um mich nach dem Stand der Ermittlungen in Chipos Fall zu erkundigen.

Ich setzte mich, schaute mich im Zimmer um und versuchte verzweifelt, nicht die Hoffnung zu verlieren. Die Akte war bereits vor über 18 Monaten geschlossen worden. Der Schreibtisch des Dienst habenden Beamten war ein alter, breiter Holztisch; er lag voller Papiere, und zwei Telefone standen darauf. Außerdem sah ich Ablagefächer mit Schildern daran: »Einsatzleitung«, »Anhängig«, »Verwaltung«, »Verbrechen«, »Eingang« und »Ausgang«. Alle Schilder waren mit roter Tinte beschriftet, und auf jedem klebte das Bild einer pinkfarbenen Rose, das offensichtlich aus irgendeinem Hochglanzmagazin stammte. An der Wand hinter mir hingen zwei große Landkarten. Da das Telefonat des Beamten sich noch hinzuziehen schien, deutete ich auf die Karten, und er nickte. Ich stand auf und schaute sie mir an. Die eine Karte war zwar mit »Simbabwe« überschrieben, doch die Hauptstadt trug immer noch den Namen Salisbury aus der Kolonialzeit; die Karte musste also mindestens 20 Jahre alt sein. Sie führte auch noch die »Tribal Trust Lands« auf, wie die Kolonialmacht früher die afrikanischen Gebiete bezeichnet hatte. Die andere Karte war eine Straßenkarte der größten Stadt im Bezirk. Verschiedenfarbige Stecknadeln markierten die Orte, an denen in letzter Zeit ein Verbrechen stattgefunden hatte. Die jeweilige Farbe der Stecknadel stand für den Verbrechenstyp, sodass die Polizisten die Häufigkeit von Raubüberfällen und tätlichen Angriffen in bestimmten Vierteln überprüfen konnten.

Der Beamte hatte sein Telefonat inzwischen beendet, stand auf und gab mir die Hand. »Natürlich, der Mann mit dem Baby«, sagte er mit einer Art Lächeln. »Wie geht es unserer kleinen Schwester denn?«

»Sie ist rund und gesund«, sagte ich, und er lachte.

»Was führt Sie dann heute zu mir?«

Ich schilderte ihm die Situation und bemühte mich dabei, mir meine Nervosität nicht anmerken zu lassen. Dann gab ich ihm den Brief von Mrs Tsiga. Er öffnete den Umschlag, las den Brief, rief dann einen jüngeren Beamten zu sich und sprach kurz mit ihm. »Gehen Sie ruhig mit ihm«, sagte er zu mir.

Ich folgte dem jungen Beamten hinaus auf den betonierten Gehweg, vorbei an ein paar Delinquenten, die auf ihre Aburteilung warteten, und schließlich in einen anderen Raum. Hinter einem Schreibtisch standen unzählige Regale an der Wand. Jedes Regalbrett bog sich unter Reihen von dicken Registern. Der Beamte – er hatte sich mir nicht vorgestellt, und ich fragte ihn auch nicht nach seinem Namen – ging zu den Regalen, fuhr mit dem Finger an den ledergebundenen Buchrücken entlang und suchte und suchte, bis er schließlich einen Band hervorzog. Er schlug ihn auf, stellte ihn dann zurück, nahm den Band daneben heraus und legte ihn auf den Tisch.

»Wir müssen die Nummer des Falls finden«, erklärte er.

Er schlug das Buch auf, und ich musste spontan gegen Kopfschmerzen ankämpfen. Auf sämtlichen Seiten befanden sich von Hand gezogene, unregelmäßige Linien, die sich kreuz und quer über jeweils zwei Seiten zogen. Schmale Spalten verzeichneten das Datum, den Tatort, die Uhrzeit, den ermittelnden Beamten und so weiter und so fort. Die letzte Spalte ganz rechts trug die Überschrift »Ermittlungsergebnis«. Durch die Bindung entstand in der Mitte zwischen den Seiten eine weitere Unregelmäßigkeit, sodass man auf beiden Seiten nachzählen musste, um sicher zu sein, dass man sich noch in derselben Zeile und damit beim selben Fall befand. Die linken Seiten waren mit blauer, die rechten mit roter Tinte ausgefüllt.

Man fühlte sich schier erschlagen von den klein beschrifteten Spalten mit ihren verschiedenen Farben auf all diesen Seiten, in all diesen Bänden. Das Ganze wirkte und las sich wie ein Geheimcode, eine unermessliche Bibliothek voller Geheimnisse, Losungswörter und unzähliger Einzelbände. Doch der Beamte wusste, wonach er suchen musste, und abgesehen von meinen Befürchtungen schien es sich um durchaus sorgfältige Aufzeichnungen zu handeln – vorausgesetzt, man fand das richtige Buch, die entsprechenden Seiten waren noch nicht verrottet, und jemand hatte daran gedacht, den jeweiligen Fall auch zum richtigen Datum einzutragen.

Jetzt werden Sie einwenden: »Dann schaut man eben einfach beim entsprechenden Datum nach und findet den Eintrag. Machen Sie's nicht so spannend, Mann, erzählen Sie endlich weiter.« Aber genau das war das Problem. Weder der Beamte noch ich wussten, an welchem Tag Chipo genau gefunden worden war, und wir wussten auch nicht, an welchem Tag der Fall für abgeschlossen erklärt worden war. Ich hatte keine Ahnung, ob die Einträge einfach jeden Fall einzeln verzeichneten oder ob auch Änderungen und neue Entwicklungen in bereits bestehenden Fällen hinzugefügt wurden. Der betreffende Beamte konnte den Fall unter dem Datum eingetragen haben, an dem er ihm übertragen worden war, oder auch unter dem Datum, das er für Chipos Geburtsdatum hielt. Vielleicht hatte er aber auch am Ende eines Monats alle Einträge zusammengefasst. Schließlich arbeitete er eigentlich in einer kilometerweit entfernten Station und kam nur hierher aufs Revier, wenn es sich als nötig erwies. Wenn er den Fall nach Abschluss der Ermittlungen eingetragen hatte, würde sich der Eintrag vielleicht erst drei Monate nach Chipos Entdeckung oder noch später finden. Und obwohl das Register im Großen und Ganzen chronologisch geordnet war, wurde die Chronologie doch nicht immer ganz streng eingehalten. Gleich auf den ersten paar Seiten gab es Dutzende von Einträgen, die offensichtlich gar nicht datiert waren. Andere Daten waren einfach wahllos eingefügt und durchbrachen die Reihenfolge. Ich vermutete, dass wir wohl an die tausend Einträge durchsehen mussten, in den unterschiedlichsten Handschriften, von denen manche besser, manche schlechter zu entziffern waren, Einträge in blauer, schwarzer oder roter Tinte, die keinem rechten System zu folgen schienen.

Im schlimmsten Fall hatte der Beamte vielleicht auch vergessen, den Fall überhaupt einzutragen. Wie man mir gesagt hatte, kam es ja erschreckend häufig vor, dass Kinder ausgesetzt wurden. Vielleicht zählte so etwas gar nicht.

Ich versuchte, diese letzte Möglichkeit aus meinen Gedanken zu verbannen, während wir uns in dem Register zu den Tagen kurz vor dem Datum durchblätterten, das auf Chipos Geburtsurkunde stand. Es gab einen Zeitraum von drei Tagen, der das entsprechende Datum umfassen musste, und in dieser Zeit hatte es nur ein paar Dutzend Einträge gegeben. Der Beamte fuhr mit dem Finger langsam die Einträge entlang. Nichts. Wir dehnten die Suche auf die drei Monate aus, die die Ermittlungen gedauert hatten: Seite um Seite voller Einträge. Wir arbeiteten uns durch die Zeilen und suchten nach irgendetwas, das vertraut klang. Ich folgte seinem Finger mit den Augen die Seite entlang, und wir bewegten beide die Lippen, murmelten erst diesen Eintrag vor uns hin, dann den nächsten. Wir fanden ein ausgesetztes Kind – aber nein, es war ein Junge. Einbrüche, Diebstähle, Raubüberfälle, Vergewaltigungen – so wühlten wir uns durch die Kriminalgeschichte des Bezirks, Tag für Tag, Monat für Monat.

Nichts.

»Fangen wir noch einmal von vorne an«, sagte der Beamte. Und das taten wir, diesmal langsamer, und die Minuten flossen dahin und wurden zu einer Stunde. Er bewegte seinen Finger langsam eine Seite entlang, dann hielt er plötzlich fast am Ende der Seite inne. »Da«, sagte er.

Die Tinte war bereits verblasst, und die Seite löste sich schon aus der Bindung. Dennoch fand sich dort eine hingekritzelte Notiz über ein ausgesetztes Baby weiblichen Geschlechts. Man hatte ein Abschlussdatum verzeichnet und auch das ursprüngliche Eintragsdatum, das so weit rechts stand, dass es halb in die falsche Zeile gerutscht war. Deshalb hatten wir es auch beim ersten Mal übersehen. Die Bindung in der Mitte riss die Zeilen auf der linken und auf der rechten Seite auseinander. Wir zählten von unten her drei Zeilen hoch, erst auf der linken Seite, dann auf der rechten. Und da, in verblasster roter Tinte am äußersten rechten Ende der Seite, stand das Datum, an dem der Fall für abgeschlossen erklärt worden war. Daneben auf dieser halb zerrissenen Seite fand sich der Eintrag: »Keine Festnahmen. Ermittlung abgeschlossen.«

Der Beamte notierte sich die Nummer des Falls und die Daten. Dann klappte er das Register zu und machte sich auf die Suche nach der Akte. Ich lief ein paar Mal im Zimmer auf und ab und ging schließlich wieder auf den Hof hinaus. Dort warteten immer noch mit mürrischen Mienen die Männer in ihren zerlumpten Kleidern; sie saßen einfach schweigend da und warteten darauf, verwarnt, angeklagt oder mit einer Geldstrafe belegt zu werden. Keiner von ihnen trug Handschellen. Ich betrachtete das umliegende Weideland und den Wald und dachte mir, dass sicher mindestens die Hälfte von ihnen entkommen könnte, wenn sie alle gleichzeitig losrannten und in verschiedene Richtungen liefen. Dann fiel mir ein, dass auf dem Land ja jeder jeden kannte. Die Polizisten kannten wahrscheinlich die Familien der Männer, wussten, wo sie wohnten, kannten ihre Freunde, und so würde man sie schließlich doch erwischen, weil sie sonst nirgendwo hinkonnten. Ein wild entschlossener Flüchtling konnte sich zwar bestimmt per Anhalter bis nach Harare durchschlagen, aber was würde er dann dort tun, ganz ohne Familie und Bezugspersonen? Ich trat hinaus in den Sonnenschein, riss noch ein paar Grashalme aus und schnippte sie unruhig weg. Schließlich erschien der Beamte in der Tür und rief nach mir.

Ich drehte mich um, trat aus dem Sonnenschein zurück ins Dämmerlicht und musste ein paar Mal blinzeln. »Ihre Tochter«, fragte er. »Heißt sie ...« Er warf einen Blick in den braunen Ordner, den er aufgeschlagen in der Hand hielt.

Ich hielt den Atem an und schloss die Augen.

»... Chipo?«

»Ja!«, brüllte ich so laut, dass der Beamte und die Delinquenten draußen im Hof erschrocken zusammenzuckten. »Ich meine ... ja. Das ist sie. Chipo. Natürlich. Das ist meine Tochter.«

Er führte mich zurück ins Büro seines Vorgesetzten.

Ich setzte mich wieder auf den Stuhl und versuchte, mich ruhig zu verhalten. Die beiden Beamten sprachen leise miteinander. Keiner von beiden schaute mich an. Der Dienst habende Beamte betrachtete die Unterlagen, verzog das Gesicht und zündete sich eine Zigarette an. Dann nahm er einen Stift in die Hand und begann zu schreiben. Der jüngere Mann verließ den Raum. Das Telefon klingelte, und der Beamte nahm ab, legte den Stift beiseite und klemmte den Hörer zwischen Ohr und Schulter. Er lauschte, dann sagte er rasch ein paar Worte auf Shona.

Inzwischen war es später Nachmittag. Ein paar Wolken schoben sich vor die Sonne, Schatten fielen über die weiten Grasflächen. Nach einiger Zeit legte der Mann den Hörer auf. Er betrachtete das Blatt Papier auf dem Tisch, legte seine Zigarette am Rand des Aschenbechers ab, las sich noch einmal durch, was er bisher geschrieben hatte, und begann dann erneut zu schreiben. Ich vertiefte mich wieder in die Landkarten an der Wand. Nach einiger Zeit hörte ich, wie ein Blatt abgerissen wurde und der Beamte seinen jüngeren Mitarbeiter wieder zu sich rief. Der junge Mann kam, nahm das Blatt und ging wieder. Der Beamte zog an seiner Zigarette und deutete dann auf den Hof vor seiner Bürotür. »Sie können draußen warten«, sagte er.

Der junge Beamte war verschwunden, und da ich bereits fast jeden Grashalm auf dem Hof ausgerissen hatte, ging ich zwischen den Jakarandabäumen umher, brach kleine Zweige ab, balancierte sie auf der Fingerkuppe und schnippte sie dann quer durch den Hof. Etwa 45 Minuten später kam der junge Beamte aus dem Zimmer, aus dem das Geklapper der Schreibmaschine drang. Er rief mich und reichte mir einen einzelnen, braunen Briefbogen.

In der oberen rechten Ecke stand die Adresse der Polizeistation, darunter das Datum. Der Brief war adressiert an »Zuständige Beamte der Sozialbehörde«. In der Betreffzeile stand: »Betrifft: Das ausgesetzte Kind Chipo«.

»Madam«, lautete die Anrede, dann folgten drei kurze Abschnitte, nummeriert nach dem Muster eines Gerichtsdokuments:

Hiermit informieren wir Sie, dass diese Angelegenheit polizeilich untersucht wurde.

Es wurden alle nötigen Schritte unternommen, die Angeklagte/Mutter des Kindes ausfindig zu machen und festzunehmen, allerdings ohne Erfolg.

Der Fall wird hiermit als ohne Ergebnis abgeschlossen betrachtet.

Unterschrieben hatte der Dienst habende Beamte.

Ich atmete tief auf. Dann ging ich noch einmal in das

Büro des älteren Beamten. Er war immer noch am Telefon. Ich klatschte leise drei Mal in die Hände, das simbabwische Zeichen für Dankbarkeit. Er nickte und schwenkte kurz seine Zigarette, ohne das Gespräch zu unterbrechen.

Auf der Fahrt zurück nach Harare sang ich im Jeep aus voller Kehle, so wie es meiner Stimmung entsprach. Jetzt, dachte ich, würden wir endlich vorankommen.

Am nächsten Montag betrat ich gut gelaunt mit dem Dokument Mrs Tsigas Büro, doch sie wirkte beschäftigt und abgelenkt. Dann suchte Vita sie im Büro auf, aber auch für sie hatte sie keine Zeit. So ging es ein paar Tage weiter, bis ich schließlich wieder zur bewährten Belagerungsmethode zurückkehrte. Ich ließ mich eines frühen Nachmittags auf dem Flur vor ihrem Büro nieder, bewaffnet mit Notebook und Handy, und richtete mich darauf ein, den Nachmittag mit Telefoninterviews und Notizen zu verbringen.

Um halb sechs rief sie mich schließlich in ihr Büro. Die anderen Sozialarbeiter waren alle längst fort, und sie war die Letzte im Gebäude. Ihre Augen wirkten müde, und sie sah sehr mitgenommen aus. »An manchen Tagen ist meine Arbeit sehr traurig«, sagte sie und öffnete einen staubigen Umschlag aus Packpapier, der auf ihrem Tisch lag. »Hier habe ich ein neunjähriges Mädchen. Sie wird von ihrem Vater und wohl auch von ihrem Onkel sexuell missbraucht. Und hier« – sie nahm eine andere Akte in die Hand – »das ist der Fall eines Kindes, um das Mutter und Vater sich streiten. Keiner von beiden liebt das Kind; sie wollen sich nur gegenseitig demütigen. Das da« – sie deutete auf einen etwa 15 Zentimeter hohen Aktenstapel auf einem Beistelltisch – »sind weitere Fälle von sexuellem Missbrauch. Daneben liegen die Waisen und die Kinder, die einen Elternteil verloren haben. Manchmal will der Vater das Kind behalten, nachdem die Mutter gestorben ist, manchmal aber auch nicht. Und hier«, fuhr sie fort und nahm einen weiteren braunen Ordner von ihrem Schreibtisch in die Hand, »ist Chipos Akte.«

Ich spürte eine Welle von Schuldgefühlen und kam mir vor wie irgendein neureicher Kerl aus dem Westen, der sich darüber beklagt, dass sein Latte macchiato kalt geworden ist. Sie war so freundlich, sie arbeitete so unglaublich hart, und ich war nur ein weiterer Klient, der ihr auf die Nerven ging und sie nicht in Ruhe ließ. Ich setzte bereits dazu an, eine Entschuldigung zu murmeln, doch sie hob die Hand. Sie zog ein paar zusammengeheftete Seiten aus dem Ordner und schob sie mir über den Schreibtisch zu.

»Und in dieser Akte sehe ich ein glückliches kleines Mädchen mit glücklichen Eltern. Manche Dinge sind kompliziert, andere sind es nicht. Sie werden mir sicher vergeben, wenn ich der Ansicht bin, dass ich Besseres zu tun habe.«

Ich schaute auf die oberste Seite der zusammengehefteten Blätter, die sie mir zugeschoben hatte. Folgende Worte standen darauf:

Antrag an das zuständige Ministerium zur Aufhebung der Staatsbürgerschaftsvorschriften im Fall eines Antrags nicht-simbabwischer Staatsbürger auf Adoption eines simbabwischen Kindes nach Abschnitt 59(7) des Gesetzes zur Adoption und zum Schutz von Kindern (Children's Protection and Adoption Act, Paragraph 5:06)

Die folgenden sechs Seiten enthielten Fakten, Zahlen, eine Zusammenfassung unseres Falls, eine chronologische Auflistung und alles, was sonst noch dazugehörte. Ich war bereits dabei, jedes einzelne Wort durchzulesen, da hörte ich Mrs Tsiga mit den Fingernägeln auf den Tisch trommeln: Tapp-tapp-tapp. Ich blickte auf.

»Dort steht, dass ich Ihren Adoptionsantrag genehmige«, sagte sie und lächelte mich strahlend an. »Wenn das Ministerium einverstanden ist, sind Sie frei.«

Ich wusste nicht recht, was ich sagen sollte. Ich schaute auf das Dokument in meiner Hand. Dann sah ich sie an. »Habe ich Ihnen schon mal gesagt, Mrs Tsiga, was für eine absolut umwerfende, geistreiche und wunderschöne Frau Sie sind?«

»Nein«, erwiderte sie lachend. »Aber Sie können ruhig damit anfangen.«

Kapitel 20

Nach Westen, nach Hause

Der Tag, nachdem Margaret Tsiga unseren Antrag genehmigt hatte, war der 1. Dezember, der Welt-Aids-Tag, und der Rest der Welt bekam einen Eindruck von der Flut von Waisenkindern, die den afrikanischen Kontinent überrollte. Laut einem Bericht der Vereinten Nationen in New York hatten in den 18 Jahren seit Bekanntwerden der Krankheit über elf Millionen Kinder einen oder beide Elternteile durch Aids verloren. 95 Prozent dieser Kinder befanden sich im subsaharischen Afrika.

»Die traditionelle afrikanische Familie zerbricht an der beispiellosen Last der Pandemie«, so der Bericht. Dr. Peter Piot, der Direktor des Aids-Programms der Vereinten Nationen, gab zu, dass die Berichte der vorangegangenen Jahre sich auf die steigende Zahl der Infektionen beschränkt und sich nicht so sehr auf die gesellschaftlichen Auswirkungen konzentriert hätten. In einem Interview mit der New York Times erklärte Piot, die Waisenkinder seien »als Teil der Aids-Epidemie schon viel zu lange übersehen worden«.

Der internationale Journalismus geht mitunter seltsame Wege, und so machten der UN-Bericht und Piots

Äußerungen plötzlich ein Problem greifbar, das sich bereits seit langem wie ein Sumpf in Dutzenden von Ländern ausgebreitet hatte. Das Aids-Problem in Afrika war nichts Neues, doch bisher hatte man die konkreten Auswirkungen des Verlusts von Millionen von Eltern noch nicht recht begriffen – und auch die Aussichten für die Zukunft waren noch nie auf so krasse Weise dargestellt worden. Niemand konnte wissen, was für gesellschaftliche Auswirkungen das Ganze in zehn bis 15 Jahren auf die ärmsten Länder der Welt haben würde, wenn all die Waisenkinder erwachsen waren, doch die Aussichten waren beunruhigend. Verschiedene Studien belegten, dass diese Kinder außerhalb des so bedeutsamen afrikanischen Familiennetzes standen. Sie würden eine schlechtere Ausbildung erhalten, weniger Gelegenheit bekommen, einen Beruf auszuüben, und dadurch sehr viel anfälliger fur gesellschaftliche, wirtschaftliche und sexuelle Ausbeutung werden. Ich kannte die Situation in Harare aus den Berichten verschiedener Hilfsorganisationen, die die Krise im Land umrissen. Diese Dokumente waren auch in den weltweiten Bericht der Vereinten Nationen eingeflossen. Ich kannte die Leiterinnen der Waisenhäuser und viele der Kinder persönlich. Nach meiner Zählung hatte ich mindestens drei Kinder im Arm gehalten, die wenige Tage danach gestorben waren; bei Vita, die öfter als ich im Waisenhaus arbeitete, waren es noch sehr viel mehr. Unter den Kindern, um die ich mich gekümmert hatte, war ein kleiner Junge gewesen, der Ferai hieß, genau wie das Baby, das wir verloren hatten. Er war gerade ins Chinyaradzo gekommen, als ich meine Redakteurin Joyce, die bei uns zu Besuch war, dorthin geführt hatte. Damals war er etwa zwölf oder 13 Monate alt und hatte bereits die ausgemergelte Erscheinung und die vorstehenden Rippen eines Menschen, der schwer an Aids erkrankt ist. Die Gesichtshaut saß so straff, dass man den Umriss seines Schädels darunter erkennen konnte. Seine Lippen wölbten sich nach außen, weg von den Zähnen, und seine braunen Augen – das Einzige an seinem Körper, das er ohne Schmerzen bewegen konnte – blickten wach und konzentriert. Ich fragte mich, wie er mich wohl wahrnahm, wie es sich anfühlen mochte, auf den Arm genommen zu werden, und was in ihm vorging in den langen Stunden, während er allein in seinem Bettchen lag. Ich fragte mich, ob er die Schatten der Dunkelheit, des nahenden Todes spüren und begreifen konnte. Joyce war zutiefst erschüttert und wollte wissen, was sie tun könne. Ich hielt Ferai im Arm, in Decken gehüllt, wiegte ihn hin und her und erklärte ihr, dass dieser kleine Kerl bereits jenseits aller Hilfe sei. Doch sie beharrte darauf, und schließlich sagte ich, wenn sie nicht versuchen wolle, ihn zu adoptieren, würde es wohl das Beste sein, ihn regelmäßig mit Vitaminpräparaten zu versorgen, um sein Immunsystem zu stärken. Sie kaufte die Präparate, und ich brachte sie ins Waisenhaus. Und Ferai schien sich zu erholen. Es ging ihm tatsächlich besser. Er wurde munterer, fasste nach meiner Hand, wenn ich ihn auf den Arm nahm, und hielt sich an meinen Fingern fest. Ich lachte und dachte mir, dass ich die erstaunliche Regenerationsfähigkeit von Kindern wieder einmal unterschätzt hatte. Und dann war er eines Tages tot. Einfach so. In meinem Aktenschrank standen dicke Ordner mit Material zum großen Thema »Aids und Waisenkinder« und mit Statistiken, die beinahe die Schaubilder sprengten.

Der UN-Bericht war voll von solchen Daten und führte das Problem der westlichen Welt vor Augen.

»10 Millionen Waisen«, verkündete das Titelblatt der internationalen Ausgabe von NEWSWEEK ein paar Wochen später. Die Worte prangten auf dem verhüllten Gesicht eines Kindes aus Sambia. »Die Aids-Epidemie in Afrika lässt eine ganze Generation von Kindern ohne Eltern zurück«, lautete die Unterschlagzeile. Im Innenteil der Zeitschrift fanden sich Fotos von Leichen in Leichenhallen und von Särgen, die in Gräber herabgelassen wurden. Ein Foto zeigte eine HIV-positive Mutter mit ihrem ebenfalls erkrankten Kind; der Körper des Kindes war von Abszessen übersät. Ein weiteres Bild zeigte ein schreiendes Baby in einem Waisenhaus; es war so ausgemergelt, dass man die Adern an seinem Bauch sah.

Die Zeitschrift TIME schickte den berühmten Kriegsfotografen James Nachtwey nach Simbabwe, um einen Foto-Essay über die Aids-Epidemie zu machen. Das Titelbild, ein Schwarzweißfoto, zeigte eine ältere Frau und ein traurig blickendes Kind. Es wurde so groß abgedruckt, dass im Titel nur noch der letzte Buchstabe des Namens der Zeitschrift zu sehen war. »Dies ist die Geschichte von Aids in Afrika. Sehen Sie sich die Bilder an. Lesen Sie die Texte. Es wird auch Sie berühren.« So begann der Artikel.

In den folgenden Monaten rückten sie an, eine ganze Phalanx der besten Reporter und Fotografen der amerikanischen und europäischen Presse, im Auftrag von Zeitungen, Zeitschriften, Fernsehsendern und -magazinen. Sie alle berichteten über die Auswirkungen von Aids auf die Waisenkinder in Afrika und verteilten sich von Südafrika bis nach Uganda. Im Spätfrühling brachte sogar die Zeitschrift SCIENTIFIC AMERICA einen ausführlichen Artikel zum Thema. »Mitgefühl für einen sterbenden Kontinent«, so lautete die Schlagzeile. Der Bericht befasste sich fast ausschließlich mit Simbabwe. Das erste, ganzseitige Foto zeigte die überlebenden Mitglieder der Familie Gombedza aus der Stadt Marondera im Osten des Landes: sechs Kinder. Mutter und Vater waren tot, ebenso die Großmutter. Die Kinder lebten bei ihrer 30-jährigen, unverheirateten Tante, die noch ein eigenes Kind hatte, in einem Haus, das weder Strom noch fließendes Wasser hatte. Die Zeitschrift berichtete, dies sei nur eine von 107 ähnlichen Familien aus verwaisten Kindern allein in den Townships von Marondera.

Und so kam es, dass mir dort, am Ende der Welt, eine der bedeutendsten Geschichten unserer Tage in den Schoß fiel, die Geschichte einer ganzen Generation verlassener, sterbender Kinder, die ich noch dazu bis ins Letzte kannte. Ich saß an der Quelle, hatte alle nötigen Informationen, ich war mit dem Alltag in den Waisenhäusern, mit dem Kern der Problematik vertraut und verfügte über Einzelheiten, die keiner meiner Kollegen wissen konnte. Und dennoch belegen die Daten, dass ich nicht einen einzigen Artikel zu diesem Thema verfasst habe. Ich ging auf Tauchstation und verhielt mich ruhig.

Tatsache war, dass mein Herz nicht all den Millionen von Kindern auf dem Kontinent gehörte – es gehörte nur einem von ihnen. Ich brauchte immer noch die Genehmigung der Ministerin für Gesellschaft, Arbeit und Soziales, Florence Chitauro, um Chipo offiziell adoptieren zu können. Und ich hätte keinen Artikel über die Waisenproblematik in Simbabwe schreiben können, ohne damit implizit oder explizit auch Florence Chitauros Ministerium und die Regierung, der sie angehörte, zu kritisieren. Ein solcher Artikel wäre ein rotes Tuch für genau die Leute gewesen, die über unseren Adoptionsantrag zu entscheiden hatten, und ich wusste nur allzu gut, dass auch der kleinste Fehltritt ohne weiteres dazu führen konnte, dass Chipo zurück ins Waisenhaus musste.

Vielleicht hätte ich Artikel schreiben können, die allein durch ihre genaue Berichterstattung und ihren Detailreichtum unabhängige Hilfsorganisationen und Privatleute dazu angeregt hätten, zu helfen und damit vielen Kindern das Leben zu retten. Ich hätte darlegen können, wie sich die Regierungsentscheidung, mehrere zehn Millionen Dollar auszugeben, um Truppen in den Bürgerkrieg eines anderen Landes zu entsenden, auf die Waisenkinder im eigenen Land ausgewirkt hatte – solche realistischen Reportagen waren eigentlich genau meine Kragenweite. Aber das alles hatte keinen Sinn, wenn es zugleich das Leben des einen Kindes gefährdete, das mir mehr bedeutete als all die anderen. Ich hatte gegen eine der obersten Regeln des journalistischen Moralkodex verstoßen: Lass dich niemals persönlich in einen Sachverhalt verwickeln, über den du berichten sollst. Ich schleuderte mein Notebook in die Luft. Jetzt war es zu spät, um noch etwas zu unternehmen.

Und während die Waisenhäuser bis zum Bersten gefüllt waren und das Land auseinander zu brechen drohte, schrieb ich einen Artikel über Elefantenwilderer.

Dann schickte ich meine Kündigung auf den Weg, versah meinen Jeep mit vier neuen Reifen und verkaufte ihn für einen Apfel und ein Ei an meinen Freund Nevio Prandini. Ich traf Vorbereitungen für eine Reise nach Nigeria, um ein letztes Mal über einen charismatischen, jungen

Yoruba-Separatistenführer zu berichten, der von der Polizei gesucht wurde. Ich wollte eine Woche lang mit ihm durch Lagos fahren, dann zurückkommen und meinen Job aufgeben.

Eine Zeit lang schien die Adoption problemlos voranzugehen. Die Behörde hatte sechs Monate gebraucht, um uns als Pflegeeltern zu akzeptieren, und dann weitere zehn Monate, um unsere Unterlagen in den nächsten Flur und in ein anderes Büro weiterzureichen. Mrs Tsiga dagegen hatte ihren Bericht in nur 23 Tagen fertig gestellt. Sie schickte ihn an Tony Mtero, den Leiter der Behörde, und der unterzeichnete ihn nach weiteren vier Tagen. Er reichte den Bericht weiter an Mr Soko, den Bezirksvorsteher, der ihn drei Tage später unterschrieben hatte.

Dann verschwand er in den Tiefen des Staatsministeriums, das im Compensation House, einem schmucklosen Gebäude in der Innenstadt, untergebracht war. Es war zehn Tage vor Weihnachten.

Jeden Morgen fuhr ich hin, in Anzug und Krawatte, und versuchte, mit jedem zu reden, der bereit war, mir zuzuhören. Dummerweise erstreckte sich das Ministerium über mehrere Etagen und unterschiedliche Flügel des Gebäudes. Ich hatte keine Ahnung, welcher Mitarbeiter in welcher Abteilung arbeitete oder wer die Unterlagen letztlich der Ministerin vorlegte. Mrs Tsiga wusste es auch nicht; sie bearbeitete so selten Adoptionsanträge von Ausländern, dass sie mit den Vorgängen nicht recht vertraut war. Und so kam unsere wilde Fahrt wieder zum Stillstand.

Jeder Lobbyist auf dem Capitol Hill hätte in einer solchen Lage verzweifelt zur Whiskeyflasche gegriffen: Der Termin für die Verabschiedung einer entscheidenden Gesetzesvorlage rückt näher, und man hat keinerlei Einflussmöglichkeiten. Immerhin gelang es mir herauszufinden, dass eine gewisse Mrs Dhlembrewu im Ministerium für die Adoptionsfälle zuständig war. Einmal wartete ich sechs Stunden lang darauf, die Assistentin ihrer persönlichen Assistentin zu sprechen. Ohne Erfolg. Am nächsten Tag ging ich mit Vita noch einmal hin und ergatterte eine kurze Audienz bei einem anderen Assistenten. Der Mann erklärte uns höflich, dass er über unseren Fall nicht informiert sei.

Dann musste ich nach Nigeria aufbrechen, und Vita ging ein paar Tage später wieder hin. Sie umging die Assistentin der Assistentin und machte sich ganz einfach direkt auf den Weg in Mrs Dhlembrewus Büro. Die Dame war erstaunt, eine Mutter in ihrem Warteraum vorzufinden, erklärte sich aber bereit, Vita ein paar Minuten ihrer Zeit zu schenken. Vita erklärte ihr unsere Situation und verzichtete dabei taktvoll auf den Hinweis, dass ich den Status eines Staatsfeindes hatte. Doch Mrs Dhlembrewu wurde trotzdem wütend.

»Ich habe Ihre Akte nie zu Gesicht bekommen, und ich schätze es überhaupt nicht, wenn die Sozialarbeiter von uns erwarten, dass wir Wunder vollbringen«, sagte sie. »Schicken Sie jemanden vorbei, der mir die Sache erklärt.«

Vita kehrte eilig nach Hause zurück und versuchte verzweifelt, Mrs Tsiga, Mr Soko oder sonst jemanden zu erreichen. Doch niemand war da. Zwei Tage in Folge versuchte sie, einen der beiden im Büro zu erwischen, doch sie hatte kein Glück.

Unterdessen kam ich in Nigeria auch nicht recht vom Fleck, weil ich zwei Mal am Tag zu Hause anrief, und ich war sehr erleichtert, als ich a) nicht erschossen oder zusammen mit meinem jungen Separatistenführer verhaftet wurde und b) endlich den Artikel fertig hatte und nach Hause fliegen konnte. Allerdings war ich recht nervös an diesem Abend, als ich in das Flugzeug der Kenya Airways stieg, denn ich hatte inzwischen eine gewisse Flugangst entwickelt. Meine Nerven waren zerrüttet, und ich hatte ein anhaltend ungutes Gefühl, wie eine Vorahnung, dass ich wenige Tage vor Ende meiner Korrespondententätigkeit noch bei einem Flugzeugabsturz ums Leben kommen würde. Natürlich erzählte ich niemandem von diesem Unfug, doch die Angst machte mir bereits seit Monaten zu schaffen.

Als ich mit dem freien Fotografen Malcolm Linton in Sierra Leone war, sollten wir mit einer winzigen Turbopropmaschine nach Liberia fliehen. Ein schweres Gewitter zog auf. Ich stand auf der Startbahn, verfluchte mich selbst für meine Angst und wurde bis auf die Knochen nass, bis Malcolm mir schließlich zurief: »Willst du etwa lieber hin*fahren?*« Bei dem Gedanken an matschige, unpassierbare Straßen und mit Macheten bewaffnete Rebellen stieg ich dann doch ins Flugzeug.

Aber ich hatte trotzdem Angst, und schließlich wurde es so schlimm, dass ich einen Flug verfallen ließ, den Malcolm und ich innerhalb von Nigeria gebucht hatten. Die Tickets hatten je 130 Dollar gekostet, und der Betrag konnte nicht erstattet werden. Aber diese Ausgabe war mir in dem Moment lieber als das Fliegen.

Der Nachtflug nach Nairobi, von wo aus ich einen Anschlussflug nach Harare nehmen sollte, verlief ereignislos. Doch als das Fahrgestell bereits ausgefahren war und wir zwischen den Regenwolken hindurch zum Landeanflug auf den Jomo Kenyatta International Airport ansetzten, wäre ich vor Schreck fast aus dem Sitz gesprungen. Wir befanden uns vielleicht 60 Meter über der Landebahn, aber wir flogen quer darüber. Der Pilot zog die Maschine hoch, und wir verschwanden wieder zwischen den Wolken. Wir verbrachten 15 Minuten in einer Art Warteschleife, dann befanden wir uns wieder im Sinkflug, sanken und sanken, bis wir schließlich die Wolken hinter uns ließen und die Landebahn sehen konnten – aus derselben verschobenen Perspektive wie zuvor. Also wieder zurück nach oben und wieder nach unten. Inzwischen waren alle Passagiere hellwach und starrten wie gebannt aus den Fenstern, und so konnten wir alle den dritten scheiternden Versuch beobachten, als das Flugzeug zwischen den Wolken hervorkam.

Der Pilot zog das Flugzeug erneut nach oben. Während wir noch durch die Turbulenzen hindurchrumpelten, ließ er uns wissen, dass wir gerade genug Treibstoff hätten, um nach Mombasa an der kenianischen Küste zu fliegen. Eine Stunde später landeten wir dort bei strahlendem Sonnenschein. Die Maschine wurde aufgetankt. Inzwischen war mein ganzer Körper bis in die Zehenspitzen hinein von nervösen Zuckungen befallen. Dann waren wir wieder in der Luft, flogen über den Kilimandscharo und dann nach unten, noch einmal durch die Wolken hindurch, wo wir schließlich doch auf einer sehr nassen Landebahn aufsetzten. Die Passagiere klatschten erleichtert Beifall, als das Flugzeug endlich zum Stehen gekommen war.

Eine Anmerkung noch zu dieser Geschichte: Die

kleine Flotte von Kenyan Airways flog die Strecke von Nairobi nach Lagos und zurück nur zwei Mal in der Woche. Zwei Monate später stürzte ein Flugzeug auf dem Weg nach Lagos über dem Atlantik ab; fast alle an Bord kamen zu Tode. Ich weiß natürlich nicht, ob es dasselbe Flugzeug und dieselbe Crew war wie bei meinem Flug, aber es war immerhin dieselbe Flugnummer, und so war das nicht ganz unwahrscheinlich. Ich sah mir im Fernsehen an, wie das Wrack geborgen wurde, sah die Trümmer des Flugzeugs auf den Wellen treiben und fragte mich, ob mein mulmiges Gefühl damals tatsächlich so albern gewesen war, wie ich gedacht hatte.

Arztbesuche, weitere Sozialberichte, weitere Fingerabdrücke, Visa, all die Dinge, die für Chipos amerikanische Adoptionsurkunde und den Antrag auf die amerikanische Staatsbürgerschaft nötig waren: In den ersten, verrückten Wochen des neuen Jahres taten wir kaum etwas anderes. Und im Grunde kam uns alles ganz einfach vor.

»Man weiß, dass es wirklich schlimm war«, bemerkte Vita, »wenn einem die Einwanderungs- und Einbürgerungsbehörde plötzlich wie ein Spaziergang vorkommt.«

Sie durchblätterte gerade einen Stapel Papiere von der amerikanischen Botschaft, die uns erklärten, was für Unterlagen wir brauchen würden. Die meisten Dokumente hatten wir bereits zur Hand. Aber die Botschaft in Harare war klein und konnte sich nicht mit den Adoptionsanträgen amerikanischer Bürger befassen. Die entsprechende Abteilung befand sich in der regionalen Hauptstelle in Nairobi – aber nein, stellte sich heraus, dort herrschte immer noch Chaos wegen der Bombenanschläge. Die Abteilung war provisorisch nach Johannesburg verlegt worden.

Wir flogen hin, ließen unsere Fingerabdrücke nehmen, damit das FBI die obligatorischen Kontrollen durchführen konnte, füllten einen Stapel Formulare aus und flogen wieder zurück. Dann ging Vita mit Chipo zu Dr. Paruch, um ihren Gesundheitszustand prüfen zu lassen – wir hatten zwar schon eine entsprechende Erklärung von Dr. Paz, doch er stand nicht auf der Liste der von der Botschaft zugelassenen Ärzte, deshalb war eine weitere Untersuchung nötig. Dr. Paruch setzte Chipo vor sich auf den Untersuchungstisch. Er befühlte sie, tastete sie ab, horchte sie ab. Die Lungen waren frei, Herz, Seh- und Hörvermögen, Sprachentwicklung und Zähne waren vollkommen in Ordnung.

Er nahm einen Stift und begann, das Formular auszufüllen. In das Feld für »Rasse« schrieb er ein »A«, und Vita musste eine Weile nachdenken, bis sie darauf kam, dass das »afrikanisch« heißen sollte.

»Ist das Kind wohlgenährt?«, wollte das Formular weiter wissen.

Der Arzt stupste Chipo spielerisch in den Bauch, und sein Finger verschwand in ihrem Buddhabäuchlein, als wäre sie das Knack-und-Back-Männchen. Sie fing an zu lachen und beugte sich seiner Hand entgegen. Dann sah sie ihn erwartungsvoll an und wartete darauf, dass er das noch einmal machte.

»Ausgesprochen wohlgenährt«, notierte er auf dem Formular.

Mitte Januar kamen die Umzugsarbeiter und stellten unser ganzes Haus auf den Kopf. Sie waren so langsam, dass sie vier Tage brauchten, um die Hauseinrichtung von zwei Menschen zusammenzupacken. Am letzten Tag brachten sie zwei weitere Männer mit, um das Ganze zu Ende zu bringen. Sie fingen um sieben Uhr morgens an, und als es dunkel wurde, waren sie immer noch nicht fertig. Wir hängten Lampen in der Auffahrt auf, um die Nummern auf den Kisten lesen zu können, die sie in den Laster luden. Die Firma stellte ihren Arbeitern keine Verpflegung zur Verfügung; es wurde von ihnen erwartet, dass sie von Tagesanbruch bis spät in die Nacht arbeiteten und dabei nur das aßen, was sie sich zum Mittagessen mitgebracht hatten. Also ging ich zu Nando's, einer Fastfood-Kette, und kehrte mit 19 Portionen Hähnchen zurück. Wir setzten uns alle in die Auffahrt, aßen mit den Fingern, standen dann wieder auf und arbeiteten weiter. Als schließlich alles fertig war, war es bereits Mitternacht.

Am nächsten Morgen erwachten wir in einem Haus, das bis auf die paar Möbel, die der Vermieter uns dagelassen hatte, völlig leer war. Nichts hing mehr an den Wänden, nichts stand mehr in den Regalen. Es hallte in den Zimmern, wenn wir sprachen.

Das Abflugdatum auf unseren Flugtickets verstrich. Wir verschoben die Abreise um eine Woche, doch auch dieser Termin verstrich.

Ich war arbeitslos, zumindest so lange, bis ich in Washington war. Vita durfte nach den simbabwischen Einreisebestimmungen drei Jahre lang nicht arbeiten, und ich hatte im Jahr zuvor zudem noch drei Monate freiwillig auf meinen Gehaltsscheck verzichtet. Wir hatten keine Reserven mehr, also fingen wir an, uns mit dem Gedanken vertraut zu machen, dass Chipo und Vita bei Bill und Dumisille bleiben würden. Es ließ sich nicht sagen, wann die Adoption genehmigt werden würde, wenn sie überhaupt jemals genehmigt wurde. Die Parlamentswahlen sollten in zwei Monaten stattfinden.

»Wir wussten doch, dass das passieren kann«, sagte ich eines Abends zu Vita und bemühte mich dabei, es wie eine Kleinigkeit klingen zu lassen. »Falls etwas schief geht, weiß kein Mensch, wo ihr seid. Und sobald wir einen Anhörungstermin für die Adoption haben, komme ich mit dem nächsten Flug.«

Am nächsten Nachmittag, vier Tage, bevor ich das Land verlassen sollte, startete ich einen allerletzten Versuch. Ich fuhr noch einmal zu Margaret Tsiga. Wir unterhielten uns anderthalb Stunden lang, über Familie, Kinder und ein paar ihrer Fälle, die Regenzeit und die Probleme mit der Regierung. Es wurde immer später; alle anderen waren schon fort. Ich hatte bis dahin immer Mrs Tsiga zu ihr gesagt, und sie hatte mir nie eine andere Anrede angeboten.

Doch jetzt sagte ich: »Margaret. Wir müssen weg aus Simbabwe. Ich habe keine Arbeit mehr, und mir geht das Geld aus. Ich muss mein Kind jetzt haben.«

»Ich weiß«, erwiderte sie mit einem Seufzer. »Kommen Sie morgen um acht Uhr zu mir.«

Ich machte mir keine großen Hoffnungen. Ich kehrte nach Hause zurück und erzählte Vita, dass ich einen weiteren Tag damit verschwenden würde, in Compensation House herumzusitzen, dann ging ich schlafen.

Am nächsten Morgen hielten Margaret und ich in einer Parklücke auf der Straße vor dem Ministerium. Sie trug ein äußerst elegantes Kleid, und ich war wieder in Anzug und Krawatte. Als ich aus dem Wagen steigen wollte, sagte sie: »Nein, nein. Sie wären nur im Weg.«

Also blieb ich auf dem Fahrersitz sitzen. Ich ließ die

Tür offen stehen und ein Bein nach draußen baumeln. Ich las die Morgenzeitung, stand auf und streckte mich, ging ein paar Schritte und setzte mich dann unter einen Baum auf dem Bürgersteig. Zehn Straßenverkäufer versuchten, mir nachgemachte Golduhren zu billigen Preisen zu verhökern. Ich kaufte mir eine Cola und setzte mich wieder ins Auto.

Die Sonne stieg höher am Himmel. Ich angelte mir einen Roman vom Rücksitz. Aus den Bürogebäuden ringsum strömten die Angestellten; es war auf einmal Mittagszeit. Ich döste gerade in der Nachmittagshitze und schwitzte mein gestärktes Hemd durch, als plötzlich die Beifahrertür geöffnet wurde und Margaret in den Wagen stieg. Sie machte ein ernstes Gesicht.

»Und, waren wir erfolgreich?«

»Nicht sehr.«

»Nicht?«

»Nein.«

Sie klappte einen Ordner auf.

»Ich fürchte«, fuhr sie fort, blickte auf das Blatt, das vor ihr lag, und gab sich redliche Mühe, ihre Mundwinkel weiterhin nach unten zeigen zu lassen, »wir haben erst morgen früh um acht einen Gerichtstermin bekommen. Vielleicht auch erst um acht Uhr dreißig. Ob Sie wohl noch so lange hier bei uns in Simbabwe bleiben können?« Und dann lächelte sie, lachte das Lachen eines Schulmädchens und streckte mir die ministeriale Sondergenehmigung entgegen. Es war nur ein Blatt Papier, unterschrieben, gestempelt und beglaubigt.

Ich nahm es in die Hand, als wäre es der Heilige Gral, den man endlich gefunden hatte. Mit der Zustimmung der Ministerin würde die Anhörung vor Gericht eine Angelegenheit von einer Viertelstunde sein. Ich fragte mich, was wohl die angemessene Verhaltensweise in einer solchen Situation sein mochte. Es war tatsächlich ein feierlicher Augenblick, wie er sich in meinem Leben sicher nicht wiederholen würde. Die Überlieferung besagt, dass ich schließlich einen lauten Jubelschrei ausstieß und meiner Sozialarbeiterin einen dicken Kuss auf die Wange drückte.

Sie schien nichts dagegen zu haben.

Am nächsten Tag brachten wir die Anhörung in null komma nichts hinter uns. Dann begleitete Margaret uns aufs städtische Standesamt, wo wir eine neue Geburtsurkunde bekommen sollten, und führte uns ganz einfach an der Schlange von Leuten vorbei, die sich vom Empfang bis hinaus auf die Eingangsstufen zog. Sie öffnete die Tür zu einem Zimmer im hinteren Teil des Gebäudes, und wir folgten ihr zwischen Reihen hoher Regale hindurch, die allesamt mit Aktenordnern voll gestopft waren, bogen um eine Ecke, gingen durch eine weitere Tür in ein Büro, und dort saß die Standesbeamtin persönlich. Es war der letzte Schritt, und plötzlich hatte ich feuchte Hände. Margaret sprach auf Shona mit ihr, und die Frau – ich habe nie erfahren, wie sie heißt – nickte freundlich. Sie reichte mir ein Formular, den Antrag für die neue Geburtsurkunde. Ich trug das Datum und alle weiteren Informationen ein, doch als ich zu der Zeile kam, in der der Name des Kindes stehen sollte, hielt ich inne. Meine Handschrift ist so ungelenk wie die eines Fünftklässlers, und so sollte Chipos Name bei seiner ersten Niederschrift nicht aussehen.

»Mach du das«, sagte ich und schob Vita das Formular hin.

Sie verdrehte die Augen. »Manchmal«, sagte sie, »bist du wirklich ein komischer Kauz.«

Sie beugte sich vor und schrieb rasch den Namen in die Zeile: »Chipo Katherine Tucker«. Der zweite Vorname war eine Mischung aus Vitas Schwester Kathie und Catherine, dem Vornamen meiner Großmutter mütterlicherseits, deren Nachnamen ich als Vornamen trage.

Dann war alles ausgefüllt, gestempelt, und man überreichte uns das fertige Dokument. Ich nahm es in die Hand, gab Vita einen Kuss und schaute auf Chipo herunter.

Sie schlief in den Armen ihrer Mutter und nuckelte friedlich an drei Fingern, genau wie an dem Tag, als wir sie zum ersten Mal gesehen hatten.

Es ist wirklich eigenartig, wie sich manchmal ein ganzes Leben auf einen einzigen Augenblick konzentrieren kann, den niemand sonst auf der Welt bedeutend findet. So war es an diesem Abend für uns. Vita ließ die Sektkorken knallen, und wir lachten, umarmten uns, jubelten und drehten die Stereoanlage laut auf: Al Green, Barry White und Marvin Gaye, Partymusik der alten Schule. Wir tanzten und feierten ausgelassen mit einer Hand voll Freunde in unserem leeren Haus, weil die Freude ein Geschenk ist, das man nicht vergeuden darf, und weil ein Feuer in unseren Herzen glühte. Und als ich mit Chipo nach draußen ging, war es, als würden die Sterne glühen und alle Geheimnisse der Welt schimmernd über den nächtlichen Himmel ziehen, wie ein unsichtbarer Fluss des Glücks, der über uns dahinfloss und uns alle umgab.

»Schau, Baby«, sagte ich leise, wie in Trance, und deutete zum Himmel hinauf. »Schau, die Sterne.«

Epilog

Am Ende sind von uns nur noch Geschichten übrig; wir sind nichts als die wenigen Erzählungen, die bleiben.

Salaman Rushdie, Des Mauren Letzter Seufzer

Die politische Krise, die sich in Simbabwe zusammengebraut hatte, erreichte ihren Höhepunkt acht Tage, nachdem wir das Land verlassen hatten.

Mugabe erlitt bei den Wahlen eine beschämende Niederlage, und sein Antrag auf eine neue Verfassung wurde abgelehnt. Er hatte erwartet, dass seine Landsleute ihm die Macht verleihen würden, den weißen Farmern nach Gutdünken ihr Land wegzunehmen – und damit, wie er sagte, den Unabhängigkeitskrieg zum Abschluss zu bringen.

Doch obwohl die Simbabwer auf kaum 20 Jahre Erfahrung mit einer Art Demokratie zurückblicken konnten, hatten sie doch bereits in Ansätzen begriffen, was politische Reife bedeutete. Und sie wollten diesem alten Alleinherrscher, der mit seiner jungen Frau zum Einkaufen in Städte flog, die sie allenfalls aus der Zeitung kannten, nun wirklich nicht auch noch die Macht verleihen,

Leuten, die ihm nicht gefielen, das Land wegzunehmen. Als Nächstes konnte es sie ja durchaus selbst treffen.

Also gingen sie in die Wahllokale und sagten dem Vater der Nation, er solle sich zum Teufel scheren. 55 Prozent lehnten die neue Verfassung ab, 45 Prozent stimmten dafür. Auf den Straßen von Harare wurde der Wahlerfolg mit einem Hupkonzert gefeiert.

Mugabe war fuchsteufelswild.

Kaum zwei Wochen später begannen seine Anhänger, Hunderte von Farmen zu stürmen; sie prügelten und töteten ihre politischen Gegner – ein paar davon waren Weiße, doch die allermeisten Schwarze. Sie plünderten Fabriken und griffen jeden an, der die ZANU-PF nicht aktiv unterstützte. Doch das schien nichts zu nützen. Mugabe unterlag auch in den Parlamentswahlen, und der Emporkömmling MDC erhielt fast die Hälfte aller Sitze – ein bemerkenswertes Ergebnis für eine Partei, die gerade einmal seit acht Monaten existierte. Diesmal waren die gewalttätigen Ausschreitungen noch heftiger: Morde, tätliche Angriffe, Einschüchterungsversuche und Aberkennung des Wahlrechts. Und als die ZANU-PF beim nächsten Mal Stimmen auszählte, diesmal bei den Präsidentschaftswahlen, ging Mugabe als klarer Sieger daraus hervor.

Die Gewalt richtete sich vor allem gegen Journalisten. Die Druckerei der DAILY NEWS, einer neuen, unabhängigen Zeitung, fiel schon kurze Zeit nach unserer Abreise einem Brandbombenanschlag zum Opfer. Die Regierung gab bekannt, dass die Schuldigen wohl unter den ausländischen Journalisten zu suchen seien, denn die seien »verdächtig rasch« am Tatort gewesen. Ein Fotograf, der für Associated Press arbeitete, wurde vorübergehend festgenommen. Am Tag nach dem Bombenanschlag rief mich Ann Simmons, meine frühere Reisegefährtin, aus Harare an.

»Du machst dir keine Vorstellung davon, wie hart die Polizei vorgeht«, sagte sie. »Hier hat sich alles so verändert …« Dann war plötzlich die Leitung unterbrochen.

Ich saß in meinem Büro bei der POST, betrachtete den Hörer in meiner Hand und musste an meine angezapfte Telefonleitung in Harare denken. *Ach was*, dachte ich dann und rief sie in ihrem Hotel zurück. Die Rezeption stellte das Gespräch auf ihr Zimmer durch, und gleich darauf meldete sich eine lachende Ann. »Aber eigentlich ist die Lage hier schon ziemlich ernst«, sagte sie. »Die sind hinter uns Journalisten her wie …« Und die Leitung brach ein zweites Mal zusammen.

Mein Freund Rob Cooper, der Fotograf, wurde angegriffen, als er mit einigen weiteren Journalisten von einer Farmbesetzung berichten wollte. Ein paar Männer waren auf sie zugekommen und hatten ihnen befohlen, sich auf den Boden zu legen; dann hatten sie die Kameras zerstört und mit stählernen Telefonkabeln auf die Journalisten eingeschlagen. Rob schickte mir ein Foto von seinem Rücken. Die ganze Haut hing in Fetzen, und Dutzende von Wunden zogen sich vom Nacken bis zum Hintern.

Joe Winter, der BBC-Korrespondent in Harare, wachte eines Nachts davon auf, dass eine Bande von Männern versuchte, seine Tür aufzubrechen. Geistesgegenwärtig rief Joe, während seine Frau mit dem Baby neben ihm kauerte, sämtliche Fotografen an, die er kannte. Minuten später waren sie da, postierten sich an seinem Gartentor und erleuchteten den Schauplatz mit einem wahren Blitzlichtgewitter. Die Angreifer flohen, weil sie fürchteten, erkannt zu werden, und Joe und seine Familie wurden im britischen Hochkommissariat in Sicherheit gebracht. Sie verließen das Land gleich am nächsten Morgen.

Als sich unsere Abreise aus Simbabwe zum ersten Mal jährte, war die Anzahl der Todesopfer in der Opposition auf 41 angestiegen, und bis auf fünf waren alle Schwarze. Innerhalb derselben Zeitspanne stellten mehr als 400 Fabriken den Betrieb ein; über 10 000 Menschen verloren ihre Arbeitsstellen, die Arbeitslosenquote stieg auf 50 Prozent und die Inflationsrate auf über 60 Prozent. Die Landwirtschaftsproduktion nahm so schweren Schaden, dass das Land internationale Unterstützung anfordern musste, um die Bevölkerung zu ernähren, und das World Food Program warnte vor einer drohenden Hungersnot.

Und fast auf den Tag genau ein Jahr nach unserer Abreise setzte das Informationsministerium eine neue Politik durch, die es ausländischen Korrespondenten verbot, in Simbabwe zu leben oder auch nur dort zu arbeiten. Ausländische Journalisten, die das Land besuchen wollten, mussten Monate im Voraus einen Antrag stellen. Dann konnte es sein, dass sie die Erlaubnis erhielten, für fünf Tage einzureisen; die Einreise konnte ihnen allerdings auch verweigert werden.

Wenn ich diese Berichte vom anderen Ende der Welt las, wunderte ich mich oft darüber, wie knapp wir daran vorbeigekommen waren, dass alles über uns zusammenbrach. Ich glaube, uns wären wohl kaum noch zwei Wochen geblieben – und auf keinen Fall weitere zwölf Monate.

Nachdem ich in der POST einen langen Artikel über Chipos Leidensweg veröffentlicht hatte, bekamen Vita und ich Briefe, Anrufe und E-Mails von mehr als 200 Menschen aus fünf verschiedenen Ländern und drei Kontinenten, die uns fragten, wie man weitere Kinder adoptieren oder das Chinyaradzo Children's Home unterstützen könne, oder die uns einfach nur mitteilen wollten, wie sehr die Geschichte sie bewegt hatte. Ein Pfarrer aus Baltimore machte uns sogar zum Gegenstand seiner Predigt. Das amüsierte mich ein wenig; schließlich hatte ich lange als das in religiöser Hinsicht schwarze Schaf einer Familie gegolten, zu deren Mitgliedern eine Kirchenmusikerin – meine Mutter – und eine ehemalige Seminaristin mit einem Universitätsabschluss in Befreiungstheologie – Vita – zählten. Und mir waren im Grunde auch die direkteren Nachrichten lieber, wie diese Notiz eines Fernsehmanagers aus Frankreich: »Ein Bravo für Chipo!«

Darüber musste ich herzlich lachen. Dennoch haben mir diese Briefe von Fremden, so herzlich sie auch waren, nur wenig Trost gespendet. Manchmal schleiche ich mich nachts in Chipos Zimmer und lausche dem Wunder ihrer Atemzüge, leicht und regelmäßig in der Dunkelheit. Und während sie atmet, höre ich manchmal ein Geräusch, das es gar nicht gibt: das Schweigen der toten Kinder, die wir hätten retten können, Robert vielleicht oder Ferai, wenn ich damals nicht so sehr auf meine Reisen konzentriert gewesen wäre. Wir haben die anderen ihrem Schicksal überlassen.

Allein dieser letzte Gedanke ist kaum zu ertragen, aber vielleicht war es ja eine Art erforderliche Auslese. Ich glaube sogar, dass sich das Ganze durch den Verlauf der Ereignisse als absolut unvermeidbar erwiesen hat. Doch damals hätte ich niemals ahnen können, welches Gewicht unsere Handlungsweise im Lauf der Zeit noch bekommen würde. Meine Tochter lebt weiter, während so viele andere gestorben sind, und ihre Schönheit wird umso wertvoller durch das Fehlen der anderen Kinder, die im Waisenhaus gestorben, die in Simbabwe und im ganzen Kontinent zu Tausenden und Abertausenden der Epidemie erlegen sind. Ich spüre immer noch das geisterhafte Gewicht von Ferais bald schon totem Körper auf meinem Arm, ich höre das Geräusch, das entstand, als sich mein Fuß in Ruanda im Rippenbogen eines Kindes verfing, und ich spüre die Hitze und den Staub dieser Tage, wann immer ich mich in Gedanken verliere.

Inzwischen leben wir in einer hübschen, baumbestandenen Straße in der amerikanischen Hauptstadt. Nach unserer Rückkehr wollte Vita sich eine neue Stelle als Anwaltsassistentin und wissenschaftliche Bibliothekarin suchen. Doch nachdem sie es ein Jahr lang bei verschiedenen Anwaltskanzleien versucht hatte, kam ihr die Arbeit nach den Erfahrungen im Waisenhaus zu eintönig vor. Und so wechselte sie im Alter von 48 Jahren noch einmal den Beruf. Inzwischen koordiniert sie Projekte in Ostafrika für World Vision, die Wohltätigkeitsorganisation, die auch Freiwillige ins Chinyaradzo geschickt hat. Vita konzentriert sich dort vor allem auf die Probleme von Kindern.

Miss Chipo ist eine redselige, temperamentvolle Fünfjährige mit Dreadlocks. Wenn man sie fragt, teilt sie einem bereitwillig mit, sie sei schon ein großes Mädchen und außerdem eine Prinzessin oder ein hübsches Mädchen aus Afrika – das hängt ganz von ihrer jeweiligen Stimmung ab. Sie besucht gern ihre Cousinen in Detroit und Chicago, und ganz besonders freut sie sich auf die Woche, die sie jeden Sommer allein bei ihren Großeltern in Mississippi verbringt. Mein Vater hat sich schließlich doch von seinen Verbrennungen erholt und betet seine Enkelin an.

Ich bin immer noch bei der POST und arbeite gerade an einer Serie von Artikeln über ehemalige Strafgefangene. Ins Ausland reise ich nicht mehr.

Seit wir wieder Teil des schnellen amerikanischen Lebens sind, rauschen die Monate nur so an uns vorbei, und die Tage wandern in die Vergangenheit wie Andenken in ein verblasstes Album, wo man sie dann irgendwann einmal wiederfindet. Wir gehen ins Einkaufszentrum, in die Kirche, in den Park, eine ganz normale Familie unter vielen anderen. Ich hatte gehofft, dass in dieser äußerst amerikanischen Umgebung mit ihren Kinos, Geschäften und hell erleuchteten Restaurants die verstörenden Bilder aus jener Zeit vielleicht verblassen würden, doch das ist keineswegs immer der Fall. Manchmal, mitten in der Nacht, kommt es mir vor, als hätte ich eine nervöse Unruhe in mir. Dann streife ich zwei Stunden lang ziel- und ruhelos durchs Haus, setze mich schließlich auf die Stufen vor unserer Haustür und schaue den vorbeifahrenden Autos zu. Ich sehe die Bilder oft so klar, so schmerzlich klar vor mir, dass die Zeit stillzustehen scheint und ich jede Einzelheit betrachten kann wie ein Standbild. Ich sehe John Mungai in seinem dreiteiligen Anzug, wie er darauf wartet, dass die Überreste seiner Tochter unter den Trümmern von Ufundi House geborgen werden. Ich sehe das tote kleine Mädchen in Sarajewo, das noch einmal, diesmal wie in Zeitlupe, aus dem Wagen gehoben wird; das Sonnenlicht reflektiert von seiner bloßen Haut. Ich sehe den trüben Nachmittag in derselben Stadt, einige Zeit später, gegen Ende des Krieges, als ich bei Alija Hodzic war, dem Busfahrer, der sich freiwillig dafür gemeldet hatte, während des Krieges die Aufsicht über die Leichenhalle zu übernehmen – weil es niemand sonst tun wollte und weil sein muslimischer Glaube ihm sagte, dass jedem Menschen ein würdiges Begräbnis gebührt. So arbeitete er vier Jahre lang in der Leichenhalle, umgeben von Würmern, Formaldehyd und Scharfschützen, und als Lohn für seinen unerschütterlichen Glauben kam er eines Nachmittags zur Arbeit und fand seinen Sohn dort vor, der tot auf dem Boden lag und auf einen Sarg wartete. Er war durch Granatsplitter getötet worden. An einem trüben Wintertag führte Alija mich auf den Friedhof, gleich am Hang unterhalb des Krankenhauses. Wir gingen zwischen den Gräbern hindurch, und schließlich blieb er vor einem flachen, hölzernen Grabmal stehen, kniete sich hin und fuhr mit den Fingern über die Inschrift. Dann weinte er hemmungslos, tiefe, keuchende Schluchzer, die seinen ganzen Körper schüttelten. Ich hatte bis dahin noch nie erlebt, dass ein erwachsener Mann so tiefes Leid ausdrückte, und während der kalte Wind in Böen über das offene Feld hinweg blies, wusste ich nicht recht, wohin mit meinen Händen, und starrte zu Boden.

Ich sehe diese Bilder, die sich zwar nicht in die Geschichte, aber doch in meine Erinnerung eingegraben haben; und ich glaube, heute kann ich John Mungai und Alija Hodzic verstehen. Es war nicht nur der schmerzliche Verlust, der sie quälte. Es war die Liebe zu ihren Kindern, die sie immer noch in sich trugen und die nun nirgendwo mehr hinkonnte.

Doch je mehr Zeit vergeht, desto seltener suchen mich die Bilder heim, und die Depressionen, die mich befallen, sind inzwischen eigentlich nur noch Anfälle von Melancholie, eine Welle von Dunkelheit, die mich bisweilen überflutet, wenn sich an einem Sommerabend die Nacht vom Himmel senkt und die Welt ruhig und weit entfernt erscheint. Alles in allem bin ich wohl doch der glücklichste Mann, den ich kenne.

Manchmal sitze ich in der Kirche und höre zu, wie Vita zusammen mit den anderen Mitgliedern des Chors »Just a Closer Walk with Thee« oder »It Was a Great Thing« singt, und dann treibe ich auf den Stimmen, der Orgelmusik und den Trommeln dahin und fühle mich – ich kann es nicht anders ausdrücken – in einem Zustand der Gnade.

Deshalb reißt mich auch heute, an diesem Sonntag, ein Geräusch aus meiner Träumerei: Meine Tochter kommt durch die Hintertür hinaus in unseren kleinen Garten. Ihre Mutter ist in der Küche und hat gerade das Licht über der Spüle eingeschaltet, direkt vor dem Fenster, ein heller Schein in der einbrechenden Dunkelheit. Ich sehe, dass sie kocht; sie ist ganz auf den Herd konzentriert.

Ich stehe auf und hebe Chipo hoch, dann werfe ich sie spielerisch in die Luft, ein beliebtes Spiel zwischen Vater und Tochter, und höre, wie sich ihr Lachen über mich ergießt wie ein warmer Sommerregen. Ich werfe sie hoch, hoch hinauf zwischen die Schatten der Bäume. Ihr kleiner Körper hebt sich vor dem dämmrigen Himmel ab, ein Bild, das sich in mein Gedächtnis gräbt, und dann fällt sie, fällt herab in meine Arme, glücklich, warm und geborgen, und liegt kichernd an meiner Brust.

Das Licht auf der Veranda geht an. Wir drehen uns um, ihr Arm liegt um meinen Hals. Ihre Mutter schaut uns lächelnd von der Küchentür her zu, ein Glas Wein in der Hand, und plötzlich rückt die resignierte Traurigkeit jener Tage an jenem Ort in weite Ferne. Sie liegt lange zurück und ist wie ein Märchen, das ich früher einmal kannte, an das ich mich aber kaum noch erinnern kann.

Danksagung

Im Sommer 2000 aß ich mit Tom Shroder, dem damaligen Redakteur der Sektion »Sunday Style« der WASHINGTON POST, im Restaurant Red Sage in der Washingtoner Innenstadt zu Mittag. Ich kannte Tom noch aus der Zeit, als wir beide beim MIAMI HERALD gearbeitet hatten. Wir hatten uns seit vielen Jahren nicht gesehen. Tom erkundigte sich höflich, wie es denn in Simbabwe gewesen sei, und musste daraufhin einen unzusammenhängenden Bericht über Chipos Adoption über sich ergehen lassen, der den Großteil der Vorspeise einnahm. Schließlich endete ich damit, dass ich ihm von meinem Plan erzählte, ein langes, schwieriges Buch über Rasse, Familie und die amerikanische Gesellschaft zu schreiben.

»Toll«, erwiderte Tom und sank unter der Last des Gedankens an ein Buch mit einem so schwierigen Thema sichtlich in sich zusammen. »Aber in der Zwischenzeit«, fuhr er dann fort, »solltest du vielleicht etwas für die ›Style‹-Sektion schreiben, einfach nur über die Adoption. Und vielleicht noch ein bisschen Familiengeschichte dazu.« Als der Kellner uns die Rechnung brachte, hatte ich ihm den Artikel bereits versprochen. Das Ergebnis, ein Artikel von 4500 Wörtern, erschien noch im selben Sommer.

Seitdem sind zwei Jahre vergangen; ich sitze auf demselben Stuhl in unserem Esszimmer, auf dem ich saß, als ich den Artikel verfasste, und schreibe die letzten Seiten des Buches, das daraus geworden ist. Ich erzähle das, um zu zeigen, wie viel ich Tom, der inzwischen das Sonntagsmagazin der POST herausgibt, im Hinblick auf die Planung dieses Projekts verdanke.

Vita und ich möchten außerdem einer großen Zahl von Menschen in Simbabwe Anerkennung zollen, die mit ihrer Professionalität und Hingabe dazu beigetragen haben, sowohl innerhalb als auch außerhalb der staatlichen Waisenhäuser viele junge Leben zu retten und die Lebensbedingungen für unzählige weitere zu verbessern. Ihre Arbeit, die sie entweder ehrenamtlich oder für ein lächerlich niedriges Gehalt geleistet haben, war uns stets eine große Inspiration. Allein in Chipos Fall reicht die Kette derjenigen, die sie in den Wochen nach ihrer Geburt am Leben erhalten haben, von den beiden Menschen, die wir nur als Herbert und Constance kennen, bis hin zu Stella Mesikano, Helen Tanyanyiwa und Isidore Pazvakavambwa. Später war dann Margaret Tsiga entschlossen genug, trotz aller bürokratischen Hürden ihre Arbeit zu erledigen. Möge der Friede jeden Tag mit euch allen sein.

Es gibt so viele Menschen, denen ich für die Unterstützung und das Verständnis danken möchte, die sie mir beim Verfassen dieses Buches entgegengebracht haben, aber der Platz ist knapp bemessen. Deshalb bitte ich all die um Verständnis, die ich hier auslassen muss.

Meine Eltern, Duane und Elizabeth Tucker, haben mir für drei Monate ein Zimmer in ihrem Haus zur Verfügung gestellt, in dem ich schlafen und schreiben konnte – eine Zeit der Einsamkeit und Konzentration, die alles Weitere ermöglicht hat.

Bei der Washington Post danke ich vor allem Jo-Ann Armao, der stellvertretenden Redaktionsleiterin für den Bereich Hauptstadtnachrichten, die bereits so viel Verständnis für unsere Lage hatte, bevor ich überhaupt bei der Zeitung gearbeitet habe, und die bis heute genauso verständnisvoll geblieben ist. Außerdem möchte ich Tom Wilkinson, Gabriel Escobar, Bob Barnes und Jackie Jones für ihre Begeisterung und Unterstützung in der Zeit danken, in der das Buch entstand.

Der Auslandsredakteurin Nancy Laughlin bei der Detroit Free Press bin ich ein Leben lang zu Dank verpflichtet, weil sie mich überhaupt erst ins Ausland geschickt hat. Einen ganz besonderen Tribut möchte ich dem verstorbenen Bob McGruder zollen, dem früheren Redaktionsleiter der Zeitung. Seine Integrität als Redakteur, seine Professionalität, sein Interesse an der Außenpolitik und seine Anständigkeit waren viele Jahre lang vielen Menschen eine Quelle der Inspiration, unter anderem auch mir. Er fehlt uns allen sehr.

Dank gilt auch den Mitarbeitern von Knight Ridder – Joyce Davis, Morris Thompson, John Walcott, Kathleen Carroll und dem verstorbenen Gary Blonston –, die mir und meiner Familie in einer außerordentlich schwierigen Zeit sehr geholfen haben.

Ein ganz besonderer, persönlicher Dank gilt meinen Freunden und Kollegen Corinne Dufka, Elmore Leonard, Tommy Miller, Dean Murphy und Ann Simmons, aus Gründen, die sie alle kennen oder zumindest kennen sollten.

Ich hatte das große Glück, Wendy Weil als Agentin zu haben, die mir mit Hilfe, Rat, Freundschaft und viel Humor zur Seite stand. Ebenso viel Glück hatte ich mit

Doug Pepper und Juleyka Lantigua, meinen Lektoren bei Crown, die hart dafür gearbeitet haben, dass dieses Buch entstehen konnte. Dank schulde ich auch Glenn Frankel, Tom Lansworth, Malcolm Linton, Patrica Wicks und Vita, die frühe Fassungen des Manuskripts gelesen haben. Alle Schwächen, Unzulänglichkeiten, Fehler oder Versäumnisse sind ganz allein meine Schuld.

Mehr, als ich sagen kann, verdanke ich Vita, dem Mädchen von nebenan, meiner besten Freundin und umwerfenden Motown-Frau, die so viel Liebe und Lachen in mein Leben gebracht hat. Ich hoffe, die vorangegangenen Seiten haben gezeigt, dass ich mir ein Leben ohne deine Liebe nicht vorstellen kann, denn du warst und bist immer noch das Beste an mir.

Und ganz zum Schluss: Chipo, Licht meines Lebens. Ich habe dieses Buch als einen Liebesbrief an dich geschrieben, den du immer behalten kannst, und es tut mir Leid, dass es mir nicht besser gelungen ist. Ich hoffe, in zukünftigen Jahren und Jahrzehnten, wenn deine Mutter und ich längst nicht mehr da sind, wirst du vielleicht einmal an einem Regennachmittag dieses Buch aus dem Regal ziehen, darin blättern und eines wissen: Wir haben dich so sehr geliebt.

»*È chiara nella sera*
tu sarai la luna che non c'è.«
Andrea Bocelli

(deutsch etwa: »Am Abend ist es hell / Du wirst der Mond sein, den es nicht gibt.«)

Washington, im Herbst 2002